G-TELP KOREA 공식 지정

2주 만에 끝내는

# 해커스 지텔프 LEVEL 2 문법

**■ 해커스** 어학연구소

# 최신 지텔프 출제 경향을 반영한
# 『해커스 지텔프 문법 Level 2』를 내면서

지텔프가 공무원, 경찰, 소방, 군무원 시험 등 점차 많은 곳에서 활용되면서, 많은 학습자들이 지텔프 공부에 소중한 시간과 노력을 투자하고 있습니다. 이에, 영어 교재 분야에서 항상 베스트셀러의 자리를 지키는 해커스의 독보적인 노하우를 담아, 지텔프 학습자들이 단기간에 목표 점수를 획득할 수 있는 효율적인 학습 방법을 제시하기 위해 『해커스 지텔프 문법 Level 2』 개정 2판을 출간하게 되었습니다.

**지텔프 최신 출제 경향 반영!**
지텔프 최신 출제 경향을 철저히 분석하여 교재 내 모든 내용과 문제에 반영하였습니다. 특히, 지텔프 문법 영역에 꼭 출제되는 문법 포인트만 선별한 25개의 출제공식을 제공하였으며, 각 공식별 지텔프 기출 표현을 다양하게 수록하여 지텔프 문법 영역에 완벽하게 대비할 수 있도록 하였습니다.

**2주 만에 기본부터 실전까지 완성할 수 있는 기본서!**
『해커스 지텔프 문법 Level 2』는 한 권으로 기본부터 실전까지 학습할 수 있는 구성입니다. 지텔프 문법 영역의 출제공식을 완벽하게 정리한 이론서이자 연습 문제부터 실전 문제까지 충분한 양의 문제를 수록한 실전서로, 기본을 다지려는 학습자부터 실전 감각을 높이고 목표 점수를 달성하려는 학습자까지 목적에 맞게 학습할 수 있습니다.

**목표 점수 달성을 위한 다양한 학습자료!**
학습자들이 교재를 더욱 효과적으로 활용할 수 있도록 해커스인강(HackersIngang.com)에서는 동영상강의와 지텔프 문법 암기 노트를 제공하며, 해커스영어(Hackers.co.kr)에서는 지텔프 학습 팁을 얻을 수 있으며 단기 고득점 비법 강의도 들을 수 있습니다.

『**해커스 지텔프 문법 Level 2**』가 여러분의 지텔프 목표 점수 달성에 확실한 해결책이 되고, 영어 실력 향상은 물론 여러분의 꿈을 향한 길에 믿음직한 동반자가 되기를 소망합니다.

해커스 어학연구소

# CONTENTS

# 『해커스 지텔프 문법 Level 2』로
# 점수 잡는 비법

## 01. G-TELP 최신 출제 경향을 완벽하게 파악한다!

지텔프 문법 영역의 최신 출제 경향을 제공하여 목표 점수를 달성하기 위해 집중적으로 학습해야 할 내용을 파악하고 적절한 학습 방향을 설정할 수 있도록 하였습니다. 또한 문법 문제의 풀이 전략을 제공하여 쉽게 정답을 찾을 수 있도록 하며, 지텔프 문법 영역에 꼭 출제되는 문법 포인트만 선별하여 25개의 출제공식을 제공하였습니다.

## 02. 문제가 저절로 풀리는 문법 출제공식을 익힌다!

지텔프 최신 출제 경향을 철저히 분석하여 교재 내 모든 내용과 문제에 반영하였습니다. 각 문법 출제공식별 지텔프 기출 표현을 다양하게 수록하여 지텔프 문법 영역에 완벽하게 대비할 수 있으며, 연습문제와 지텔프 실전문제를 통해 학습한 내용을 점검할 수 있도록 하였습니다.

## 03. 단계별 학습으로 기본부터 실전까지 완벽하게 대비한다!

| Chapter별<br>출제공식 | → | 연습 / 실전문제 | → | HACKERS<br>TEST | → | 실전모의고사 |

챕터별 출제공식에서 지텔프 문법 영역에 출제되는 25가지의 문법 포인트를 제시하고, 각 출제공식별로 지텔프 기출 표현들을 학습할 수 있게 하였습니다. 연습문제에서는 비교적 쉽고 짧은 문제들을 통해 문제 풀이 훈련을 할 수 있게 하였고, 지텔프 실전문제에서는 각 출제공식이 실제 지텔프에서 어떤 형태로 출제되는지 파악할 수 있게 하였습니다. 그다음 실전 형태의 HACKERS TEST를 통해 실전 감각을 키울 수 있으며, 마지막으로 실전모의고사를 풀어봄으로써 시험에 보다 완벽하게 대비할 수 있도록 하였습니다. 해커스에서 제시하는 학습 플랜(p.16~17)을 통해 자신에게 맞는 학습 계획을 세우면 단기간에 기본부터 실전까지 완성할 수 있습니다.

## 04. 해커스만의 노하우가 담긴 학습자료를 200% 활용한다!

해커스인강(HackersIngang.com)에서 지텔프 문법 암기 노트를 무료로 이용할 수 있으며 본 교재의 유료 해설 강의를 수강할 수 있습니다. 또한, 온라인 토론과 정보 공유의 장인 해커스영어(Hackers.co.kr)에서 지텔프 학습 팁을 얻을 수 있으며 단기 고득점 강의를 수강할 수 있습니다.

# G-TELP 소개

## ■ G-TELP란?

G-TELP란 General Tests of English Language Proficiency의 약자로 국제테스트 연구원(ITSC, International Testing Services Center)에서 주관하는 국제적 공인영어시험이며, 한국에서는 1986년에 지텔프 코리아가 설립되어 지텔프 시험을 운영 및 주관하고 있습니다. 듣기(Listening), 읽기(Reading), 말하기(Speaking), 쓰기(Writing) 평가 중심의 글로벌 영어평가 교육시스템으로, 현재 공무원, 군무원 등 각종 국가고시 영어대체시험, 기업체의 신입사원 및 인사·승진 평가시험, 대학교·대학원 졸업자격 영어대체시험 등으로 널리 활용되고 있습니다.

## ■ G-TELP의 종류

G-TELP에는 크게 G-TELP Level Test(GLT), G-TELP Speaking & Writing, G-TELP Jr., G-TELP B2B가 있습니다. 그 중에서 G-TELP Level Test(GLT)는 문법, 청취, 독해 및 어휘의 세 가지 영역의 종합 영어 능력을 평가하며, Level 1부터 5까지 다섯 가지 등급의 시험으로 구분됩니다. 한국에서는 G-TELP Level Test(GLT)의 다섯 Level 중 Level 2 정기시험 점수가 활용되고 있습니다. 그 외 레벨은 현재 수시시험 접수만 가능하며, 공인 영어 성적으로 거의 활용되지 않습니다.

| 구분 | 출제 방식 및 시간 | 평가 기준 | 합격자의 영어구사능력 | 응시자격 |
|---|---|---|---|---|
| Level 1 | 청취 30문항(약 30분)<br>독해 및 어휘 60문항(70분)<br>**총 90문항(약 100분)** | Native Speaker에 준하는 영어 실력: 상담, 토론 가능 | 외국인과 의사소통, 통역이 가능한 수준 | Level 2 영역별 75점 이상 획득 시 |
| Level 2 | 문법 26문항(20분)<br>청취 26문항(약 30분)<br>독해 및 어휘 28문항(40분)<br>**총 80문항(약 90분)** | 다양한 상황에서 대화 가능: 업무 상담 및 해외 연수 등 가능 | 일상 생활 및 업무 상담, 세미나, 해외 연수 등이 가능한 수준 | 제한 없음 |
| Level 3 | 문법 22문항(20분)<br>청취 24문항(약 20분)<br>독해 및 어휘 24문항(40분)<br>**총 70문항(약 80분)** | 간단한 의사소통과 친숙한 상태에서의 단순 대화 가능 | 간단한 의사소통과 해외 여행, 단순 업무 출장이 가능한 수준 | 제한 없음 |
| Level 4 | 문법 20문항(20분)<br>청취 20문항(약 15분)<br>독해 및 어휘 20문항(25분)<br>**총 60문항(약 60분)** | 기본적인 문장을 통해 최소한의 의사소통 가능 | 기본적인 어휘의 짧은 문장을 통한 최소한의 의사소통이 가능한 수준 | 제한 없음 |
| Level 5 | 문법 16문항(15분)<br>청취 16문항(약 15분)<br>독해 및 어휘 18문항(25분)<br>**총 50문항(약 55분)** | 극히 초보적인 수준의 의사소통 가능 | 영어 초보자로 일상의 인사, 소개 등만 가능한 수준 | 제한 없음 |

## ■ G-TELP Level 2 구성

| 영역 | 내용 | 문항 수 | 배점 | 시간 |
|---|---|---|---|---|
| 문법 | 시제, 가정법, 조동사, 준동사, 연결어, 관계사 | 26개 | 100점 | 영역별<br>시험 시간<br>제한규정<br>폐지됨 |
| 청취 | PART 1 개인적인 이야기나 경험담<br>PART 2 특정 주제에 대한 정보를 제공하는 공식적인 담화<br>PART 3 어떤 결정에 이르고자 하는 비공식적인 협상 등의 대화<br>PART 4 일반적인 어떤 일의 진행이나 과정에 대한 설명 | 7개<br>6개<br>6 or 7개<br>7 or 6개 | 100점 | |
| 독해<br>및 어휘 | PART 1 과거 역사 속의 인물이나 현시대 인물의 일대기<br>PART 2 최근의 사회적이고 기술적인 묘사에 초점을 맞춘 기사<br>PART 3 전문적인 것이 아닌 일반적인 내용의 백과사전<br>PART 4 어떤 것을 설명하거나 설득하는 상업서신 | 7개<br>7개<br>7개<br>7개 | 100점 | |
| | | 80문항 | 300점 | 약 90분 |

\* 각 영역 100점 만점으로 총 300점이며, 세 개 영역의 평균값이 공인성적으로 활용되고 있습니다.

## ■ G-TELP 특장점

| 절대평가 | 빠른 성적 확인 | 3영역 객관식 4지선다형 |
|---|---|---|
| 상대평가가 아닌 절대평가이므로,<br>학습자가 공부한 만큼 목표 점수 달성 가능 | 응시일로부터 5일 이내의<br>빠른 성적 발표를 통해<br>단기간 영어 공인 점수 취득 가능 | 문법, 청취, 독해 및 어휘<br>3가지 영역의 4지선다형 객관식 문제로<br>보다 적은 학습 부담 |

# G-TELP 시험 접수부터 성적 확인까지

## 1. 원서 접수

· **인터넷 접수:** 지텔프 홈페이지(www.g-telp.co.kr)에서 회원가입 후 접수할 수 있습니다.
· **방문 접수:** 접수기간 내에 지텔프 코리아 본사로 방문하여 접수할 수 있습니다.

## 2. 응시

· **응시일:** 매월 2~3회 일요일 오후 3시에 응시할 수 있습니다.

   * 정확한 날짜는 지텔프 홈페이지의 시험일정을 통해 확인할 수 있습니다.

· **입실 시간:** 오후 2시 20분까지 입실해야 하며, 오후 2시 50분 이후에는 절대 입실이 불가합니다.

· **준비물:**

| 신분증 | 컴퓨터용 사인펜 | 수정테이프 | 아날로그시계 | 문법 암기 노트 |

- 수험표는 별도로 준비하지 않아도 됩니다.

- 시험 당일 신분증이 없으면 시험에 응시할 수 없으므로, 반드시 신분증(주민등록증, 운전면허증, 공무원증 등)을 지참해야 합니다. 지텔프에서 인정하는 신분증 종류는 지텔프 홈페이지(www.g-telp.co.kr)에서 확인 가능합니다.

- 컴퓨터용 사인펜으로 마킹해야 하며 연필은 사용할 수 없습니다. 연필이나 볼펜으로 먼저 마킹한 후 사인펜으로 마킹하면 OMR 판독에 오류가 날 수 있으니 주의합니다.

- 마킹 수정 시, 수정테이프를 사용해야 하며 수정액은 사용할 수 없습니다. 다른 수험자의 수정테이프를 빌려 사용할 수 없으며, 본인의 것만 사용이 가능합니다.

# 응시 관련 Tip

## 1. 고사장 가기 전
· 준비물을 잘 챙겼는지 확인합니다.
· 시험 장소를 미리 확인해 두고, 규정된 입실 시간에 늦지 않도록 유의합니다.

## 2. 고사장에서
· 1층 입구에 붙어 있는 고사실 배치표를 확인하여 자신이 배정된 고사실을 확인합니다.
· 고사실에는 각 응시자의 이름이 적힌 좌석표가 자리마다 놓여 있으므로, 자신에게 배정된 자리에 앉으면 됩니다.

## 3. 시험 보기 직전
· 시험 도중에는 화장실에 다녀올 수 없고, 만약 화장실에 가면 다시 입실할 수 없으므로 미리 다녀오는 것이 좋습니다.
· 시험 시작 전에 OMR 카드의 정보 기입란의 각 영역에 올바른 정보를 기입해둡니다.

## 4. 시험 시
· 답안을 따로 마킹할 시간이 없으므로 풀면서 바로 마킹하는 것이 좋습니다.
· 영역별 시험 시간 제한규정이 폐지되었으므로, 본인이 취약한 영역과 강한 영역에 적절히 시간을 배분하여 자유롭게 풀 수 있습니다. 단, 청취 시간에는 다른 응시자에게 방해가 되지 않도록 주의해야 합니다.
· 시험지에 낙서를 하거나 다른 응시자들이 알아볼 수 있도록 큰 표시를 하는 것은 부정행위로 간주되므로 주의해야 합니다. 수험자 본인만 인지할 수 있는 작은 표기만 인정됩니다.
· OMR 카드의 정답 마킹란이 90번까지 제공되지만, G-TELP Level 2의 문제는 80번까지만 있으므로 81~90번까지의 마킹란은 공란으로 비워두면 됩니다.

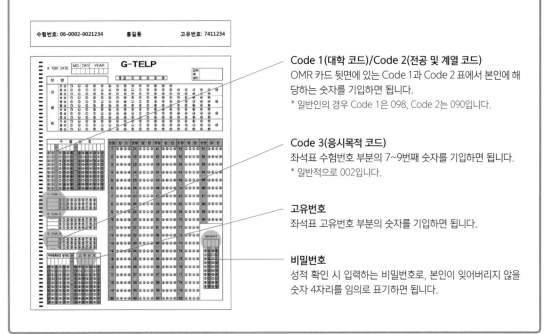

**Code 1(대학 코드)/Code 2(전공 및 계열 코드)**
OMR 카드 뒷면에 있는 Code 1과 Code 2 표에서 본인에 해당하는 숫자를 기입하면 됩니다.
* 일반인의 경우 Code 1은 098, Code 2는 090입니다.

**Code 3(응시목적 코드)**
좌석표 수험번호 부분의 7~9번째 숫자를 기입하면 됩니다.
* 일반적으로 002입니다.

**고유번호**
좌석표 고유번호 부분의 숫자를 기입하면 됩니다.

**비밀번호**
성적 확인 시 입력하는 비밀번호로, 본인이 잊어버리지 않을 숫자 4자리를 임의로 표기하면 됩니다.

## 3. 성적 확인

성적표는 온라인으로 출력(1회 무료)하거나 우편으로 수령할 수 있으며, 수령 방법은 접수 시 선택할 수 있습니다. (성적 발표일도 시험 접수 시 확인 가능)

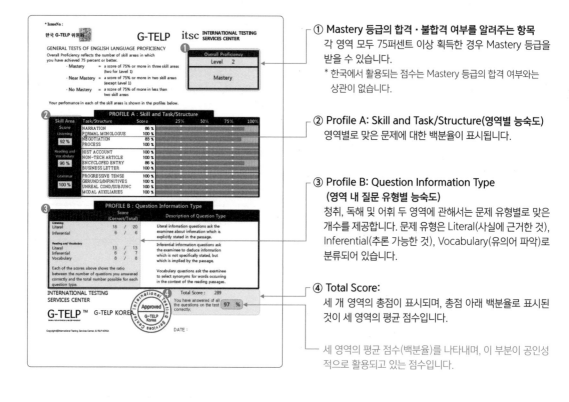

① **Mastery 등급의 합격 · 불합격 여부를 알려주는 항목**
각 영역 모두 75퍼센트 이상 획득한 경우 Mastery 등급을 받을 수 있습니다.
\* 한국에서 활용되는 점수는 Mastery 등급의 합격 여부와는 상관이 없습니다.

② **Profile A: Skill and Task/Structure(영역별 능숙도)**
영역별로 맞은 문제에 대한 백분율이 표시됩니다.

③ **Profile B: Question Information Type**
 **(영역 내 질문 유형별 능숙도)**
청취, 독해 및 어휘 두 영역에 관해서는 문제 유형별로 맞은 개수를 제공합니다. 문제 유형은 Literal(사실에 근거한 것), Inferential(추론 가능한 것), Vocabulary(유의어 파악)로 분류되어 있습니다.

④ **Total Score:**
세 개 영역의 총점이 표시되며, 총점 아래 백분율로 표시된 것이 세 영역의 평균 점수입니다.

세 영역의 평균 점수(백분율)를 나타내며, 이 부분이 공인성적으로 활용되고 있는 점수입니다.

---

### 📊 G-TELP 학습 시 성적 계산법

점수는 아래의 공식으로 산출할 수 있습니다. 총점과 평균 점수의 경우, 소수점 이하 점수는 올림 처리합니다.

**각 영역 점수:** 맞은 개수 × 3.75
**평균 점수:** 각 영역 점수 합계 ÷ 3

예 문법 20개, 청취 11개, 독해 및 어휘 23개 맞혔을 시,

**문법** 20 × 3.75 = 75점  **청취** 11 × 3.75 = 41.25점  **독해 및 어휘** 23 × 3.75 = 86.25점

→ **평균 점수** (75 + 41.25 + 86.25) ÷ 3 = 68점

# ★ G-TELP Level 2 성적 활용하기

| 정부 및 국가 자격증 | 기준 점수 |
|---|---|
| 국가공무원 5급 | 65점 |
| 외교관후보자 | 88점 |
| 국가공무원 7급 | 65점 |
| 국가공무원 7급 외무영사직렬 | 77점 |
| 입법고시 | 65점 |
| 법원행정고시 | 65점 |
| 소방공무원(소방장·소방교·소방사) | 43점 |
| 소방간부 후보생 | 50점 |
| 군무원 5급 | 65점 |
| 군무원 7급 | 47점 |
| 군무원 9급 | 32점 |
| 카투사 | 73점 |
| 기상직 7급 | 65점 |
| 국가정보원 | 공인어학성적 제출 필수 |
| 변리사 | 77점 |
| 세무사 | 65점 |
| 공인노무사 | 65점 |
| 관광통역안내사 | 74점 |
| 호텔경영사 | 79점 |
| 호텔관리사 | 66점 |
| 호텔서비스사 | 39점 |
| 감정평가사 | 65점 |
| 공인회계사 | 65점 |
| 경찰공무원(경사·경장·순경) | 43점 |
| 경찰간부 후보생 | 50점 |
| 보험계리사 | 65점 |
| 손해사정사 | 65점 |

* 그 외 공공기관 및 기업체에서도 지텔프 성적을 활용하고 있으며 지텔프 홈페이지에서 모든 활용처를 확인할 수 있습니다.

# G-TELP 문법 소개 및 전략

## 1. 문법 출제 경향

① **6개 유형의 문법 포인트만 고정적으로 출제됩니다**

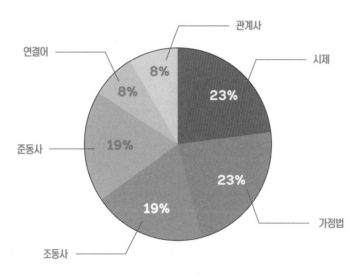

▲ G-TELP 문법 문제 유형별 출제 비율

> 최근 시험에서 1회당 평균적으로 시제 약 6문제, 가정법 약 6문제, 조동사 약 4~5문제, 준동사 약 5~6문제, 연결어 약 2 문제, 관계사 약 2문제가 출제되고 있습니다. 따라서 지텔프 문법을 단기간에 대비하기 위해서는 6가지 문법 포인트만 집 중적으로 학습하는 것이 좋습니다.

> 시제, 가정법 문제는 출제되는 세부 유형도 정해져 있는 편입니다.
> · 시제: 보통 6개의 진행 시제(현재진행, 현재완료진행, 과거진행, 과거완료진행, 미래진행, 미래완료진행)가 약 1문제씩 출제됩니다.
> · 가정법: 보통 2개의 가정법(가정법 과거, 가정법 과거완료)이 약 3문제씩 출제되나, 간혹 혼합가정법이 출제되기도 합니다.

② **빈칸 문장만 보고 풀 수 있는 문제가 대부분입니다**

> 대부분의 문법 포인트(시제, 가정법, 조동사 should 생략, 준동사, 관계사 문제)는 주어진 2~3문장 중에 빈칸이 있는 문장 만 보고 풀 수 있습니다. 따라서 문법 영역에서 빈칸이 있는 문장만 읽고 문제를 풀어 시간을 단축하고, 다른 영역 문제 풀 이에 시간을 더 투자할 수 있습니다.

## 2. 문제 풀이 전략

다음 스텝에 따라 문제 풀이를 하면 빠르고 정확하게 문제를 풀 수 있습니다.

**STEP 1**  **보기나 빈칸 문장의 표현을 통해 문제 유형을 파악합니다.**

묻고 있는 문법 포인트가 무엇인지 먼저 파악하면, 어떤 단서를 찾아야 하는지 알고 더 빠르고 정확하게 문제를 풀 수 있습니다.

**STEP 2**  **각 문제 유형에 따른 정답의 단서를 파악합니다.**

파악한 문제 유형에 따라 첫 문장부터 읽을 것인지, 빈칸이 포함된 문장을 먼저 읽을 것인지 결정한 후, 정답의 단서를 파악합니다.

**STEP 3**  **알맞은 보기를 정답으로 선택합니다.**

파악한 정답의 단서를 토대로, 문장을 문법적으로 올바르게 완성시킬 수 있는 보기를 정답으로 선택합니다.

---

**예제**

1. Several of the construction workers have the flu and are currently taking a leave of absence. The deadline for the project must now be changed. If the workers **were** all in good health, they _____ the project on time.

   (a) would complete  would + 동사원형
   (b) are completing  현재진행
   (c) had completed  과거완료
   (d) will complete  미래

**전략 적용**

**STEP 1**

보기가 동사의 다양한 형태로 구성되어 있고, 빈칸이 포함된 문장에 If가 있으므로 가정법 문제라는 것을 파악할 수 있습니다.

**STEP 2**

가정법 문제이므로 빈칸 문장을 먼저 읽습니다. if절의 동사가 과거동사 'were'이므로 가정법 과거임을 파악할 수 있습니다.

**STEP 3**

보기에서 가정법 과거의 주절 동사인 'would(조동사 과거형) + 동사원형' 형태의 (a) would complete을 정답으로 선택합니다.

# 수준별 **맞춤 학습 플랜**

* 진단고사(p.19~21)를 마친 후 결과에 맞는 학습 플랜을 선택하여 공부합니다.

## 📅 **2주 완성 학습 플랜** 맞은 개수 6개 이상

|  | Day 1 | Day 2 | Day 3 | Day 4 | Day 5 | Day 6 | Day 7 |
|---|---|---|---|---|---|---|---|
| **Week 1** | 진단 & G-TELP 문법 기본기 공략하기 | Ch 1 학습 | Ch 1 HT | Ch 2 학습 & Ch 2 HT | Ch 3 학습 | Ch 3 HT | Ch 4 학습 |
| **Week 2** | Ch 4 HT | Ch 5 학습 & Ch 5 HT | Ch 6 학습 | Ch 6 HT | 실전 1 | 실전 2 | 실전 3 |

## 📅 **3주 완성 학습 플랜** 맞은 개수 6개 미만

|  | Day 1 | Day 2 | Day 3 | Day 4 | Day 5 | Day 6 | Day 7 |
|---|---|---|---|---|---|---|---|
| **Week 1** | 진단 & G-TELP 문법 기본기 공략하기 | Ch 1 학습 | Ch 1 HT | Ch 2 학습 & Ch 2 HT | Ch 3 학습 | Ch 3 HT | Ch 1~3 리뷰 |
| **Week 2** | Ch 4 학습 | Ch 4 HT | Ch 5 학습 | Ch 5 HT | Ch 6 학습 | Ch 6 HT | Ch 4~6 리뷰 |
| **Week 3** | 실전 1 | 실전 1 리뷰 | 실전 2 | 실전 2 리뷰 | 실전 3 | 실전 3 리뷰 | 전체 리뷰 |

* 진단: 진단고사    HT: HACKERS TEST    실전: 실전모의고사

## 학습 플랜 활용법

1. 학습 플랜에 따라 챕터별 이론과 예문을 꼼꼼하게 읽습니다.

2. 문제를 풀 때는 앞에서 배운 학습 내용을 적용하여 푸는 연습을 합니다.

3. 문제 풀이 직후, 틀린 문제와 헷갈렸던 문제는 반드시 해설을 통해 어느 부분에서 잘못 풀었는지를 확인하고, 다시 한번 풀어봅니다.

4. 챕터별 학습이 모두 끝나면, 틀린 문제와 헷갈렸던 문제를 모아 전체 챕터를 복습합니다.

5. 마지막으로 문법 실전모의고사를 통해 앞에서 학습한 모든 내용을 적용하고 풀이하며 마무리합니다.

지텔프·공무원·세무사·취업 시험정보 및 학습자료

Hackers.co.kr

# 진단고사

실제 지텔프 문법 영역과 유사한 진단고사를 통해 자신의 실력을 평가해보고,
자신에게 맞는 학습 플랜(p.16~17)에 따라 본 교재를 학습하세요.

1. Rebecca will be unable to attend her friend's dinner party tonight. She _____ to New York City right now on an unexpected business trip for her company.

   (a) has been flying
   (b) has flown
   (c) is flying
   (d) flew

2. Peter bought a new NXT laptop the week before they went on sale. If he had known about the sale, he _____ for a week.

   (a) waited
   (b) would have waited
   (c) had waited
   (d) would wait

3. A survey suggests that Americans usually prefer to take their holidays within the US rather than abroad. Of those who stay in America, most enjoy _____ time on the beach instead of visiting cities or parks.

   (a) to be spending
   (b) to spend
   (c) spending
   (d) having spent

4. Pullman Incorporated's website does not provide any details about its management team. The web designer recommended that the company _____ the site to include this information.

   (a) update
   (b) updated
   (c) to update
   (d) will update

5. Research shows that climate change will largely impact the global poor. Within the next few decades, we _____ in a world divided between those rich enough to survive climate change and those who are not.

   (a) live
   (b) will be living
   (c) have lived
   (d) have been living

6. A well-known author has been criticized for the inaccurate information in her latest work. The book, _____, appears to be based on a misreading of some key historical terms.

   (a) which was published in March
   (b) that was published in March
   (c) when was published in March
   (d) where in March it was published

7. The marketing campaign for GT Corporation's new product line will be fairly limited due to budget constraints. If the company had more money, they _____ a marketing agency to run the campaign.

(a) hired
(b) would hire
(c) will be hiring
(d) had hired

8. I always forget to put my phone on silent, but that isn't usually a problem. However, during the lecture last week, it started ringing when the professor _____ on the board, and he got really angry.

(a) will write
(b) is writing
(c) would write
(d) was writing

9. Sally bought a voice-activated home assistant device last month. It _____ answer voice requests for anything from the weather report to recipes, and has quickly become an important household tool.

(a) might
(b) can
(c) should
(d) may

10. A proposal to ban smoking in public has been rejected. Although most people supported the law, some businesses complained. If the law had been passed, many office workers _____ nowhere to smoke.

(a) had
(b) would have had
(c) have
(d) have had

11. Historians agree that the stock market crash of 1929 led to the Great Depression. _____, they disagree about what caused the crash itself. Some blame US banks, while others blame international trade.

(a) Since
(b) Therefore
(c) However
(d) As a matter of fact

12. Olympic divers have to work extremely hard. Doing a perfect dive requires both intense training and high levels of fitness. Regularly, they go to a swimming pool _____ every day for months before the Olympics start.

(a) to practice
(b) practice
(c) having practiced
(d) practiced

정답·해석·해설 p.2
· 채점 후 자신에게 맞는 학습 플랜(p.16~17)에 따라 학습하세요.

지텔프·공무원·세무사·취업 시험정보 및 학습자료

Hackers.co.kr

# G-TELP 문법 기본기 공략하기

지텔프 문법 영역에서는 출제되는 문법 포인트가 한정적이기 때문에 출제공식만 알아도 문제를 쉽게 풀 수 있지만, 영어 문법 개념 자체가 익숙하지 않은 학습자들은 기본기부터 공략한 후 출제공식을 학습하면 영어 문장을 더욱 빠르게 이해할 수 있다.

1. 문장의 기본 요소
2. 문장의 5형식
3. 8품사
4. 구와 절

# ① 문장의 기본 요소

하나의 문장을 성립시키기 위해서는 다음과 같은 기본 요소들이 필요하다. 주어와 동사는 문장의 필수 성분이며 목적어, 보어, 수식어는 문장의 구조나 의미에 따라 그 유무가 결정된다.

## 주어와 동사

'나는 달린다'라는 문장은 간단하게 두 단어만으로도 성립한다. 이처럼 하나의 문장이 되기 위해 꼭 있어야 할 두 가지 성분은 '주어'(나는)와 '동사'(달린다)이다. '누가 ~하다/~이다'에서 **'누가'에 해당하는 말**이 주어이며, 주어의 동작이나 상태를 나타내는 **'~하다/~이다'에 해당하는 말**이 동사이다.

I(주어) + **run**(동사).  나는 달린다.

## 목적어

'나는 좋아한다'라는 문장을 보면 뭔가 빠진 것 같은데, 바로 목적어가 없기 때문이다. 여기에 내가 좋아하는 대상인 '커피를'을 넣으면 완전한 문장이 된다. 즉, '누가 무엇을 ~하다'에서 동사의 대상이 되는 **'무엇을'에 해당하는 말**이 목적어이다.

I(주어) + like(동사) + **coffee**(목적어).  나는 커피를 좋아한다.

## 보어

'그녀는 행복하다'라는 문장에서 '그녀'는 주어이고 '~하다'는 동사이며, '행복하다'는 주어인 '그녀'의 상태를 설명하고 있다. 또한, '그 선물이 그녀를 행복하게 했다'라는 문장에서는 '행복하게'가 목적어인 '그녀를'의 상태를 설명해주고 있다. 이처럼 주어나 목적어의 **성질이나 상태 등을 보충 설명해주는 말**을 보어라고 한다. 주어를 보충 설명하면 주격 보어, 목적어를 보충 설명하면 목적격 보어라고 한다.

She(주어) + is(동사) + **happy**(주격 보어).  그녀는 행복하다.
The present(주어) + made(동사) + her(목적어) + **happy**(목적격 보어).  그 선물이 그녀를 행복하게 만들었다.

## 수식어

위에서 배운 문장의 필수 성분 외에도, 필수 성분에 **의미를 더해주는 다른 요소**가 있다. 예를 들어 'Jane이 아름답게 춤을 춘다'라는 문장에서 '아름답게'는 Jane이 춤을 추는 장면에 추가 정보를 더해주고 있다. 이때 '아름답게'를 수식어라고 한다. 수식어는 문장의 필수 성분은 아니므로 생략하더라도 문장이 성립한다.

Jane(주어) + dances(동사) + **beautifully**(수식어).  Jane이 아름답게 춤을 춘다.

## ② 문장의 5형식

영어 문장은 구성 요소에 따라 5가지 형식으로 구분되며, 각각의 구성 요소는 문장의 동사에 의해 결정된다. 문장의 5형식을 알아두면 영어 문장의 구조를 보다 쉽게 파악할 수 있어 문장 해석이 훨씬 쉬워진다.

### 1형식 1형식은 **주어와 동사만으로도 완전한 의미를 갖는 문장**이다.

> 주어 + 동사
>
> He(주어) + sings(동사). 그는 노래한다.

### 2형식 2형식은 주어와 동사 뒤에 **주격 보어를 달고 다니는 문장**이다.

> 주어 + 동사 + 주격 보어
>
> You(주어) + look(동사) + smart(주격 보어). 너는 똑똑해 보인다.

### 3형식 3형식은 주어와 동사 뒤에 **목적어를 달고 다니는 문장**이다.

> 주어 + 동사 + 목적어
>
> She(주어) + saw(동사) + the movie(목적어). 그녀는 영화를 보았다.

### 4형식 4형식은 주어와 동사 뒤에 **2개의 목적어를 달고 다니는 문장**이다. 우리말 '~에게'에 해당하는 '간접목적어'와 우리말 '~을/를'에 해당하는 '직접목적어'를 달고 다닌다.

> 주어 + 동사 + 간접목적어 + 직접목적어
>
> Jim(주어) + gave(동사) + his wife(간접목적어) + a necklace(직접목적어).
> Jim은 부인에게 목걸이를 주었다.

### 5형식 5형식은 주어와 동사 뒤에 **목적어와 목적격 보어를 모두 달고 다니는 문장**이다.

> 주어 + 동사 + 목적어 + 목적격 보어
>
> The news(주어) + made(동사) + me(목적어) + happy(목적격 보어).
> 그 소식은 나를 기쁘게 만들었다.

# ③ 8품사

모든 단어에는 품사가 있고, 각 품사에 따라 단어가 문장에서 할 수 있는 역할이 달라진다.

**명사**
book, air, effort

우리 주위에 있는 모든 것이 갖고 있는 **이름**이다. 'book(책)'처럼 눈에 보이는 것뿐 아니라, 'air(공기)', 'effort(노력)'처럼 눈에 보이지 않는 것도 모두 포함한다. 명사는 문장에서 주어, 목적어, 보어의 역할을 할 수 있다.

**대명사**
you, he, she, it

같은 명사를 **반복하지 않고 대신할 때 쓰는 말**이다. '나 영화 봤어. 그거 너무 재밌더라.'라고 말할 때, '그거'는 앞에서 말했던 '영화'를 대신하는 대명사에 해당한다.

**동사**
is, are, run, eat

사람이나 사물의 **상태나 동작을 나타낼 때 쓰는 말**이다. '누가 ~이다' 또는 '누가 무엇을 ~하다'에서 '~이다/하다'에 해당한다.

**형용사**
exciting, boring, new, nice

**명사를 꾸며주는 말**이다. 명사 'movie(영화)'에 형용사 'exciting(재미있는)'을 붙이면 '재미있는 영화'가 되고 'boring(지루한)'을 붙이면 '지루한 영화'가 된다. 형용사는 문장에서 보어나 수식어의 역할을 할 수 있다.

**부사**
early, quickly

**동사, 형용사, 다른 부사, 문장 전체를 꾸며주는 말**이다. '나는 일찍 일어났다.'에서 '일찍'은 '일어났다'라는 동사를 꾸며주는 부사에 해당한다. 부사는 문장에서 수식어의 역할을 할 수 있다.

**접속사**
but, and, so

단어와 단어, 구와 구, 절과 절, 문장과 문장을 **연결하기 위해 사용하는 말**이다. '철수는 어리지만 키가 크다.'에서 '철수는 어리다.'와 '철수는 키가 크다.'라는 두 문장을 연결하는 '하지만'이 접속사에 해당한다.

**전치사**
in, on, to

명사나 대명사 앞에 와서 **시간, 장소, 방향, 이유, 방법 등의 뜻을 나타내는 말**이다. '1월'을 'January'라고 하는데, '1월에'를 표현할 때는 'in'이라는 전치사를 사용해서 'in January'라고 쓴다.

**감탄사**
wow, oh, oops

**기쁠 때, 슬플 때, 화났을 때, 놀랐을 때 자기도 모르게 자연스럽게 입에서 나오는 말**이다. '와! 경치가 참 멋지다.'에서 '와!'는 놀란 감정을 나타내는 감탄사에 해당한다.

## ④ 구와 절

단어가 두 개 이상 모이면 하나의 의미를 가진 말 덩어리가 된다. 'in a train'처럼 둘 이상의 단어가 '주어 + 동사'의 관계가 아니면 구라고 하고, 'This is the train that I saw.'에서 'I saw'처럼 둘 이상의 단어가 '주어 + 동사'의 관계면 절이라고 한다. 구와 절은 문장 안에서 명사, 형용사, 부사와 같은 하나의 품사 역할을 한다.

### 명사구 / 명사절

명사구와 명사절은 명사처럼 문장 안에서 주어, 목적어, 보어로 쓰인다.

**명사구**    <u>Playing the game</u> **is interesting.**   게임을 하는 것은 재미있다.
            주어

**명사절**    **I know** <u>that</u> 주어Susan 동사is <u>kind</u>**.** 나는 Susan이 친절하다는 것을 안다.
            목적어

### 형용사구 / 형용사절

형용사구와 형용사절은 형용사처럼 명사를 수식한다.

**형용사구**    **She wants a house** <u>with a large garden</u>**.**   그녀는 넓은 정원이 있는 집을 원한다.
            명사 수식

**형용사절**    **This is the necklace** <u>which</u> 주어Tony 동사bought**.** 이것은 Tony가 산 목걸이다.
            명사 수식

### 부사구 / 부사절

부사구와 부사절은 부사처럼 동사, 형용사, 다른 부사, 문장 전체를 수식한다.

**부사구**    **My brother exercises** <u>in the morning</u>**.**   내 동생은 아침에 운동한다.
            동사 수식

**부사절**    <u>Although</u> 주어the rain 동사was <u>heavy</u>**, we went out.** 폭우가 내렸음에도 불구하고, 우리는 밖으로 나갔다.
            문장 전체 수식

## 출제 비율

| 시제<br>약 6문제 | 가정법<br>약 6문제 | 조동사<br>약 4~5문제 | 준동사<br>약 5~6문제 | 연결어<br>약 2문제 | 관계사<br>약 2문제 |
|---|---|---|---|---|---|

시제 (매회 평균 6문제)는 주로 6개의 진행 시제에서 약 1문제씩 출제되는 편이다.

## 출제 경향

**1** 시제 문제의 보기는 대체로 동사의 다양한 시제 형태 4가지로 구성되어 있다.

**2** 시제 문제는 보통 빈칸이 있는 문장에 특정 진행 시제와 자주 함께 쓰이는 확실한 시간 표현 단서가 있다.

2주 만에 끝내는 해커스 지텔프 문법 Level 2

# Chapter 1

출제 1순위

# 시제

# 왕초보 기본기 다지기

지텔프 시제 문제는 대부분 진행 시제가 출제되지만, 시제의 개념 자체가 익숙하지 않은 왕초보 학습자들은 기본기부터 다진 후 본격적인 학습에 들어가는 것을 추천한다.

---

### 시제란 무엇일까?

**밥을** 먹는다. 동사(현재)
**밥을** 먹었다. 동사(과거)
**밥을** 먹을 것이다. 동사(미래)

동사 '먹다'는 '먹는다', '먹었다', '먹을 것이다' 등 시간의 변화에 따라 다양하게 나타낼 수 있다. 이와 같이 동사의 형태를 바꾸어 어떤 행동이나 사건을 시간의 흐름에 따라 표현하는 것을 시제라고 한다. 동사의 시제에는 단순, 진행, 완료 시제가 있으며 각 시제에 따라 다른 형태를 쓴다.

---

## 1. 단순 시제 [지텔프에서는 거의 안 나와요.]

현재, 과거, 미래에 발생한 일이나 상태를 나타내는 시제로, '동사원형', '동사원형 + -ed', 'will + 동사원형'의 형태를 쓴다.

| 현재 | 동사원형 (+ (e)s) | 반복되는 일이나 습관, 일반적인 사실을 표현할 때 사용한다.<br>I **exercise** every morning.<br>나는 매일 아침 운동한다. |
| --- | --- | --- |
| 과거 | 동사원형 + -ed | 과거에 일어난 일이나 과거의 동작, 상태를 표현할 때 사용한다.<br>I **exercised** at the park yesterday.<br>나는 어제 공원에서 운동했다. |
| 미래 | will + 동사원형 | 미래의 상황에 대한 예상이나 의지를 표현할 때 사용한다.<br>I **will exercise** tomorrow.<br>나는 내일 운동할 것이다. |

## 2. 진행 시제

특정 시점에 어떤 행동이나 사건이 진행 중임을 나타내는 시제로, 'be + -ing'의 형태를 쓴다.

| | | |
|---|---|---|
| 현재진행 | am/are/is + -ing | 현재 진행 중인 일이나 동작 등을 표현할 때 사용한다.<br>**Robert is watching** a movie now.<br>Robert는 지금 영화를 보는 중이다. |
| 과거진행 | was/were + -ing | 특정 과거 시점에 진행되고 있었던 일이나 동작 등을 표현할 때 사용한다.<br>**Sandy was watching** a movie when the doorbell rang.<br>Sandy는 초인종이 울렸을 때 영화를 보고 있었다. |
| 미래진행 | will be + -ing | 특정 미래 시점에 진행되고 있을 일이나 동작 등을 표현할 때 사용한다.<br>**Lucy will be watching** a movie tomorrow evening.<br>Lucy는 내일 저녁에 영화를 보고 있을 것이다. |

## 3. 완료 시제

특정 시점보다 앞선 시점부터 발생한 일이나 상태가 특정 시점까지 계속되는 것을 나타내는 시제로, 'have + p.p.' 의 형태를 쓴다.

| | | |
|---|---|---|
| 현재완료 | have/has + p.p. | 과거에 발생한 일이나 상태가 현재까지 계속되고 있는 것을 표현할 때 사용한다.<br>**I have lived** with Tom since he came to Korea.<br>나는 Tom이 한국에 온 이래로 그와 함께 살아왔다. |
| 과거완료 | had + p.p. | 특정 과거 시점을 기준으로 그보다 이전에 발생한 일을 표현할 때 사용한다.<br>**Tom had lived** in New York before he came to Korea.<br>Tom은 한국에 오기 전에 뉴욕에 살았었다. |
| 미래완료 | will have + p.p. | 현재나 과거에 발생한 동작이 특정 미래 시점까지 완료될 것임을 표현할 때 사용한다.<br>**I will have lived** with Tom for a year by next month.<br>나는 다음 달이면 Tom과 함께 1년 동안 살아왔을 것이다. |

매회 평균 1문제 출제

# 현재진행 시제

**①** 현재진행 시제는 '~하고 있다', '~하는 중이다'라는 의미로, 말하고 있는 시점인 지금 진행 중인 일이나 행동에 대해 말할 때 사용한다. 형태는 'am/are/is + -ing'를 쓴다.

I **am washing** the dishes.
나는 설거지를 하는 중이다.

**②** 말하고 있는 시점인 지금이 아니더라도, 요즘 하고 있는 행동이나 진행 중인 일에 대해 말할 때에도 현재진행 시제를 사용한다.

We **are planning** a Christmas party <u>these days</u>.
우리는 요즘 크리스마스 파티를 계획하고 있다.

**③** 현재진행 시제는 다음과 같은 시간 표현들과 자주 함께 쓰인다.

지텔프 기출 **현재진행 시간 표현**

| | |
|---|---|
| · right now  바로 지금 | · as of this moment  이 순간 |
| · now  지금, 현재 | · at present  현재 |
| · currently  현재 | · at this time  현재 |
| · at the moment  바로 지금 | · these days / nowadays  요즘 |

빈출★

I **am studying** <u>right now</u>.
나는 바로 지금 공부하는 중이다.

<u>Currently</u>, we **are writing** a report for our English class.
현재, 우리는 영어 수업을 위한 소논문을 쓰고 있다.

She **is talking** on the phone <u>at the moment</u>.
그녀는 바로 지금 전화 통화를 하고 있다.

> **TIP**
> 지텔프 시제 문제에는 'now'나 'currently' 등의 현재진행 시간 표현이 4개의 모든 보기에 포함되어 있는 문제가 출제되기도 한다. 이런 경우, 문제를 읽지 않고 보기만 봐도 현재진행 시제를 정답으로 고를 수 있다.

**연습문제** ► 보기 중 빈칸에 적절한 것을 고르세요.

**1** Janice _____ with an interior designer right now to discuss the renovation of her apartment.

(a) has been meeting     (b) is meeting     (c) meets     (d) had met

**2** I _____ economics in university now, but I want to change my major to business.

(a) am studying     (b) have studied     (c) will study     (d) had studied

**3** Nowadays, the government _____ steps to improve the air quality of the nation's capital.

(a) had taken     (b) will be taking     (c) takes     (d) is taking

**4** David and Lynn _____ a television program in the living room at the moment.

(a) are watching     (b) have watched     (c) will watch     (d) watched

**5** Natural disasters such as droughts and floods occur more often because global temperatures _____.

(a) will now be rising            (b) had now been rising
(c) are now rising              (d) will now rise

**6** Several employees of LC Industries _____ in the Seattle Technology Conference that is being held in the Convention Center.

(a) have currently participated          (b) currently participate
(c) are currently participating           (d) will currently participate

**지텔프 실전문제** ► 보기 중 빈칸에 적절한 것을 고르세요.

**7** Fiona cannot meet us for a coffee. She _____ dinner with a friend at this time. We may be able to get together with her tomorrow.

(a) has eaten
(b) had eaten
(c) is eating
(d) will have been eating

**8** The mayor plans to improve the rubbish collection system and make collections more frequent. This is because many city residents _____ about uncollected rubbish these days.

(a) are complaining
(b) would complain
(c) will be complaining
(d) complained

정답·해석·해설 p.4

## Vocabulary

1 discuss v. 의논하다 renovation n. 개조, 수리
2 economics n. 경제학 major n. 전공
3 improve v. 향상시키다 take a step phr. 조치를 취하다
5 natural adj. 자연의 disaster n. 재해 drought n. 가뭄 flood n. 홍수 occur v. 발생하다 rise v. 상승하다

6 employee n. 직원 hold v. 개최하다 participate v. 참가하다
8 mayor n. 시장, 군수 rubbish n. 쓰레기 collection n. 수거 frequent adj. 잦은, 빈번한 resident n. 주민, 거주자 complain v. 항의하다, 불평하다

**매회 평균 1문제 출제**

# 현재완료진행 시제

**①** 현재완료진행 시제는 '~해오고 있다', '~해오는 중이다'라는 의미로, 과거에 시작해서 말하고 있는 시점인 지금도 진행 중인 일이나 행동에 대해 말할 때 사용한다. 형태는 'have/has been + -ing'를 쓴다.

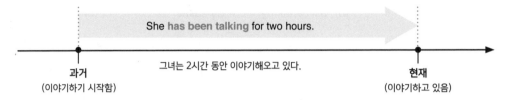

She **has been talking** for two hours.

그녀는 2시간 동안 이야기해오고 있다.

과거
(이야기하기 시작함)

현재
(이야기하고 있음)

**②** 현재완료진행 시제는 다음과 같은 시간 표현들과 자주 함께 쓰인다.

**지텔프 기출 현재완료진행 시간 표현**

- since + 과거 동사 (+ 과거 시점) (~부터) ~한 이래로 〈빈출★〉
- since + 과거 시점 ~부터
- ever since + 과거 동사 (+ 과거 시점) (~이후) ~한 이래로
- 과거 동사 or 과거 시점 + from that point on 그때부터

- for + 기간 표현 + now 현재 ~ 동안 〈빈출★〉
- for + 기간 표현 (현재) ~ 동안
- lately 최근에
- since then 그때부터, 그 이후로

I **have been thinking** of changing jobs <u>since last May</u>.
나는 지난 5월 이래로 이직하는 것에 대해 생각해오고 있다.

Heavy snow **has been falling** <u>for 10 minutes now</u>.
현재 10분 동안 많은 양의 눈이 내려오고 있다.

The company **has been looking** for a corporate trainer <u>lately</u>.
그 회사는 최근에 기업 교육 담당자를 물색해오고 있다.

> **TIP**
>
> 완료진행 시제는 어떤 일이 지속된 기간을 나타내기 위해 for, since 등과 자주 함께 쓰인다.
>
> He **has been working** as an announcer <u>for nine years</u>. 그는 9년 동안 아나운서로 일해오고 있다.
>
> ➡ 9년이라는 지속된 기간 동안 아나운서로 일해오고 있다는 것을 나타내기 위해 현재완료진행 시제와 for를 함께 사용했다.
>
> My neighbor's dog **has been barking** <u>since 6 a.m.</u> 내 이웃의 개가 새벽 6시부터 계속 짖어오고 있다.
>
> ➡ 새벽 6시부터 지금까지 지속된 기간 동안 이웃의 개가 짖어오고 있다는 것을 나타내기 위해 현재완료진행 시제와 since를 함께 사용했다.

**연습문제** ┤ 보기 중 빈칸에 적절한 것을 고르세요.

**1** Since 2000, the population of the rural areas in India _____ rapidly, and this has contributed to high levels of poverty in those areas.

(a) was declining      (b) had declined      (c) has been declining    (d) is declining

**2** Ever since the French national team lost the international hockey tournament, it _____ talented players.

(a) had recruited      (b) will be recruiting      (c) will recruit      (d) has been recruiting

**3** Brett _____ with his family in Spain and France for three weeks now.

(a) has been traveling    (b) had been traveling    (c) will be traveling    (d) is traveling

**4** Since David Parker was first elected to the city council three years ago, he _____ for lower property taxes.

(a) had advocated                (b) will advocate
(c) will have been advocating      (d) has been advocating

**5** Mary _____ for internships with major publishing companies since she enrolled in university.

(a) will be applying      (b) had applied      (c) has been applying    (d) will have applied

**6** Hamlet Grocers _____ local restaurants with quality fruits and vegetables for over 30 years now.

(a) had been supplying          (b) has been supplying
(c) will have been supplying      (d) is supplying

**지텔프 실전문제** ┤ 보기 중 빈칸에 적절한 것을 고르세요.

**7** Black holes are regions of space with extremely powerful gravitational fields. Since the existence of black holes was first proposed in 1916, astronomers _____ this phenomenon carefully.

(a) were studying
(b) had studied
(c) have been studying
(d) studied

**8** After graduating from university, Michael moved to Berlin to study German. From that point on, his language skills _____, and he hopes to someday be fluent.

(a) are improving
(b) have been improving
(c) will improve
(d) will be improving

정답·해석·해설 p.4

## Vocabulary

**1** rural adj. 시골의   contribute v. ~의 원인이 되다
poverty n. 빈곤   decline v. 감소하다
**2** talented adj. 재능이 있는   recruit v. 모집하다
**4** elect v. 선출하다   council n. 의회   property n. 재산
advocate v. 주장하다, 지지하다

**5** major adj. 주요한   enroll v. 입학하다   apply v. 지원하다
**6** local adj. 지역의   quality adj. 양질의   supply v. 공급하다
**7** region n. 공간   gravitational adj. 중력의   field n. 장
existence n. 존재   astronomer n. 천문학자   phenomenon n. 현상
**8** graduate v. 졸업하다   fluent adj. 유창한   improve v. 향상하다

**매회 평균 1문제 출제**

# 과거진행 시제

**①** 과거진행 시제는 '~하고 있었다', '~하던 중이었다'라는 의미로, 과거의 특정한 시점에 진행 중이었던 일이나 행동에 대해 말할 때 사용한다. 형태는 'was/were + -ing'를 쓴다.

He **was reading** a book <u>at 2 p.m. yesterday</u>.  그는 어제 오후 2시에 책을 읽고 있었다.

**②** 과거진행 시제는 다음과 같은 시간 표현들과 자주 함께 쓰인다.

**지텔프 기출 과거진행 시간 표현**

- · when + 과거 동사 (+ 과거 시점)  ~했을 때
- · while절(while + 주어 + 빈칸) + 과거 동사*  (빈칸)하던 도중에 ~했다  ⎰ 빈출 ★
- · 과거 동사 or 과거 시점 + at that exact moment  ~했던 바로 그 순간에
- · 기간 표현 + ago  ~ 전에
- · last + 시간 표현  지난 ~에
- · yesterday  어제

* 과거 동사는 while절의 앞에 올 수도 있고, 뒤에 올 수도 있다.

Aletha **was watching** a movie <u>when</u> the phone <u>rang</u>.  Aletha는 전화벨이 울렸을 때 영화를 보던 중이었다.

<u>While</u> we **were going** home, the fireworks <u>began</u>.  우리가 집으로 가던 도중에, 불꽃놀이가 시작되었다.

---

**고득점 포인트**

**시간 표현이 보이지 않는 문제는 어떻게 풀어야 하나요?**

지텔프 시제 문제는 대부분 각 시제를 정답으로 고를 수 있는 시간 표현이 명확하게 주어지는 편이지만, 시간 표현이 명확히 보이지 않는 문제는 문맥을 파악하여 문장이나 절 간의 시제 일치를 단서로 풀어야 한다.

American author Regina Galloway had difficulty finding a UK publisher for her latest novel. Even though her book _____ very well in the US already, many British publishing companies did not want to work with her.

(a) would have sold
(b) will be selling
(c) was selling
(d) could be sold

➡ 이 문제는 명확한 시간 표현이 보이지 않으므로, 문장이나 절 간의 시제 일치를 단서로 풀어야 한다. 빈칸이 포함된 문장의 주절 (many British ~)은 '많은 영국 출판사들은 그녀와 일하기를 원하지 않았다'라는 의미로, 과거 동사가 사용되었다. 따라서, 접속사로 연결되어 있는 종속절(Even though ~)의 빈칸은 문맥상 '그녀의 책이 이미 미국에서는 매우 잘 팔리고 있었음에도 불구하고'라는 의미가 되어야 자연스러우므로, 과거진행 시제 (c) was selling이 정답이다.

**1** The professor walked around the classroom while the students _____ the final exam.

(a) had been taking     (b) had taken     (c) take     (d) were taking

**2** When Anne called Jacob yesterday, he _____ to the National Art Museum to view a special exhibit.

(a) had been going     (b) was going     (c) goes     (d) will go

**3** When the Egyptian soccer team played in the championship last week, many people around the country _____ the game on TV.

(a) were watching     (b) have watched     (c) had watched     (d) are watching

**4** Environmental groups _____ at the proposed nuclear reactor site when the president arrived for the press conference.

(a) have already been protesting        (b) will have already protested
(c) were already protesting        (d) are already protesting

**5** I _____ my big marketing presentation but the fire alarm went off at that exact moment.

(a) start     (b) have started     (c) was starting     (d) have been starting

**6** When the state of California was formed in 1850, less than 100,000 people _____ in the region.

(a) will live     (b) were living     (c) live     (d) have been living

**7** Paul usually goes grocery shopping on the weekends. When he went to the supermarket last Saturday, the store _____ a sale. He was able to buy many items at a discount.

(a) has been holding
(b) has held
(c) was holding
(d) holds

**8** Lyman Publishing announced that a novel by noted author Greg Smith will be released next month. It is set in Paris during the French Revolution. While he _____ the book, Mr. Smith consulted with several experts on this period of history.

(a) would write
(b) writes
(c) had written
(d) was writing

정답·해석·해설 p.5

## Vocabulary

1 final exam phr. 기말시험
2 view v. 보다 exhibit n. 전시
3 championship n. 결승전, 선수권 대회
4 environmental adj. 환경의 proposed site phr. 후보지
nuclear reactor phr. 원자로 press conference phr. 기자 회견
protest v. 항의하다

5 go off phr. (경보 등이) 울리다
6 form v. 만들다 region n. 지역
7 grocery n. 식료품 discount n. 할인된 가격, 할인
8 noted adj. 저명한 release v. 출간하다
set v. (소설 등의) 배경을 설정하다 consult with phr. ~와 상의하다
expert n. 전문가

**출제공식 04** · 매회 평균 1문제 출제

# 과거완료진행 시제

---

**1** 과거완료진행 시제는 '~해오고 있었다', '~해오던 중이었다'라는 의미로, 특정 과거 시점 이전에 시작된 일이나 행동이 그 시점까지 계속 진행 중이었음을 말할 때 사용한다. 형태는 'had been + -ing'를 쓴다.

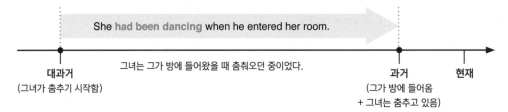

She **had been dancing** when he entered her room.

그녀는 그가 방에 들어왔을 때 춤춰오던 중이었다.

| 대과거 | | 과거 | 현재 |
|---|---|---|---|
| (그녀가 춤추기 시작함) | | (그가 방에 들어옴 + 그녀는 춤추고 있음) | |

---

**2** 과거완료진행 시제는 다음과 같은 시간 표현들과 자주 함께 쓰인다.

**지텔프 기출 과거완료진행 시간 표현**

- when / before + 과거 동사 (+ 과거 시점) (+ for + 기간 표현) ─ 빈출 ★
  ~했을 때 / ~하기 전에 (~ 동안)

- until / at the time / by the time + 과거 동사 (+ 과거 시점) (+ for + 기간 표현)
  ~하기 까지 / ~했던 시기에 / ~했을 무렵 (~ 동안)

- since + 과거 동사 or 과거 시점 (+ until + 과거 동사) (+ for + 기간 표현)
  ~ 이래로 (~했을 때까지) (~ 동안)

- prior to + 과거 사건  과거 사건 이전에

I **had been studying** <u>for an hour</u> <u>when</u> you <u>texted</u> me.
네가 나에게 문자를 보냈을 때 나는 1시간 동안 공부해오던 중이었다.

The phone **had been ringing** <u>for 5 minutes</u> <u>before</u> she <u>picked</u> it up.
그 전화는 그녀가 받기 전에 5분 동안 울려오고 있었다.

**1** When Craig's flight finally arrived at the San Diego airport, he _____ for over 11 hours.

(a) travel
(b) will be traveling
(c) has traveled
(d) had been traveling

**2** Before British women received the right to vote in 1916, activists _____ against the country's discriminatory election laws for decades.

(a) will demonstrate
(b) demonstrate
(c) had been demonstrating
(d) have been demonstrating

**3** Desmond Incorporated's factory in Shanghai _____ for 30 years until it was shut down last week.

(a) had been operating  (b) operates  (c) has been operating  (d) has operated

**4** When Sally woke up at 11 a.m. this morning, she _____ for approximately nine hours.

(a) had been sleeping  (b) slept  (c) has slept  (d) will be sleeping

**5** Before penicillin was discovered in 1928, doctors _____ for an effective way to treat bacterial infections for centuries.

(a) have searched
(b) had been searching
(c) have been searching
(d) will search

**6** Wendy _____ in Los Angeles for 15 years until she moved to New York last week.

(a) has lived  (b) will live  (c) will be living  (d) had been living

지텔프 실전문제 | 보기 중 빈칸에 적절한 것을 고르세요.

**7** Patricia holds a doctorate degree in economics. By the time she completed her studies last fall, she _____ university for 12 years. She is now looking for a position as a professor.

(a) attended
(b) will attend
(c) has been attending
(d) had been attending

**8** A lightning strike caused a major blackout in New York in 1977. At the time power was restored on July 14, most residents of the city _____ with the lack of electricity for 25 hours.

(a) have coped
(b) have been coping
(c) had been coping
(d) coped

정답·해석·해설 p.6

**Vocabulary**

1 flight n. 항공기
2 vote v. 투표하다  activist n. 운동가  discriminatory adj. 차별적인  election n. 선거  law n. 법  demonstrate v. 시위하다
3 shut down phr. 문을 닫다  operate v. 운영되다, 작동되다
4 approximately adv. 대략, 약

5 discover v. 발견하다  effective adj. 효과적인  treat v. 치료하다  bacterial adj. 세균의  infection n. 감염
7 doctorate degree phr. 박사 학위
8 lightning strike phr. 낙뢰  blackout n. 정전  restore v. 복구하다  lack n. 부족  electricity n. 전기  cope v. 대처하다

매회 평균 1문제 출제

# 미래진행 시제

 미래진행 시제는 '~하고 있을 것이다', '~하는 중일 것이다'라는 의미로, 미래의 특정한 시점에 진행되고 있을 일이나 행동에 대해 말할 때 사용한다. 형태는 'will be + -ing'를 쓴다.

They **will be studying** tomorrow.
그들은 내일 공부하고 있을 것이다.

 미래진행 시제는 다음과 같은 시간 표현들과 자주 함께 쓰인다.

지텔프기출 **미래진행 시간 표현**

| | |
|---|---|
| · next week / next month / next year<br>다음 주 / 다음 달 / 다음 해 | · tonight / tomorrow  오늘밤 / 내일 |
| | · in the following months  다음 몇 달에 |
| · if / when / by the time / until + 현재 동사<br>만약 ~하면 / ~할 때 / ~할 무렵 / ~할 때까지 | · from now on  앞으로는 |
| · in / on / until / by + 미래 시점  ~ 때에 / ~ 때에 / ~ 때까지 / ~ 즈음에는 | |

 빈출

Mandy **will be taking** exams next week.
Mandy는 다음 주에 시험을 치고 있을 것이다.

By the time you arrive at 7 p.m., I **will be making** dinner.
네가 오후 7시에 도착할 무렵이면, 나는 저녁을 만들고 있을 것이다.

Some science-fiction writers believe that people **will be living** on distant planets in the future.
일부 공상 과학 소설가들은 미래에는 사람들이 먼 행성에서 살고 있을 것이라고 생각한다.

**TIP**

if / when / by the time / until 등의 접속사는 현재 동사와 결합하기 때문에, 현재 시제와 관련이 있는 현재진행 시제나 현재완료진행 시제를 정답으로 고르는 실수를 범하기 쉽다. 하지만, 시간이나 조건을 나타내는 부사절에서는 현재 동사를 사용하여 미래를 나타낸다.

When the restaurant (~~will open~~ / **opens**) later this evening, the cooks **will be preparing** the day's menu.
잠시 후 저녁에 레스토랑이 문을 열 때, 요리사들은 오늘의 메뉴를 준비하고 있을 것이다.

➡ 레스토랑이 문을 여는 것은 미래에 일어날 일이지만, 시간을 나타내는 when 부사절에서는 현재 동사를 사용하여 미래를 나타내므로 opens가 온다.

연습문제 ▶ 보기 중 빈칸에 적절한 것을 고르세요.

**1** When the next NASA spaceship enters the Martian atmosphere, scientists _____ that the craft does not get damaged as it descends.

    (a) have hoped     (b) are hoping     (c) hoped     (d) will be hoping

**2** Jake and Tara _____ football in the park if you come to see them later than 2 P.M. tomorrow.

    (a) already play                (b) already played
    (c) will already be playing     (d) have already been playing

**3** Many students _____ around the job fair until 5 p.m. this afternoon, as over 50 companies are recruiting.

    (a) have been looking          (b) will be looking
    (c) were looking               (d) had been looking

**4** Bedford Department Store _____ discounts on all products next weekend for its 40th anniversary.

    (a) will be offering     (b) has offered     (c) has been offering     (d) offers

**5** If you plan to celebrate New Year's Eve in town, please be aware that the subway _____ until 1 A.M.

    (a) had worked     (b) has worked     (c) will be working     (d) will have worked

**6** Until her landlord finally manages to fix her roof, Linda _____ with her parents.

    (a) stay     (b) has been staying     (c) will be staying     (d) had stayed

지텔프 실전문제 ▶ 보기 중 빈칸에 적절한 것을 고르세요.

**7** The voter registration system for next year's election will come online on Thursday. While this is happening, election officials _____ out registration forms to all those who requested them.

    (a) send
    (b) will be sending
    (c) have sent
    (d) were sending

**8** Brighthelm is seeking to win the contract to develop the area around Tucson's new airport. The company is willing to completely relocate to carry out the work. If it secures the contract, it _____ its operations as soon as the new airport opens.

    (a) will be moving
    (b) will have been moving
    (c) has moved
    (d) has been moving

정답·해석·해설 p.6

## Vocabulary

1 spaceship n. 우주선   Martian adj. 화성의   atmosphere n. 대기   craft n. 우주선, 항공기   descend v. 하강하다
3 recruit v. (신입 사원 등을) 모집하다
5 celebrate v. 기념하다   aware adj. 유념의, 알고 있는

6 landlord n. 집주인, 임대주   roof n. 지붕
7 registration n. 등록   election n. 선거
8 completely adv. 전적으로   relocate v. 이전하다   carry out phr. 수행하다   secure v. 얻다   operation n. 기업체

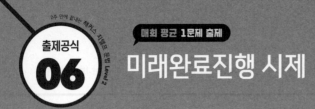
 매회 평균 1문제 출제

# 미래완료진행 시제

 **1**  미래완료진행 시제는 '~해오고 있을 것이다', '~해오는 중일 것이다'라는 의미로, 과거 또는 현재에 시작해서 특정 미래 시점까지 진행되고 있을 일이나 행동에 대해 말할 때 사용한다. 형태는 'will have been + -ing'를 쓴다.

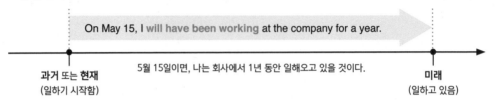

On May 15, I **will have been working** at the company for a year.

**과거 또는 현재**
(일하기 시작함)

5월 15일이면, 나는 회사에서 1년 동안 일해오고 있을 것이다.

**미래**
(일하고 있음)

 **2**  미래완료진행 시제는 다음과 같은 시간 표현들과 자주 함께 쓰인다.

지텔프 기출 **미래완료진행 시간 표현**

> · by the time + 현재 동사 (+ for + 기간 표현)
>   ~할 무렵이면 (~ 동안)
> · by / in + 미래 시점 (+ for + 기간 표현)
>   ~ 즈음에는 / ~ 때에 (~ 동안)            ◁ 빈출★
> · before / when / until / if + 현재 동사 (+ for + 기간 표현)
>   ~하기 전에 / ~할 때 / ~할 때까지 / ~한다면 (~ 동안)

**By the time** you eat lunch, I **will have been fixing** the printer for 2 hours.
네가 점심을 먹을 무렵이면, 나는 프린터를 2시간 동안 고쳐오는 중일 것이다.

**By** 6:00 this evening, she **will have been working** for 10 hours.
오늘 저녁 6시 즈음에는, 그녀는 10시간 동안 일해오고 있을 것이다.

The girls **will have been singing** for 5 minutes when the bride enters.
그 소녀들은 신부가 입장할 때 5분 동안 노래를 불러오고 있을 것이다.

**1** By the time his current term ends, Mayor Bradley _____ in office for 12 years.

  (a) had served                (b) has served
  (c) will be serving          (d) will have been serving

**2** By the time Jason arrives at the office, his coworkers _____ on the assignment for an hour.

  (a) will have been working     (b) will work
  (c) have been working         (d) had worked

**3** By 2040, people _____ virtual reality devices in homes and workplaces for decades.

  (a) will use                 (b) used
  (c) will have been using      (d) have been using

**4** By the time Timothy moves into his new apartment, he _____ at his friend's house for six weeks.

  (a) stayed                (b) will have been staying
  (c) is staying             (d) will stay

**5** By the end of this year, Wilson Motors _____ its latest SUV model for three months.

  (a) will have been selling     (b) has been selling
  (c) had been selling         (d) is being sold

**6** Healthcare expenses _____ for four years before the government's proposed budget increase takes effect.

  (a) have increased        (b) have been increasing
  (c) will have been increasing   (d) had been increasing

**7** Danielle has finally decided to move out of her parents' house. She has a good job and can pay rent for a place by herself. When she moves out, she _____ with her parents for almost 25 years.

  (a) had lived
  (b) lived
  (c) will have been living
  (d) has been living

**8** Sarah has gone to the library to prepare for her final exams. She plans to stay until the library closes. By the time she leaves the library, she _____ for nine hours.

  (a) studies
  (b) has studied
  (c) will be studying
  (d) will have been studying

정답·해석·해설 p.7

**Vocabulary**

1 term n. 임기  serve v. 근무하다
2 assignment n. 업무, 과제
3 virtual adj. 가상의  device n. 기기, 장치
5 latest adj. 최신의

6 healthcare adj. 의료의  expense n. 비용  budget n. 예산
  increase n. 증대; v. 증가하다  take effect phr. 시행되다
7 pay v. 지불하다  rent n. 집세
8 prepare v. 준비하다

**01** Jenna and Harry have a number of activities arranged for their trip to Boston this weekend. Tomorrow, they _____ several historical sites in the city. They plan to start off at Boston Harbor.

(a) have toured
(b) toured
(c) will have been touring
(d) will be touring

**04** The Thornwood Community Center includes an Olympic-size swimming pool that all residents can use for a minimal charge. William _____ there twice a week since he first moved to the neighborhood.

(a) swam
(b) had swum
(c) has been swimming
(d) had been swimming

**02** Two years ago, a chain of free day care centers opened for children from poor families. They have proven to be highly popular. Right now, over 1,000 children _____ in programs at these centers.

(a) had participated
(b) are participating
(c) will be participating
(d) will participate

**05** RT Electronics recently announced the planned closure of three manufacturing plants in the US. While the CEO _____ the situation at a press conference, he was interrupted by a protest from affected factory workers.

(a) had explained
(b) has explained
(c) had been explaining
(d) was explaining

**03** In 2015, 185 nations agreed to prevent global temperatures from rising more than 2°C. However, achieving this goal now seems unlikely. A recent study shows that by 2100, temperatures _____ for decades at a faster rate than anticipated.

(a) will have been increasing
(b) had increased
(c) have been increasing
(d) had been increasing

**06** Bridgeport requires that dogs be leashed at all times in parks and other public recreational areas. However, in response to a petition submitted by a group of pet owners, the city council _____ whether to change this policy.

(a) will have now been debating
(b) had now debated
(c) had now been debating
(d) is now debating

**07** Yolanda had a long career as a yoga instructor at the Bellmore Health Club. When she retired three weeks ago, she _____ yoga classes for over 22 years.

(a) was teaching
(b) had been teaching
(c) has been teaching
(d) will have been teaching

**08** Professor Warner will resume teaching biology classes at Longman College after recovering from his health problem. By the end of the next semester, he _____ there for almost 30 years!

(a) lectures
(b) will have been lecturing
(c) will be lecturing
(d) had lectured

**09** The conversion of hotels into low-cost housing has greatly benefited residents of the city. When the program began three years ago, many people _____ to find affordable housing. Thanks to this program, the average cost of housing is now much lower.

(a) will struggle
(b) have struggled
(c) have been struggling
(d) were struggling

**10** Grace was recently offered a teaching position at California State University. If she accepts the job offer, she _____ to San Diego before the end of the month.

(a) will be moving
(b) has moved
(c) moved
(d) has been moving

**11** Fresh Foods is the oldest supermarket chain in the San Francisco area. By the time the company opens its newest branch, it _____ for over 50 years.

(a) will be operating
(b) had operated
(c) will have been operating
(d) has operated

**12** Cristiano Ronaldo left Manchester United for Real Madrid after a successful final season. When the team won the championship in 2009, he _____ to move to Madrid.

(a) has already prepared
(b) was already preparing
(c) has already been preparing
(d) already prepared

**13** Liam has been arranging a trip to Paris ever since he watched a documentary on the cultural heritage of the city. As of this moment, he _____ his itinerary to make sure he can see all the sights.

(a) will still plan
(b) was still planning
(c) is still planning
(d) has still been planning

**14** Japanese forces attacked Pearl Harbor on December 7, 1941. Over 20 warships were damaged or destroyed, significantly weakening the US navy. Fortunately, the American aircraft carriers _____ planes to other bases, so they were not harmed.

(a) have been delivering
(b) have delivered
(c) were delivering
(d) deliver

**15** Students are under intense exam pressure around this time of year, which can put their health at risk. In one recent case, a student _____ three days straight without sleep before he collapsed from exhaustion.

(a) will have been studying
(b) is studying
(c) will be studying
(d) had been studying

**16** Dr. Wilkins will open a private medical clinic in London. He _____ at Southgate Hospital at this time, but he plans to resign to start his new business soon.

(a) was working
(b) is working
(c) worked
(d) has worked

**17** Kyle has signed up for a seminar that is scheduled for three hours on Saturday afternoon at the Bellingham Community Center. There, he _____ how to invest in commercial real estate.

(a) will have been learning
(b) has been learning
(c) had been learning
(d) will be learning

**18** Pearson and Johnson is one of the most respected law firms in the country. It _____ legal services to prominent business and political leaders for 17 years now.

(a) has been providing
(b) is providing
(c) had provided
(d) provided

**19** The dean of Pullman College is meeting with all the freshman students to discuss their first semester. By the time the meeting is over, she _____ to them for over two hours.

(a) had talked
(b) talked
(c) has been talking
(d) will have been talking

**20** Dave cannot believe how thoughtful the people at his company are. When he arrived at the office yesterday morning, his coworkers _____ a surprise birthday party for him.

(a) were setting up
(b) have set up
(c) are setting up
(d) will have been setting up

**21** The football players agreed that they need to train as much as possible before their first game. By the time the season starts, they _____ nothing but fitness routines, training matches, and tactical preparation.

(a) had been doing
(b) will do
(c) had done
(d) will have been doing

**22** Many people have pointed out that the city does not have sufficient bicycle paths. Therefore, the city council _____ a proposal to build paths along several major roads. A decision will be announced at the end of the month.

(a) will have been considering
(b) considers
(c) had considered
(d) is considering

**23** Foreword Books is one of the largest book and magazine retailers in the state. Since it was founded, the company _____ a new branch every year for the past two decades.

(a) will open
(b) will have opened
(c) has been opening
(d) had been opening

**24** An expedition is planned for later this year to map the Mariana Trench. The researchers will use a specially designed submersible. They _____ to the deepest point in the trench, which is 10 kilometers below the ocean's surface.

(a) will be descending
(b) will have been descending
(c) have descended
(d) had descended

**25** The play at the Belmont Theater on Friday evening was well received by the audience. When the actors took a bow at the end of the show, everyone who _____ their performance stood up and applauded.

(a) have been watching
(b) are watching
(c) will be watching
(d) had been watching

**26** The study rooms in the library are the most popular place to prepare for final exams. When Janet arrived at 9 a.m. this morning, students _____ all of these study areas already.

(a) have occupied
(b) were occupying
(c) have been occupying
(d) will occupy

**27** The government increased the minimum wage several years ago to improve the financial status of low-income workers. Since this policy was enacted, many small business owners _____ about increased labor costs.

(a) will grumble
(b) grumbled
(c) have been grumbling
(d) had been grumbling

**28** Raymond Chung is doing an amazing job as CEO of Mist Technologies. Until he took over in 2016, the company _____ a significant decline in revenues for several years. Now, few firms in the country are more profitable than Mist Technologies.

(a) has been experiencing
(b) had been experiencing
(c) has experienced
(d) will have experienced

**29** Patricia received a promotion at her company that took effect last month. Now, she _____ a team of 10 accountants and reports directly to the head of the finance department.

(a) will be managing
(b) managed
(c) had managed
(d) is managing

**30** The proposed legislation to increase taxes on gasoline and other fuel products is highly controversial. Following months of debate, lawmakers _____ next week on whether to implement the new policy.

(a) had voted
(b) have voted
(c) will be voting
(d) were voting

**31** Western University will almost certainly construct additional parking lots next year. This is due to a recent newspaper article that drew attention to the fact that students _____ the lack of parking facilities on campus.

(a) will have criticized
(b) will be criticizing
(c) have been criticizing
(d) would have criticized

**32** Mr. Larson is a long-term member of the local hiking club. By the time the organization holds its next event, he _____ in club activities for approximately 10 years.

(a) had taken part
(b) was taking part
(c) had been taking part
(d) will have been taking part

**33** Napoleon led his forces into Russia on June 24, 1812. Before the invasion commenced, Napoleon _____ French citizens for over a year. As a result, his army had over 450,000 soldiers, making it the largest European military force to date.

(a) had been recruiting
(b) has recruited
(c) has been recruiting
(d) will recruit

**34** To improve output, Madden Industries plans to install new equipment in all of its manufacturing plants. The upgrades _____ next year over a period of seven months.

(a) have taken place
(b) were taking place
(c) will be taking place
(d) had taken place

**35** Elise usually picks up a coffee from the Java Shop every day on the way to work. However, workers _____ that café for a week so she has had to go to a different one.

(a) repaint
(b) had repainted
(c) repainted
(d) have been repainting

**36** The Department of Energy recently ran a successful campaign to reduce electricity use by the public. Before the campaign started last year, household consumption rates _____ steadily. However, they are now declining for the first time in 20 years.

(a) had been rising
(b) have risen
(c) will be rising
(d) will rise

## 출제 비율

| 시제<br>약 6문제 | **가정법**<br>약 6문제 | 조동사<br>약 4~5문제 | 준동사<br>약 5~6문제 | 연결어<br>약 2문제 | 관계사<br>약 2문제 |
|---|---|---|---|---|---|

가정법(매회 평균 6문제)은 주로 가정법 과거와 가정법 과거완료에서 약 3문제씩 출제되는 편이며, 간혹 혼합가정법이 출제되기도 한다.

## 출제 경향

**1** 가정법 문제의 보기는 대체로 동사의 다양한 형태로 구성되어 있고, 주로 빈칸이 포함된 문장에 if가 있다.

**2** 가정법 문제의 단서 표현들은 형태가 일정하여 공식화할 수 있고, 이 가정법 공식의 동사 부분에 따라 정답이 나누어진다.

2주 만에 끝내는 해커스 지텔프 문법 Level 2

**Chapter**

# 2

출제 1순위

# 가정법

# 왕초보 기본기 다지기

지텔프 가정법 문제는 공식을 적용하면 정답을 쉽게 고를 수 있지만, 가정법의 개념 자체가 익숙하지 않은 왕초보 학습자들은 기본기부터 다진 후 본격적인 학습에 들어가는 것을 추천한다.

---

### 가정법이란 무엇일까?

그 컴퓨터가 지금보다 더 **싸다면**, 오늘 컴퓨터를 **살** 텐데. (현재 상황의 반대를 상상)
그때 내가 전화번호를 **남겼다면**, 그가 **전화했을** 텐데. (과거 상황의 반대를 상상)

현재나 과거의 상황과 반대되는 경우를 상상하거나, 일어날 가능성이 희박한 일이 미래에 일어날 경우를 상상하여 표현하는 것을 **가정법**이라고 한다. 가정법의 종류에는 가정법 과거, 가정법 과거완료, 가정법 미래가 있으며, 주로 if로 시작하고 특별한 시제를 사용한다.

---

## 1. 가정법 과거

현재 상황에 대한 반대 상황을 가정하여 표현한다. 현재의 상황과 반대되는 경우를 가정하기 위해 if절에 과거 시제를 사용하기 때문에 가정법 과거라고 부른다.

| if절 | 주절 |
| --- | --- |
| if + 주어 + 과거 동사 ~<br>만약 ~한다면 | 주어 + would/could(조동사 과거형) + 동사원형 ~<br>~할 텐데 |

**If the computer were** cheaper than it is now, **I would buy** one today.
만약 그 컴퓨터가 지금보다 더 싸다면, 나는 오늘 하나를 살 텐데.

➡ 현재 그 컴퓨터가 싸지 않아서 오늘 하나를 사지 못한다는 의미이다.

**They would go** on a picnic **if the weather were** good.
만약 날씨가 좋다면 그들은 소풍을 갈 텐데.

➡ 현재 날씨가 좋지 않아서 그들이 소풍을 가지 못한다는 의미이다.

## 2. 가정법 과거완료

과거 상황에 대한 반대 상황을 가정하여 표현한다. 과거의 상황과 반대되는 경우를 가정하기 위해 if절에 과거완료 시제를 사용하기 때문에 가정법 과거완료라고 부른다.

| if절 | 주절 |
|---|---|
| if + 주어 + had p.p. ~<br>만약 ~했었다면 | 주어 + would/could(조동사 과거형) + have p.p. ~<br>~했을 텐데 |

**He would have called me if I had left a phone number.**
만약 내가 전화번호를 남겼었다면 그가 나에게 전화했을 텐데.

➡ 과거에 내가 전화번호를 남기지 않아서 그가 전화하지 못했다는 의미이다.

**If Melissa had told me earlier about the concert, I would have gone with her.**
만약 Melissa가 나에게 그 콘서트에 대해 더 일찍 말했었다면, 나는 그녀와 함께 갔을 텐데.

➡ 과거에 Melissa가 나에게 그 콘서트에 대해 더 일찍 말하지 않아서 그녀와 함께 가지 못했다는 의미이다.


## 3. 가정법 미래  [ 지텔프에서는 거의 안 나와요. ]

일어날 가능성이 희박한 미래의 일을 가정하여 표현한다. 현재나 미래의 상황에 대해 강한 의심을 나타낼 때 사용하기도 한다.

| if절 | 주절 |
|---|---|
| if + 주어 + should + 동사원형 ~<br>혹시라도 ~라면 | 주어 + will/can/may/should + 동사원형 ~<br>~할 것이다 |

**If I should fail the exam, my mother will be disappointed.**
혹시라도 내가 그 시험에 떨어지면, 어머니께서 실망하실 것이다.

➡ 미래에 내가 시험에 떨어질 가능성이 거의 없지만, 혹 그런 일이 일어난다면 어머니께서 실망하실 것이라는 의미이다.

**I will stay indoors if it should snow tomorrow.**
혹시라도 내일 눈이 온다면 나는 집 안에 머무를 것이다.

➡ 내일 눈이 올 가능성이 거의 없지만, 혹 그런 일이 일어난다면 집 안에 머무를 것이라는 의미이다.

매회 평균 3문제 출제

# 가정법 과거

 가정법 과거는 '(실제로는 아니지만) 만약 ~한다면 ~할 텐데'라는 의미로, 현재 상황을 반대로 가정하여 말할 때 사용한다. 가정법 과거 공식은 다음과 같다.

지텔프 기출 **가정법 과거 공식**

> If + 주어 + 과거 동사*, 주어 + would/could(조동사 과거형) + 동사원형

\* if절의 동사가 be동사일 경우, 주어에 관계 없이 were를 사용한다.

**If** I **were** an actress, I **would be** rich and famous.
만약 내가 배우라면, 나는 부유하고 유명할 텐데. (현재 나는 배우가 아님)

**If** Bob **knew** Laura, he **would like** her.
만약 Bob이 Laura를 안다면, 그는 그녀를 좋아할 텐데. (현재 Bob은 Laura를 모름)

We **could go** to the park **if** the weather **were** not rainy.
만약 비 오는 날씨가 아니라면 우리는 공원에 갈 수 있을 텐데. (현재 비가 오고 있음)

> **TIP**
>
> 1  간혹 가정법 문제의 보기에 probably, definitely, still, not과 같은 부사가 포함되어 있더라도, 해당 부사를 제외하고 가정법 공식 형태에 맞는지 확인하면 된다.
>
> 2  가정법 문제는 대부분 if절이 주절보다 앞에 있지만, 간혹 주절이 먼저 나온 뒤에 if절이 콤마 없이 연결된 형태로 출제되기도 한다.

연습문제 ▶ 보기 중 빈칸에 적절한 것을 고르세요.

**연습문제** ▶ 보기 중 빈칸에 적절한 것을 고르세요.

**1** If only Geoff were more attentive in his biology class, he _____ the professor's lectures better.

(a) would understand    (b) understands    (c) had understood    (d) is understanding

**2** If I won the lottery, I _____ my parents a large house to live in during their retirement.

(a) am buying      (b) bought      (c) would buy      (d) will buy

**3** Residents _____ less time commuting each day if the mayor increased funding for public transportation.

(a) spend      (b) have spent      (c) would have spent    (d) would spend

**4** If Shilton Enterprises had a sufficient number of employees, it _____ to hire new staff members.

(a) did not need                  (b) had not needed
(c) would not need            (d) will not need

**5** If David didn't have a lot of work these days, he _____ his sister move into her new apartment.

(a) was probably helping        (b) would probably help
(c) probably helped              (d) will probably help

**6** If all the charities in the country _____ how exactly they spend their money, they would get far more donations.

(a) are revealing      (b) have revealed      (c) revealing      (d) revealed

**지텔프 실전문제** ▶ 보기 중 빈칸에 적절한 것을 고르세요.

**7** Mark is often tired at work, which makes it difficult for him to concentrate on his assignments. If I were him, I _____ to bed earlier each night.

(a) am going
(b) had gone
(c) would have gone
(d) would go

**8** Most patients who experience complications after surgery fail to follow their doctor's instructions regarding antibiotics. If patients took their medications as directed, they _____ their chances of developing infections.

(a) would definitely reduce
(b) definitely reduce
(c) definitely reduced
(d) had definitely reduced

정답·해석·해설 p.15

### Vocabulary

1 attentive adj. 주의를 기울이는   biology n. 생물학
2 win the lottery phr. 복권에 당첨되다   retirement n. 은퇴 생활
3 commute v. 통근하다   public transportation phr. 대중교통
4 sufficient adj. 충분한   hire v. 고용하다

6 charity n. 자선 단체   donation n. 기부금   reveal v. 밝히다
7 concentrate v. 집중하다   assignment n. 업무, 과제
8 complication n. 합병증   surgery n. 수술   instruction n. 지시
   antibiotic n. 항생제   medication n. 약   infection n. 감염

매회 평균 3문제 출제

# 가정법 과거완료

**1** 가정법 과거완료는 '(실제로는 아니었지만) 만약 ~했었다면 ~했을 텐데'라는 의미로, 과거 상황을 반대로 가정하여 말할 때 사용한다. 가정법 과거완료 공식은 다음과 같다.

 **가정법 과거완료 공식**

> If + 주어 + had p.p., 주어 + would/could(조동사 과거형) + have p.p.

**If** someone **had arrived** at the door, I **would have heard** the doorbell ring.
만약 누군가 왔다면, 나는 초인종이 울리는 것을 들었을 텐데. (과거에 누군가 오지 않았음)

We **would not have failed** if we **had followed** his advice.
우리가 만약 그의 조언을 따랐더라면 실패하지 않았을 텐데. (과거에 그의 조언을 따르지 않았음)

**If** Luke **had ordered** the stereo online, he **might have paid** less for it.
만약 Luke가 온라인으로 스테레오를 주문했었다면, 그는 그것에 더 적은 돈을 지불했을 텐데.
(과거에 온라인으로 스테레오를 주문하지 않았음)

> **TIP**
> 가정법 과거완료 문제에서는 주절의 조동사 과거형으로 간혹 might가 사용되기도 한다.

**2** 가정법 과거완료에서는 if가 생략되고 if절의 주어와 동사가 도치되어 had가 앞으로 온 형태도 쓰인다.

| 가정법 과거완료 | **If** she **had attended** that seminar, she could have met Professor Jones. |
| :---: | :--- |
| | 주어      had p.p. |
| ↓ | |
| **if 생략** | |
| ↓ | |
| 동사 + 주어 | **Had** she **attended** that seminar, she could have met Professor Jones. |
| | had 주어   p.p.      그녀가 그 세미나에 참석했었다면, 그녀는 Jones 교수님을 만날 수 있었을 텐데. |

 **고득점 포인트**

**혼합가정법**

지텔프에서는 주로 가정법 과거, 가정법 과거완료가 출제되고, 이 경우 if절과 주절의 시제가 같다. 하지만 간혹 혼합가정법이 출제되기도 하는데, 이때는 if절과 주절의 시제가 다르다. 혼합가정법은 '만약 과거에 ~했었다면, 지금 ~할 텐데'라는 의미로, 과거 상황이 현재까지 영향을 미칠 때 현재 상황을 반대로 가정하여 말하기 위해 사용한다. 보통 주절에 현재를 나타내는 시간 표현 now 등이 있다.

> If + 주어 + had p.p., 주어 + would/could(조동사 과거형) + 동사원형 + 현재 시간 표현

**If** Chloe **had gone** to bed earlier last night, she **would feel** more rested now.
만약 Chloe가 지난밤에 일찍 잤다면, 그녀는 지금 더 활기찰 텐데.

➡ if절에 가정법 과거완료를 썼더라도, 주절의 문맥 및 현재 시간 표현 now를 통해 현재 상황을 반대로 가정하고 있음을 알 수 있으므로 주절에는 가정법 과거를 쓴다.

**1** If only Mr. Cooper had lowered the asking price for his house, he _____ it much more quickly.

   (a) had sold       (b) had been selling    (c) would sell       (d) would have sold

**2** If the San Diego Pirates had won the state baseball championship last year, fans of the team _____ for weeks.

   (a) were celebrating               (b) had celebrated
   (c) would have celebrated        (d) would celebrate

**3** If Redwood Incorporated's CEO had not approved the new advertising strategy, the marketing team manager _____ other options.

   (a) will probably have presented        (b) would probably have presented
   (c) was probably presenting            (d) probably presents

**4** The government _____ taxes to pay for the new highway if its construction had not been canceled.

   (a) might raise       (b) had raised       (c) raised       (d) might have raised

**5** If the printing press had not been invented, literacy rates _____ to current levels.

   (a) would not have risen        (b) had not risen
   (c) did not rise               (d) would not rise

**6** A business report states that if Bitcorp _____ financial support from the banks, the economic downturn could have had more serious consequences for it.

   (a) would not be given        (b) would not have been given
   (c) will not be given            (d) had not been given

**7** Lyle is a fan of the popular jazz pianist Brenda Adams. If he had known that she played at Oakwood Hall last night, he _____ the concert.

   (a) is attending
   (b) has attended
   (c) will be attending
   (d) would have attended

**8** The public school teachers union agreed to accept the government's proposal to increase salaries by 2.5%. Parents around the country felt relief upon hearing this. Had the union rejected the offer, teachers _____ on strike.

   (a) would have gone
   (b) will be going
   (c) have gone
   (d) are going

정답·해석·해설 p.15

## Vocabulary

1 lower v. 낮추다   asking price phr. 제시 가격, 호가
3 approve v. 승인하다   advertising n. 광고   present v. 제시하다
5 printing press phr. 인쇄기
  literacy rate phr. 식자율(국민 중 글을 아는 사람들의 비율)

6 financial adj. 재정의   support n. 지원   economic adj. 경제의
  downturn n. 침체, 하락   consequence n. 결과
8 union n. 연합   relief n. 안심   reject v. 거부하다
  go on strike phr. 파업에 들어가다

**01** Jack Law, the CEO of Pacific Development, has been criticized for the company's poor performance over the past two years. If he offered his resignation, most shareholders _____.

(a) did not object
(b) have not objected
(c) would not object
(d) had not objected

**02** When Karla was driving to work on Monday, she narrowly avoided being in a traffic accident. If she had not stopped quickly at the intersection, she _____ another vehicle that was running a red light.

(a) would be hitting
(b) would have hit
(c) had hit
(d) was hitting

**03** Several community centers recently closed due to low visitor numbers. If citizens _____ these facilities more often, they would not have shut down.

(a) use
(b) have used
(c) will use
(d) had used

**04** Many people who suffer from insomnia do not seek medical advice. They _____ that there are many effective treatment options available if they discussed their problem with a doctor.

(a) would discover
(b) will discover
(c) discover
(d) are discovering

**05** The National Parks Service prohibited fires in all campgrounds from July 1 to August 31. Analysts say that if the ban had not been in place, forest fires _____ much more common last summer.

(a) will have been
(b) would be
(c) would have been
(d) have been

**06** Janet has been doing very well at work so far. If she were to ask for a salary increase, her manager _____ her request.

(a) would surely approve
(b) had surely approved
(c) will surely approve
(d) is surely approved

**07** Dawson University saw a significant decrease in student enrollment last year. If only it had not raised tuition rates so drastically, more students _____ for courses last semester.

(a) registered
(b) would register
(c) had registered
(d) would have registered

**08** Mendel Insurance always holds its training sessions on weekdays during regular office hours. The HR manager feels that if workshops were held in the evenings or on weekends, employees _____ using their personal time for work-related activities.

(a) would not like
(b) are not liking
(c) do not like
(d) did not like

**09** Brad can't find an affordable apartment in Seattle. If only he _____ to live in the suburbs, he would have an easier time finding an inexpensive rental unit.

(a) has been willing
(b) had been willing
(c) was willing
(d) were willing

**10** Christopher Columbus believed that Japan was only 3,700 kilometers to the west of Europe. If he had realized that the distance was actually over 19,000 kilometers, he _____ his voyage.

(a) would probably not attempt
(b) probably did not attempt
(c) would probably not have attempted
(d) had probably not attempted

**11** There is widespread opposition to a proposed law to extend the official retirement age to 70. If the legislation were passed, many elderly people _____ financial hardship while they waited for their pension.

(a) were certainly facing
(b) would certainly face
(c) certainly face
(d) certainly faced

**12** Disputes between residents of apartment buildings over noise are becoming increasingly common in many urban areas. If construction companies used better soundproofing materials, these types of conflicts _____ so often.

(a) did not occur
(b) have not occurred
(c) would not have occurred
(d) would not occur

**13** Victor has decided to take a train to Chicago next week to see his sister. If I were him, I _____ an airplane to save time.

(a) would have taken
(b) would take
(c) had taken
(d) will take

**14** Unfortunately, Jason did not receive a passing grade on the final exam for his history class. If only he had spent more time preparing for this test, he _____.

(a) did not fail
(b) had not failed
(c) might not have failed
(d) might not fail

**15** The government rejected a proposed merger of the nation's two largest automobile manufacturers. Had the merger been approved, the new company _____ over 80 percent of the market.

(a) has controlled
(b) would have controlled
(c) had been controlling
(d) will have been controlling

**16** A recent study has revealed that people who lose weight by dieting tend to gain it back. They _____ better long-term results if they had healthy meals and exercised regularly instead.

(a) achieve
(b) had achieved
(c) would achieve
(d) achieved

**17** The requirement to wear seatbelts has greatly reduced the number of fatal traffic accidents. If only the law had been passed five years ago, fewer people _____ as a result of collisions.

(a) will have died
(b) would have died
(c) have died
(d) had died

**18** Denise purchased her tickets for the jazz concert at the very last minute. If it had been possible, she _____ the tickets earlier to get better seats.

(a) has gotten
(b) had gotten
(c) will have gotten
(d) would have gotten

**19** The commissioner of the National Soccer League opposes a plan to add three new teams. He claims that if the league were expanded, existing teams _____ money.

(a) are losing
(b) had lost
(c) would lose
(d) will be losing

**20** When he tried to check into a hotel in Rome, Dominic realized that his passport was missing. If only he had been more careful, he _____ this important travel document.

(a) had not lost
(b) did not lose
(c) would not have lost
(d) will not lose

**21** Jenna does not want to accept the job she was offered by a company in New Orleans. If she took that position, she _____ to move away from her friends and family members.

(a) needed
(b) needs
(c) had needed
(d) would need

**22** Last Thursday, the CEO of Milton Foods participated in the grand opening of the company's newest supermarket. However, he was upset because there were fewer customers than expected. If the event had been better promoted, more people _____.

(a) would have attended
(b) had been attending
(c) will be attending
(d) have attended

**23** Although books can only be checked out from the university library for a two-week period, Sam kept one for over three weeks. If he had returned the book by its due date, the library _____ him a fine.

(a) had not charged
(b) will not have charged
(c) would not have charged
(d) has not charged

**24** Wilson Electronics stated that it has no plans to close its plant in Williamsburg. This was a relief to residents of the city because if the factory were to shut down, the company _____ over 600 workers.

(a) would fire
(b) will be firing
(c) had fired
(d) was firing

**25** Matt was late for work today because his car wouldn't start again. If he brought his vehicle to the service center for regular maintenance, it _____ so often.

(a) would not break down
(b) had not broken down
(c) did not break down
(d) has not broken down


**26** The municipal government recently announced that the citywide recycling program would be extended for three years. If it _____, residents would have been forced to dispose of plastic and paper items with regular trash.

(a) was being canceled
(b) were canceled
(c) was canceled
(d) had been canceled


**27** I drove to Manhattan last week to discuss an order with an important client. But the traffic was really bad, so I was late for my meeting. If I had taken the subway, I _____ on time!

(a) have arrived
(b) had arrived
(c) arrived
(d) would have arrived


**28** Many drivers have complained that the cost of using city-owned parking facilities is too high. However, Mayor Douglas says that parking fees will not be reduced. If it were cheaper to park, more people _____, resulting in increased traffic congestion.

(a) drove
(b) would drive
(c) are driving
(d) had driven


**29** The Baltimore Eagles were unable to sign star pitcher David Evans. This is because he was not offered a high enough salary. If the team's owner had made a more generous offer, Evans _____ the Eagles.

(a) would join
(b) will be joining
(c) would have joined
(d) had joined


**30** The fan David bought last month stopped working suddenly. Unfortunately, the shop he bought it from only allows returns two weeks after purchase. If the store's policy were not so strict, David _____ a refund.

(a) will request
(b) requests
(c) would request
(d) requested

**31** Pennsylvania University has very few foreign students. A university spokesperson claims that steps are being taken to address this situation, but nothing has been done yet. If the university _____ serious about attracting international students, it would advertise in other countries.

(a) is
(b) has been
(c) will be
(d) were

**32** Ann got a new sofa from the Greenfield Department Store yesterday. However, the same item is being offered by an online furniture store for 40 percent less. If she had ordered the sofa from them, she _____ a lot of money.

(a) could have saved
(b) can have saved
(c) had saved
(d) has saved

**33** The War of the Roses was an English civil war in the 15ᵗʰ century. It resulted from the death of King Henry I, who did not have an heir. The conflict _____ had the king had a son.

(a) did not occur
(b) will not have occurred
(c) had not occurred
(d) would not have occurred

**34** Peter was supposed to visit the dentist on Thursday for his regular checkup. However, it slipped his mind, and he had to reschedule. If he had written his appointment down, he _____ it.

(a) has not forgotten
(b) had not forgotten
(c) would not have forgotten
(d) will not have forgotten

**35** The government has proposed a system of grants for low-income students. However, critics claim that this plan is impractical because of the high number of students who would benefit. If the program were approved, over 500,000 students _____ for financial assistance.

(a) have qualified
(b) would qualify
(c) qualify
(d) qualified

**36** Solar Tech has now opened power plants in twenty countries. The company benefited from the comparatively low cost of solar power. Solar Tech would have been unable to achieve this growth if fossil fuels _____ expensive.

(a) would not be
(b) have not been
(c) will not be
(d) had not been

정답·해석·해설 p.16

## 출제 비율

| 시제<br>약 6문제 | 가정법<br>약 6문제 | 조동사<br>약 4~5문제 | 준동사<br>약 5~6문제 | 연결어<br>약 2문제 | 관계사<br>약 2문제 |
|---|---|---|---|---|---|

조동사 (매회 평균 4~5문제) 는 주로 일반 조동사에서 약 2문제, should 생략에서 약 2~3문제가 출제되는 편이다.

## 출제 경향

**1** 일반 조동사 문제는 보기가 모두 다양한 조동사로 구성되어 있고, 조동사 should 생략 문제는 보기가 대체로 다양한 시제의 동사들로 구성되어 있으며 빈칸 앞에 'that + 주어'가 있다.

**2** 일반 조동사 문제에는 단서가 되는 표현이 명확히 제시되지 않아, 첫 문장부터 읽으며 문맥을 파악해야 하므로 난이도가 상대적으로 높다.

**3** 조동사 should 생략 문제에는 that 앞에 주장·요구·명령·제안의 동사, 형용사, 또는 명사가 있고, 이어지는 that절의 동사는 should가 생략되어 동사원형이 정답이다.

2주 만에 끝내는 해커스 지텔프 문법 Level 2

# Chapter 3

# 왕초보 기본기 다지기

지텔프 조동사 문제는 각 조동사의 뜻과 쓰임을 암기하면 쉽게 풀 수 있지만, 조동사의 개념 자체가 익숙하지 않은 왕초보 학습자들은 기본기부터 다진 후 본격적인 학습에 들어가는 것을 추천한다.

---

### 조동사란 무엇일까?

나는 손을 씻는다.
나는 손을 씻을 수 있다.
나는 손을 씻어야 한다.

동사 '씻다'는 '씻을 수 있다', '씻어야 한다' 등 다양한 의미를 덧붙여 활용할 수 있다. 이처럼 '~할 수 있다', '~해야 한다' 등의 부가적인 의미를 더하며 동사를 도와주는 말을 조동사라고 한다. 동사 뒤에 붙어 활용되는 한국어와 달리, 영어의 조동사는 동사 앞에서 다양한 의미를 더해준다.

---

## 1. 조동사의 종류 및 쓰임

대표적인 조동사의 종류와 쓰임은 다음과 같다.

| | | |
|---|---|---|
| **should** | **의무/당위성** ~해야 한다<br><br>**충고/조언** ~하는 것이 좋겠다 | Campers **should** remove all trash from the site before leaving.<br>야영객들은 떠나기 전에 현장의 모든 쓰레기를 치워야 한다.<br>We **should** organize our files today.<br>우리는 오늘 서류를 정리하는 것이 좋겠다. |
| **must** | **의무** ~해야 한다<br><br>**강한 확신** ~임에 틀림없다 | You **must** submit the report by Friday.<br>당신은 금요일까지 보고서를 제출해야 합니다.<br>Bill **must** be busy preparing for the wedding.<br>Bill은 결혼을 준비하느라 바쁜 것임에 틀림없다. |
| **can** | **가능성** ~일 수 있다<br><br>**능력** ~할 수 있다<br><br>**허가** ~해도 된다 | It **can** snow up to four feet in the winter.<br>겨울에 4피트까지 눈이 내릴 수 있다.<br>Janet **can** speak several foreign languages.<br>Janet은 여러 가지 외국어를 구사할 수 있다.<br>Employees **can** use up to eight sick days per year.<br>직원들은 매년 8일까지 병가를 사용해도 된다. |
| **will** | **미래/예정** ~할 것이다<br><br>**의지** ~하겠다, ~할 것이다 | A convention for artists **will** be held in May.<br>예술가들을 위한 총회가 5월에 열릴 것이다.<br>When your train arrives, I **will** pick you up.<br>당신이 탄 기차가 도착하면, 제가 마중을 나가겠습니다. |

| | | Susan **may** be right. |
|---|---|---|
| **may** | **약한 추측** ~일지도 모른다 | Susan이 옳을지도 모른다. |
| | **허가** ~해도 된다 | Students **may** use the lounge after 6 p.m.<br>학생들은 오후 6시 이후에 휴게실을 이용해도 된다. |

## 2. 조동사의 특징

① 조동사 다음에는 반드시 동사원형이 온다.

My sister **may** (~~applies~~ / **apply**) to a university.
내 여동생은 대학교에 지원할지도 모른다.

Tuition fees **should** (~~are paid~~ / **be paid**) by January 23.
수업료는 1월 23일까지 납부되어야 한다.

② 부정어 not은 조동사 바로 뒤에 온다.

All applicants **must not** forget to register by noon.
모든 지원자들은 정오까지 등록하는 것을 잊으면 안 된다.

③ 조동사 2개가 나란히 올 수 없다.

You **will can** participate in the contest. (X)
You **will be able to** participate in the contest. (O)
너는 그 대회에 참가할 수 있을 것이다.

➡ be able to는 '~할 수 있다'라는 뜻을 가진 관용적 표현이지만 조동사는 아니다.

## 3. 조동사 + have + p.p.

조동사가 완료형(have + p.p.)과 함께 쓰이면 과거 사실에 대한 추측이나 후회를 나타낸다.

| 과거에 대한 추측 | 과거에 대한 유감/후회 |
|---|---|
| may have p.p.  ~했을지도 모른다 | should have p.p.  ~했어야 했는데(그런데 하지 않았다) |
| must have p.p.  ~했음에 틀림없다 | should not have p.p.  ~하지 말았어야 했는데(그런데 했다) |
| cannot have p.p.  ~했을 리가 없다 | could have p.p.  ~할 수도 있었는데(그런데 하지 않았다) |

The team **must have done** a lot of research.
그 팀은 많은 조사를 했음에 틀림없다.

They **should have tried** to help their coworkers.
그들은 동료들을 돕기 위해 노력했어야 했다.

# 조동사 should / must

① 조동사 should는 '~해야 한다'라는 뜻으로 동사에 의무나 당위성의 의미를 더하거나, '~하는 것이 좋겠다' 라는 뜻으로 충고나 조언의 의미를 더한다.

의무/당위성　Dan **should** exercise to improve his health.　Dan은 그의 건강을 증진하기 위해 운동해야 한다.

Teenagers under the age of 19 in Korea **should not** drink alcohol.
한국의 19세 미만 십 대들은 술을 마시면 안 된다.

충고/조언　Rachel looks exhausted. She **should** lie down for a while.
Rachel은 지쳐 보인다. 그녀는 잠시 동안 누워 있는 것이 좋겠다.

It's snowing hard. You **should not** drive tonight.
눈이 많이 오고 있어. 너는 오늘밤 운전을 하지 않는 것이 좋겠어.

② 조동사 must는 '~해야 한다'라는 뜻으로 동사에 의무의 의미를 더하거나, '~임에 틀림없다'라는 뜻으로 강한 확신의 의미를 더한다.

의무　　　The students **must** finish this report.　학생들은 이 보고서를 끝내야 한다.

She **must not** feed the animals.　그녀는 동물들에게 먹이를 주어서는 안 된다.

강한 확신　Julia **must** be playing outside.　Julia는 밖에서 놀고 있음이 틀림없다.

Your laptop still looks new. You **must not** use it much.
너의 노트북은 아직 새 것처럼 보여. 너는 그것을 많이 사용하지 않는 게 틀림없어.

③ should와 must는 have + p.p.와 함께 쓰이면 후회나 강한 확신을 나타낸다.

We **should have taken** the subway. The traffic is horrible today.
우리는 지하철을 탔어야 했어. 오늘 교통은 끔찍해.

➡ should + have + p.p.는 과거에 하지 않았던 일에 대한 후회나 유감(~했어야 했다)을 나타낸다.

Mark is covered in mud! He **must have slipped**.
Mark는 진흙에 뒤덮였어! 그는 미끄러졌음에 틀림없어.

➡ must + have + p.p.는 과거에 일어났던 일에 대한 강한 확신(~했음에 틀림없다)을 나타낸다.

---

**TIP**

조동사 should/must 문제에서 오답 보기로 shall이 제시되는 경우가 꽤 많다. shall은 법조동사로서, 화자의 강한 의지, 단순 미래, 법 조문의 명령 및 의무 등의 의미를 지니지만 현대 영어에서는 잘 사용되지 않는다. 또한 지텔프에서는 shall이 정답이 되는 경우는 거의 없으니, '의무/당위성'외 문맥에서는 should나 must를 정답으로 고르면 된다.

**1** Students _____ submit their applications for a dormitory room by December 15.

(a) should      (b) can      (c) might      (d) could

**2** The new law states that all passengers _____ wear a seatbelt when a vehicle is in motion.

(a) could      (b) might      (c) may      (d) should

**3** Amy has worked on Wall Street for years, so she _____ be making good money by now.

(a) might      (b) must      (c) will      (d) can

**4** Cyan Inc. _____ get additional funds from investors or else it will have to close down.

(a) may      (b) can      (c) shall      (d) must

**5** The transportation department's policy is that people riding the subway _____ offer their seats to pregnant women.

(a) might      (b) may      (c) should      (d) could

**6** If Olivia wants to check out another library book, she _____ return her overdue books and pay a fine.

(a) could      (b) would      (c) might      (d) must

**7** I heard a rumor at work that Max is going to quit soon. I know I _____ not tell anyone what I heard, but I'm itching to share this secret!

(a) would
(b) could
(c) should
(d) might

**8** Researchers have determined that memories are formed when teams of neurons work together. This explains why some memories last longer than others. For a memory to persist, it _____ be encoded by more than one neuron.

(a) must
(b) may
(c) could
(d) might

정답·해석·해설 p.22

## Vocabulary

**1** submit v. 제출하다   application n. 신청서   dormitory n. 기숙사
**2** state v. 서술하다   vehicle n. 차량   in motion phr. 운행 중인
**4** additional adj. 추가의   fund n. 자금   investor n. 투자자
**5** transportation department phr. 교통부   policy n. 방침, 정책
    offer one's seat phr. 자리를 양보하다   pregnant adj. 임신한

**6** check out phr. (책을) 대출하다   return v. 반납하다
    overdue adj. 기한이 지난   fine n. 연체료, 벌금
**7** quit v. (직장·학교 등을) 그만두다   itch v. ~하고 싶어서 못 견디다
**8** determine v. 알아내다   neuron n. 신경 세포   persist v. 지속되다
    encode v. 부호화하다

# 출제공식 10 조동사 can / could

**1** 조동사 can/could는 '~할 수 있다'라는 뜻으로 동사에 가능성이나 능력의 의미를 더하거나, '~해도 된다'라는 뜻으로 허가의 의미를 더한다.

**가능성**　There's a café across the street. We **can** buy some coffee there.
　　　　길 건너편에 카페가 있어. 우리는 거기에서 커피를 좀 살 수 있어.

　　　　My car is too big. It **cannot** fit into this tiny spot.
　　　　내 차는 너무 커. 그것은 이렇게 작은 공간에 들어갈 수 없어.

**능력**　　Danny is four years old now. He **can** walk.
　　　　Danny는 이제 네 살이다. 그는 걸을 수 있다.

　　　　Many Americans **cannot** use chopsticks, but some **can**.
　　　　많은 미국인들은 젓가락질을 할 수 없지만, 일부는 할 수 있다.

**허가**　　You **can** leave the office early today.
　　　　당신은 오늘 사무실에서 일찍 나가셔도 됩니다.

　　　　You **cannot** enter my room without my permission.
　　　　너는 내 허락 없이 내 방에 들어올 수 없어.

**2** 조동사 could는 can의 과거형으로 쓰인다.

Robert <u>had</u> a headache, so he (~~can't~~ / **couldn't**) finish the marketing report.
Robert는 두통이 있었기 때문에, 마케팅 보고서를 끝낼 수 없었다.

➡ 앞의 절에서 과거 시제 had를 사용했기 때문에, 문맥상 빈칸에는 과거 시제인 couldn't가 와야 한다.

He didn't have a lot of money in the past. <u>Now</u>, he <u>makes</u> much money and (**can** / ~~could~~)
do what he wants.　그는 과거에 돈이 많지 않았다. 지금은, 그는 돈을 많이 벌고 그가 원하는 것을 할 수 있다.

➡ 현재를 나타내는 시간 표현 Now가 사용되었고, 앞의 절의 시제가 현재이므로 문맥상 빈칸에는 현재 시제인 can이 와야 한다.

> **TIP**
> 조동사 could는 can의 과거형으로서의 역할뿐만 아니라, 현재의 추측이나 가정, 공손함을 나타내는 조동사로 사용되기도 한다. 그러나 지텔프에서 could는 주로 can의 과거형으로 출제되는 편이다. 따라서 can과 could가 보기에 함께 주어지는 문제는 can과 could의 시제를 구별해서 풀면 된다.

**1** Taxes do not need to be increased because the government _____ already pay for all of its expenses.

(a) must          (b) can          (c) may          (d) would

**2** When Mr. Thompson started his company 20 years ago, he _____ make much more money than he does now.

(a) may          (b) could          (c) will          (d) shall

**3** A light-year is an astronomical unit of measurement that corresponds to the distance light _____ travel in 365.25 days.

(a) would          (b) might          (c) must          (d) can

**4** Brandon thought he _____ meet Jake's new girlfriend at the party, but she had already left when he got there.

(a) could          (b) will          (c) must          (d) should

**5** According to Professor Pullman's instructions, the students _____ select any topic for the essay assignment.

(a) would          (b) can          (c) shall          (d) might

**6** Victor Leon's contract expires on June 14, so he _____ sign with any other soccer team without being penalized after that date.

(a) should          (b) would          (c) can          (d) must

**지텔프 실전문제** — 보기 중 빈칸에 가장 적절한 것을 고르세요.

**7** Jill noticed that a sweater she bought was torn. Unfortunately, the store required a receipt to exchange it, and she had thrown hers away. She thought she _____ fix the sweater herself, but it looked even worse afterwards.

(a) could
(b) will
(c) can
(d) shall

**8** Josie Adams, the owner of the Westside Deli, is considering expanding. She has started exploring nearby area, so that she _____ purchase a larger building for a reasonable price.

(a) would
(b) will
(c) might
(d) can

정답·해석·해설 p.22

## Vocabulary

1 expense n. 비용
3 light-year n. 광년  astronomical adj. 천문학적인  unit n. 단위
   measurement n. 측정  correspond to phr. ~에 해당하다
5 according to phr. ~에 따르면  instruction n. 설명, 지시

6 contract n. 계약  expire v. 만료되다  sign v. 계약하다
   penalize v. 처벌하다
7 tear v. 찢다  receipt n. 영수증  throw away phr. 버리다
8 expanding n. 확장  reasonable adj. 합리적인

# 조동사 will / would

**①** 조동사 will은 '~할 것이다'라는 뜻으로 동사에 미래나 예정의 의미를 더하거나, '~하겠다'라는 뜻으로 동사에 주어의 의지를 더한다.

미래/예정
> I'm excited about camping this weekend. We **will** have so much fun.
> 이번 주말의 캠핑이 너무 기대 돼. 우리는 아주 즐거운 시간을 보낼 거야.

> Julie is moving abroad. I **will not** see her very often.
> Julie가 해외로 이사 간다. 나는 그녀를 자주 보지 못할 것이다.

의지
> I miss Tom. I **will** visit him soon.    나는 Tom이 그립다. 나는 그를 곧 방문할 것이다.

> I'm so sorry. I **will not** forget your birthday again.
> 정말 미안해. 네 생일을 다시는 잊어버리지 않을게.

> **TIP**
>
> 조동사 will은 미래를 나타내는 시제에 사용되므로, 미래 시간 표현과 자주 함께 쓰인다.
>
> The new city hall **will** be open <u>next weekend</u>.  새로운 시청은 다음 주말에 문을 열 것이다.
>
> ➡ 조동사 will이 미래 시간 표현 next weekend와 함께 사용되었다.

**②** 조동사 would는 '~하곤 했다'라는 뜻으로 과거의 불규칙한 습관을 나타내거나, 가정법에서 현재 사실의 반대를 나타낸다. 또한 과거 시점에서 본 미래를 말할 때 will의 과거형으로 쓰이기도 한다.

과거의
불규칙한 습관
> I **would** often go to the library when I was in high school.
> 나는 고등학생 때 도서관에 종종 가곤 했다.

현재 사실의
반대
> Fiona is a vegetarian. We **would** take her to a steakhouse if she ate meat.
> Fiona는 채식주의자다. 만약 그녀가 고기를 먹는다면 우리는 그녀를 스테이크 전문점에 데려갈 것이다.

will의 과거형
> He told me that he **would** find another job.
> 그는 내게 다른 직업을 찾을 것이라고 말했다.

> **TIP**
>
> 과거 시점에서 본 미래를 말할 때, 현재 말하고 있는 시점보다 미래에 발생할 일에 대해 말하는 경우 조동사 would가 아닌 will을 쓸 수 있다.
>
> Coach <u>stated</u> that anyone who skips football practice **will** receive a penalty.
> 코치는 축구 연습을 빼먹는 사람은 누구든지 징계를 받을 것이라고 말했다.
>
> ➡ 징계를 받는 일이 현재 말하고 있는 시점보다 미래에 발생할 일인 경우, 과거 시점에서 본 미래를 말하더라도 조동사 would가 아닌 will을 쓸 수 있다.
>
> 그러나 지텔프 일반 조동사 문제에서 will과 would가 함께 보기에 제시되어 사건의 발생 시점이나 시제까지 파악해야 하는 문제는 아주 드물게 출제되며, 조동사 will이 would보다 더 자주 출제되는 편이다.

**1** Professor Wilkins confirmed that the final exam _____ take place on June 15 as scheduled.

(a) can      (b) might      (c) will      (d) may

**2** Neal and Denise _____ celebrate their 10th wedding anniversary next week with a trip to Cuba.

(a) can      (b) will      (c) may      (d) would

**3** The mayor announced that the new subway line _____ definitely be open next month.

(a) might      (b) may      (c) shall      (d) will

**4** According to scientists, people _____ certainly have to eat less meat in the future if we are to limit carbon emissions from agriculture.

(a) will      (b) might      (c) may      (d) could

**5** Kara has promised that she _____ drop off the books she borrowed later this afternoon.

(a) may      (b) could      (c) will      (d) might

**6** The brochure states that the Harborview Hotel _____ reopen by Christmas at the latest.

(a) could      (b) might      (c) can      (d) will

**7** Carly is upset that Jake didn't meet her after the concert. He told her he _____ meet her at the front gate, but he never showed up.

(a) can
(b) will
(c) might
(d) would

**8** Since the announcement that BTX TV would be increasing the number of advertisements on its channel, many people have criticized the broadcaster. In response, the broadcaster has changed its plans and now says that it _____ not implement the new policy.

(a) might
(b) may
(c) will
(d) should

정답·해석·해설 p.23

## Vocabulary

1 confirm v. 확정하다   take place phr. 있다, 발생하다
2 celebrate v. 축하하다   anniversary n. 기념일
4 limit v. 제한하다   carbon n. 탄소   emission n. 배출
   agriculture n. 농업

5 drop off phr. 갖다 놓다, 내려주다   borrow v. 빌리다
6 brochure n. 안내서, 소책자   at the latest phr. 늦어도
7 show up phr. 나타나다
8 criticize v. 비판하다   broadcaster n. 방송국
   in response phr. 이에 대응하여   implement v. 시행하다

# 조동사 may / might

**①** 조동사 may는 '~할지도 모른다', '(아마) ~일 것이다'라는 뜻으로 동사에 약한 추측의 의미를 더하거나, '~해도 된다'라는 뜻으로 허가의 의미를 더한다.

약한 추측　　The seminar **may** be interesting.
　　　　　　세미나는 아마 재미있을 것이다.

　　　　　　I **may not** sell my motorcycle. I'm still thinking about it.
　　　　　　나는 내 오토바이를 팔지 않을지도 모른다. 아직 그것에 대해 생각 중이다.

허가　　　　Visitors **may** park for two hours.
　　　　　　방문객들은 두 시간 동안 주차해도 된다.

　　　　　　Students **may not** go outside in the middle of a class.
　　　　　　학생들은 수업 중에 밖으로 나가면 안 된다.

> **TIP**
> 지텔프에서 조동사 may는 대부분 약한 추측의 문맥으로 출제되며, 허가의 의미로는 거의 출제되지 않는다.

**②** 조동사 might도 may와 같이 '~할지도 모른다', '(아마) ~일 것이다'라는 뜻으로 동사에 약한 추측의 의미를 더한다.

There is someone at the door. It **might/may** be Ben.
문에 누가 서 있다. 아마 Ben일 것이다.

➡ 약한 추측의 문맥에서는 조동사 might와 may가 구별 없이 사용될 수 있다.

> **TIP**
> 조동사 might는 사실 may의 과거형으로 쓰이기도 하지만, 지텔프 조동사 문제에서는 may의 과거형으로 출제되는 경우가 거의 없다. may와 might 모두 주로 약한 추측의 의미로 출제되며, might가 may보다 더 자주 출제되는 편이다.

**③** 과거의 사실에 대한 약한 추측을 나타낼 때에는 'may/might + have + p.p.'를 쓴다.

I didn't turn off the heater. Alex **may/might have turned** it off.
나는 히터를 끄지 않았다. 아마 Alex가 껐을 것이다.

I haven't seen my neighbors for a few days. They **may/might have gone** on vacation.
나는 며칠간 이웃을 본 적이 없다. 그들은 아마 휴가를 갔을 것이다.

► 보기 중 빈칸에 가장 적절한 것을 고르세요.

**1** The head of Blackstone Publishing _____ attend the Hillside Book Fair, but nobody knows for sure yet.

(a) must        (b) shall        (c) will        (d) might

**2** The transport minister guesses that his bike sharing policy _____ be more effective with a wider publicity campaign.

(a) shall        (b) might        (c) can        (d) will

**3** Professor Myers believes that some of his students _____ have copied their history assignments from the Internet.

(a) might        (b) will        (c) shall        (d) can

**4** The CEO of Brighton Industries said that employees _____ wear short-sleeved shirts in the summer, or they can remain in their normal office attire.

(a) should        (b) must        (c) may        (d) would

**5** Brandy _____ travel to Rome this summer, but her leave request has not been approved by her manager yet.

(a) can        (b) shall        (c) will        (d) might

**6** The Bellingham Community Center _____ close because of insufficient funds, although the city government hopes to prevent this.

(a) shall        (b) would        (c) might        (d) must

---

지텔프 실전문제 ► 보기 중 빈칸에 가장 적절한 것을 고르세요.

**7** Milton received an offer for the house he is trying to sell, and he _____ accept it. However, he has two other potential buyers, so he will wait a few days before making a final decision.

(a) shall
(b) may
(c) will
(d) must

**8** Mount Saint Helens, a volcano in the US, erupted in 1980. This event resulted in 57 deaths and over $1 billion worth of damage. There are concerns that this volcano _____ erupt again.

(a) should
(b) might
(c) must
(d) ought to

정답·해석·해설 p.24

## Vocabulary

1 head n. 대표, 수장   fair n. 박람회
2 transport minister phr. 교통부 장관   effective adj. 효과적인
   publicity campaign phr. 홍보 활동
3 copy v. 베끼다
4 short-sleeved adj. 반소매의   attire n. 복장

5 leave n. 휴가   request n. 요청   approve v. 승인하다
6 insufficient adj. 부족한, 불충분한   prevent v. 막다
7 receive v. 받다   accept v. 받아들이다   potential adj. 잠재의
8 volcano n. 화산   erupt v. 폭발하다   result in phr. ~을 야기하다
   worth n. 가치   damage n. 피해   concern n. 우려

CH 3

2주 만에 끝내는 해커스 지텔프 문법 Level 2

① 주절에 주장·요구·명령·제안을 나타내는 동사, 형용사, 또는 명사가 나온 뒤 that절이 따라오면, that절의 동사는 'should + 동사원형'에서 should가 생략되어 동사원형만 와야 한다.

**지텔프 기출 주장·요구·명령·제안 표현**

| 동사 | · recommend 권장하다<br>· suggest 제안하다 〈빈출★<br>· advise 충고하다<br>· insist 주장하다<br>· demand 요구하다 | · urge 촉구하다<br>· request 요청하다<br>· require 요구하다<br>· order 명령하다<br>· ask 요구하다 | · propose 제안하다<br>· prescribe 규정하다<br>· agree 동의하다<br>· command 명령하다<br>· intend 의도하다 |
|---|---|---|---|
| 형용사 | · important 중요한<br>· best 제일 좋은 〈빈출★<br>· essential 필수적인<br>· necessary 필수적인 | · vital 중요한<br>· crucial 필수적인<br>· imperative 필수적인<br>· advisable 제안되는 | · compulsory 강제적인<br>· urgent 시급한<br>· better 더 나은<br>· mandatory 의무적인 |
| 명사 | · desire 바람 | | |

The ski trainer <u>suggests</u> <u>that</u> a beginner (should +) **start** on the easy slopes.
스키 강사는 초보자는 쉬운 경사로에서 시작할 것을 제안한다.

It is <u>important</u> <u>that</u> she (should +) **complete** the process in a timely fashion.
그녀가 그 과정을 시기적절하게 마치는 것은 중요하다.

My <u>desire</u> is <u>that</u> he (should +) just **accept** the terms of his contract.
내 바람은 그가 계약 조건들을 그저 수락하는 것이다.

> **TIP**
> 간혹 조동사 should 생략 문제의 보기에 just, still과 같은 부사가 포함되어 있더라도, 해당 부사를 제외하고 동사원형 형태가 맞는지 확인하면 된다.

 부정문은 동사원형 앞에 not을 쓰고, 수동형은 주어 뒤에 be동사의 원형을 쓴다.

The university <u>suggests</u> <u>that</u> students **not order** their textbooks in advance.
대학은 학생들이 그들의 교과서를 미리 주문하지 않을 것을 제안한다.

➡ 주절에 제안을 나타내는 동사(suggest)가 있으므로, that절에는 should가 생략되어 동사원형(order)이 와야 하며, not은 동사원형 앞에 쓴다.

The CEO <u>demanded</u> <u>that</u> the report (is handed / **be handed**) in on time.
최고 경영자는 보고서를 제때 제출하라고 요구했다.

➡ 주절에 요구를 나타내는 동사(demand)가 있으므로, that절에는 should가 생략되어 동사원형이 와야 한다. 이때, that절의 동사가 'be 동사 + p.p.' 형태의 수동형일 경우, be동사의 원형인 be를 쓴다.

**1** The coach insists that the hockey goalkeeper _____ Saturday mornings in the gym.

(a) is spending      (b) spent      (c) to spend      (d) spend

**2** It is essential that the hotel guests _____ a piece of photo ID.

(a) had shown      (b) will show      (c) are showing      (d) show

**3** In response to the corruption scandal, the protesters demanded that the president _____ from office immediately.

(a) resign      (b) resigns      (c) is resigning      (d) would resign

**4** Greg's strong desire is that his parents _____ him to move out of their house.

(a) just allowed      (b) just allow      (c) to just allow      (d) are just allowing

**5** Hartwell Corporation's accountant recommends that each department manager _____ ways to reduce operating expenses.

(a) to find      (b) finds      (c) find      (d) is finding

**6** The consultant proposed in his report that the city _____ bike paths in all major parks.

(a) builds      (b) will build      (c) is building      (d) build

**7** Ryan consulted a doctor about a back injury he suffered while working out. The doctor suggested that Ryan _____ anything heavy for a while.

(a) is not lifting
(b) not lift
(c) has not lifted
(d) will not lift

**8** In 1969, NASA completed the first successful moon landing. Three astronauts participated in this mission, but only two went to the moon's surface. NASA technicians believed that it was best that one _____ in the spacecraft in case there was a problem.

(a) to remain
(b) is remaining
(c) remains
(d) remain

정답·해석·해설 p.24

## Vocabulary

**3** in response to phr. ~에 대한 반응으로 corruption n. 부패 protester n. 시위자 resign v. 사임하다
**4** allow v. 허락하다
**5** accountant n. 회계사 reduce v. 줄이다 operating expense phr. 경영비

**6** consultant n. 자문 위원, 상담가 bike path phr. 자전거 도로
**7** consult v. 상담하다 injury n. 부상 suffer v. 당하다 work out phr. 운동하다 for a while phr. 당분간
**8** complete v. 완수하다 landing n. 착륙 surface n. 표면 technician n. 기술자 in case phr. ~의 경우에 대비하여

**01** To protect the environment, the government has prohibited stores from using plastic bags. According to the new law, customers _____ bring their own bags to carry their purchases.

(a) might
(b) must
(c) would
(d) could

**02** Due to a fire on campus, all classes at the University of Nebraska were canceled on Friday. Ms. Wilkins, the head administrator, said that students _____ have to attend makeup classes, but a final decision has not been made yet.

(a) will
(b) should
(c) can
(d) may

**03** Bruce Williams was the best player in the Southern Baseball League last year. However, fans are not sure he _____ continue to play as well in the upcoming season because of his recent injury.

(a) can
(b) may
(c) must
(d) would

**04** Jane told Simon that she recently had dinner at the new Italian restaurant in town, and the food was some of the best she had ever had. She suggested that he _____ there with his family.

(a) had gone
(b) went
(c) goes
(d) go

**05** To make steel, iron is heated to a high temperature and then a small amount of carbon is added. For that steel to be strong, it is important that the iron _____ impurities.

(a) is not including
(b) will not include
(c) not include
(d) does not include

**06** Pacific Construction is interested in building the new arena in San Francisco. If it wants to be considered for the project, it _____ submit a bid by the local council's deadline on June 23.

(a) shall
(b) might
(c) should
(d) would

**07** A member of the tour group was taking pictures of all of the paintings. The tour guide asked that he _____ doing that as cameras are not allowed to be used in the museum.

(a) stop
(b) stops
(c) stopped
(d) has stopped

**08** Flooding causes significant destruction each year in the areas surrounding the Mississippi River. It is necessary that the government _____ immediate action to prevent future floods from causing damage to homes and businesses in the area.

(a) takes
(b) to take
(c) will take
(d) take

**09** Blake Utter, the CEO of Seaward Incorporated, wants to expand its operations into Asia next year. He proposes that the company _____ branch offices in Beijing, Seoul, Hong Kong, and Tokyo.

(a) would open
(b) open
(c) is opening
(d) opens

**10** I received a notice from the Department of Transportation that my driver's license expires on May 3. I _____ renew it before that date because I need to drive to work the next day.

(a) would
(b) might
(c) must
(d) could

**11** Some residents of the Coastal Tower apartment complex have complained about the elevator being out of order for so long. They have requested that the building manager _____ a technician as soon as possible to get it fixed.

(a) calls
(b) called
(c) call
(d) will call

**12** The city council is planning to hold a festival to promote local artists and musicians. The event _____ take place on September 11, but the date hasn't been finalized yet as the council needs to confirm the availability of a venue.

(a) could
(b) will
(c) must
(d) ought to

**13** Calcium is a mineral found in dairy products that is important for healthy bones and teeth. Therefore, nutritionists recommend that 1,000 mg of this nutrient _____ by adults each day.

(a) is consumed
(b) was consumed
(c) will be consumed
(d) be consumed

**14** My friend broke my new laptop yesterday when he was playing computer games on it. I insist that he _____ the repair fee but he is refusing.

(a) pays
(b) paid
(c) was paying
(d) pay

**15** After its collapse last week, Mayor Evans has ordered city workers to repair Bay Bridge by the end of the summer. According to the schedule, the work on the structure _____ be completed by August 31 at the latest.

(a) will
(b) might
(c) could
(d) may

**16** Although Brandon is only 12 years old, he is a talented musician. He _____ already play both the piano and violin quite well, and plans to start learning the guitar next month.

(a) can
(b) should
(c) may
(d) will

**17** Danielle visited the Natural History Museum with her friend Michael last Saturday. She originally said that she _____ go to the National Gallery of Art, but, unfortunately, the facility was closed for renovations that weekend.

(a) would
(b) shall
(c) must
(d) can

**18** Heartwood Legal Services is looking to hire a specialist in tax law. The firm will work with a recruitment agency so that it _____ find qualified candidates for the position.

(a) should
(b) would
(c) must
(d) can

19 The National Parks Service website includes inaccurate information regarding campsite locations and fees. Several members of the public have demanded that someone _____ it to remove these inaccuracies.

(a) updates
(b) will update
(c) update
(d) is updating

20 Tropical fish are very sensitive to changes in water temperature and cannot survive in cold water. For most species, the water _____ always be between 25°C and 27°C or they will rapidly die out.

(a) would
(b) can
(c) might
(d) must

21 Elena was worried about her son Michael's bad grades and wanted to call his teachers to see why he was struggling. But her husband suggested that she _____ until the PTA meeting to talk about Michael's progress with all his teachers.

(a) is just waiting
(b) will just wait
(c) just wait
(d) just waits

22 Brighton Financial Services has taken on several new clients recently. Therefore, the company _____ hire additional accountants. An advertisement for these open roles has already been posted online.

(a) might
(b) could
(c) may
(d) will

23 Wendy was having a hard time choosing her university major. When she mentioned this to her friend, he advised that she _____ a variety of courses before making a final decision.

(a) to try
(b) try
(c) tried
(d) tries

24 The Green Supermarket is holding a sale next week to celebrate its 5th anniversary. A flyer distributed today shows that all products in the store _____ be offered at significant discounts.

(a) should
(b) will
(c) can
(d) might

**25** The Parkview Apartments implemented a new rule in response to complaints from tenants about people who are not residents or guests using the building's parking facility. Under the new policy, it is mandatory that each visitor _____ a temporary parking pass.

(a) will request
(b) request
(c) requests
(d) requested

**26** Brenda recently applied for a personnel manager position at a large marketing firm. She was very nervous about the interview. Her brother advised that she _____ giving answers to questions that would likely be asked.

(a) practice
(b) is practicing
(c) to practice
(d) practiced

**27** Oak Valley College is considering cutting its Turkish language courses. However, it needs to determine the level of student interest in this subject first. The courses _____ be offered next semester, depending on their interest.

(a) will not
(b) must not
(c) should not
(d) might not

**28** A new type of antiviral medicine has been discovered to cause severe blood clots. Relatives of affected patients argue that the authorities _____ have stopped these medicines from being approved. The government claims that they passed all the regular laboratory tests.

(a) may
(b) might
(c) must
(d) should

**29** The management of Core Fitness Center has decided to provide an additional service to individuals holding an annual membership. These members _____ now participate in a maximum of six aerobics classes each month at no additional charge.

(a) will
(b) can
(c) must
(d) should

**30** Beth's father has spent over 30 years working as a lawyer. It is his desire that Beth _____ law school and then follow in his footsteps. However, Beth is interested in designing buildings, so she will likely study architecture.

(a) attends
(b) will attend
(c) is attending
(d) attend

**31** Most stock trading is highly computerized these days. This has made physical stock exchanges almost irrelevant. A stock exchange was originally the place where stock brokers _____ buy and sell shares, but that is largely done online now.

(a) must
(b) shall
(c) can
(d) could

**32** Illegally parked vehicles are a hazard because they prevent fire trucks and ambulances from getting close to a building during an emergency, such as a fire. The city administration urges that drivers only _____ designated parking spaces.

(a) to use
(b) are using
(c) use
(d) used

**33** Conscription is the mandatory enlistment of citizens into the armed forces. The government requires that anyone who belongs to a certain age group _____ military service. Usually, this is restricted to males between the ages of 18 to 30.

(a) performs
(b) will perform
(c) to perform
(d) perform

**34** Belleview University has changed its admission requirements. This was done to ensure that all applications will be treated in the same way. From now on, an application _____ not include any information about background or social status.

(a) should
(b) will
(c) might
(d) would

**35** While washing the floor in the store where he worked, Patrick had an accident. He walked backwards into a display of new toys and knocked them all over. The manager ordered that he _____ the display immediately.

(a) fixed
(b) fix
(c) fixes
(d) to fix

**36** Several recent polls show that Amanda Price is more popular with voters than her opponent, Neal Sawyer. She _____ win the presidential election, but there is still a long way to go before the vote.

(a) shall
(b) will
(c) might
(d) must

정답·해석·해설 p.25

## 출제 비율

| 시제<br>약 6문제 | 가정법<br>약 6문제 | 조동사<br>약 4~5문제 | 준동사<br>약 5~6문제 | 연결어<br>약 2문제 | 관계사<br>약 2문제 |
|---|---|---|---|---|---|

준동사 (매회 평균 5~6문제)는 주로 동명사를 목적어로 취하는 동사 문제가 가장 많이 출제되는 편이다.

## 출제 경향

1 준동사 문제의 보기에는 동명사와 to 부정사가 항상 포함되어 있는 편이고, 나머지 보기들은 다양한 형태의 준동사 또는 다양한 시제의 동사들로 구성되어 있다.

2 준동사 문제는 주로 빈칸이 있는 문장에 동명사 또는 to 부정사와 자주 함께 쓰이는 특정 표현이 제시되어 있다.

2주 만에 끝내는 해커스 지텔프 문법 Level 2

# Chapter
# 4

출제 2순위

# 준동사

# 왕초보 기본기 다지기

지텔프 준동사 문제는 대부분 각 준동사와 함께 쓰이는 확실한 단서 표현들을 암기하면 쉽게 풀 수 있지만, 준동사의 개념 자체가 익숙하지 않은 왕초보 학습자들은 기본기부터 다진 후 본격적인 학습에 들어가는 것을 추천한다.

---

### 준동사란 무엇일까?

나는 책을 **읽는다.** 동사
나는 책을 **읽는 것을** 좋아한다. 준동사(동사 → 명사)
나는 **읽을** 책이 있다. 준동사(동사 → 형용사)
나는 책을 **읽기 위해** 도서관에 갔다. 준동사(동사 → 부사)

동사 '읽다'는 '읽는 것', '읽을', '읽기 위해' 등 표현하고자 하는 내용에 따라 다양한 형태로 활용될 수 있다. 이와 같이 동사로부터 생겨났지만, 문장 내에서 동사 역할이 아니라 명사, 형용사, 부사의 역할을 하는 것을 준동사라고 한다. 준동사에는 동명사, to 부정사, 분사가 있으며 각각의 쓰임이 조금씩 다르다.

---

## 1. 동명사

동사원형 뒤에 -ing가 붙어 문장 속에서 명사의 역할을 하는 것을 말하며, '~하는 것', '~하기'로 해석된다. 동명사는 명사처럼 문장 속에서 주어, 목적어, 보어의 역할을 한다.

| | |
|---|---|
| 주어 역할 | **Playing** the guitar is one of my hobbies.  기타를 연주하는 것은 나의 취미 중 하나이다.<br>➡ 동명사 playing이 '연주하는 것'이라는 의미의 주어 역할을 하고 있다. |
| 목적어 역할 | Anna likes **drinking** coffee.  Anna는 커피 마시는 것을 좋아한다.<br>➡ 동명사 drinking이 '마시는 것'이라는 의미의 목적어 역할을 하고 있다. |
| 보어 역할 | My main interest is **writing** poetry.  나의 주된 관심사는 시를 쓰는 것이다.<br>➡ 동명사 writing이 '쓰는 것'이라는 의미의 보어 역할을 하고 있다. |

동명사는 명사 역할을 하지만, 명사와는 달리 앞에 관사(a(n), the)를 쓸 수 없다. 또한 동명사는 여전히 동사의 성질을 지니고 있기 때문에 목적어를 가질 수 있고, 부사의 꾸밈을 받을 수 있다.

Ms. Holly postponed ~~the~~ **completing** the papers.
Ms. Holly는 서류 작성하는 것을 미뤘다.

She stopped **collecting** comic books.
그녀는 만화책을 수집하는 것을 그만두었다.

He is famous for **writing** well.
그는 글을 잘 쓰는 것으로 유명하다.

## 2. to 부정사

to 뒤에 동사원형이 붙어 문장 속에서 명사, 형용사, 부사의 역할을 하는 것을 말한다.

| | |
|---|---|
| **명사 역할**<br>~하는 것, ~하기 | **주어 역할**<br>**To arrive** on time is very important.  정시에 도착하는 것은 매우 중요하다.<br>➡ to 부정사 to arrive가 '도착하는 것'이라는 의미의 주어 역할을 하고 있다. |
| | **목적어 역할**<br>Jennifer refused **to change** her opinion.  Jennifer는 그녀의 의견을 바꾸기를 거부했다.<br>➡ to 부정사 to change가 '바꾸기'라는 의미의 목적어 역할을 하고 있다. |
| | **보어 역할**<br>Her goal is **to hand** in reports this week.  그녀의 목표는 이번 주에 보고서를 제출하는 것이다.<br>➡ to 부정사 to hand가 '제출하는 것'이라는 의미의 보어 역할을 하고 있다. |
| **형용사 역할**<br>~할, ~하는 | She boiled some milk **to drink**.  그녀는 마실 우유를 끓였다.<br>➡ to 부정사 to drink가 '마실'이라는 의미의 형용사 역할을 하며 명사 milk를 꾸미고 있다. |
| **부사 역할**<br>~하기 위해 | We came home early **to watch** our favorite TV show.<br>우리는 가장 좋아하는 TV 방송을 보기 위해 집에 일찍 돌아왔다.<br>➡ to 부정사 to watch가 '보기 위해'라는 의미의 목적을 나타내는 부사 역할을 하고 있다. |

to 부정사는 여전히 동사의 성질을 지니고 있기 때문에 목적어를 가질 수 있고, 부사의 꾸밈을 받을 수 있다.

Korea and China signed an agreement **to promote** trade.
한국과 중국은 무역을 촉진하는 협약에 서명했다.

Many employees hope **to work** abroad.
많은 직원들은 해외에서 일하기를 원한다.

## 3. 분사  [지텔프에서는 거의 안 나와요.]

동사원형 뒤에 -ing 또는 -ed가 붙어 문장 속에서 형용사의 역할을 하는 것을 말한다. 크게 현재분사와 과거분사가 있는데, 이 둘은 각기 다른 형태와 의미를 갖는다.

| | | |
|---|---|---|
| **현재분사**<br>~한 (능동) | **동사원형 + -ing** | It was an **exciting** trip.  그것은 흥미진진한 여행이었다.<br>➡ 현재분사 exciting이 '흥미진진한'이라는 능동적 의미의 형용사 역할을 하며 명사 trip을 꾸미고 있다. |
| **과거분사**<br>~된 (수동) | **동사원형 + -ed**<br>or<br>**불규칙 형태** | He removed the **cracked** glass.  그는 금이 간 유리잔을 치웠다.<br>➡ 과거분사 cracked가 '금이 간'이라는 수동적 의미의 형용사 역할을 하며 명사 glass를 꾸미고 있다. |

출제공식 **14**

# 동명사를 목적어로 취하는 동사

 아래의 동사들은 목적어로 동명사를 취한다.

지텔프 기출 **동명사를 목적어로 취하는 동사**

| | |
|---|---|
| · recommend -ing ~을 추천하다 | · give up -ing ~을 포기하다 |
| · consider -ing ~을 고려하다 | · imagine -ing ~을 상상하다 |
| · enjoy -ing ~을 즐기다 | · postpone -ing ~을 연기하다 |
| · avoid -ing ~을 피하다 | · recall -ing ~을 기억해내다 |
| · mind -ing ~을 언짢아하다 | · tolerate -ing ~을 참다 |
| · stop -ing ~을 멈추다 | · acknowledge -ing ~을 인정하다 |
| · suggest -ing ~을 제안하다 | · allow -ing ~을 허락하다 |
| · keep -ing ~을 계속하다 | · approve -ing ~을 승인하다 |
| · involve -ing ~을 수반하다 | · anticipate -ing ~을 예상하다 |
| · prohibit -ing ~을 금지하다 | · contemplate -ing ~을 고려하다 |
| · dread -ing ~을 두려워하다 | · disclose -ing ~을 드러내다 |
| · finish -ing ~을 끝내다 | · discourage -ing ~을 좌절시키다 |
| · resist -ing ~에 저항하다 | · encourage -ing ~을 격려하다 |
| · include -ing ~을 포함하다 | · entail -ing ~을 수반하다 |
| · practice -ing ~을 실천하다 | · favor -ing ~을 찬성하다 |
| · require -ing ~을 필요로 하다 | · justify -ing ~을 정당화하다 |
| · risk -ing ~의 위험을 무릅쓰다 | · mention -ing ~을 언급하다 |
| · admit -ing ~을 인정하다 | · overcome -ing ~을 극복하다 |
| · advocate -ing ~을 옹호하다 | · quit -ing ~을 중단하다 |
| · delay -ing ~을 연기하다 | · advise -ing ~을 충고하다 |
| · deny -ing ~을 부인하다 | · resent -ing ~을 분하게 여기다 |
| · dislike -ing ~을 싫어하다 | · take up -ing ~을 배우기 시작하다 |
| · experience -ing ~을 경험하다 | |

빈출★

I <u>recommend</u> **wearing** that tie.  나는 그 넥타이를 매는 것을 추천한다.

Alice didn't <u>consider</u> **attending** the seminar at all.  Alice는 세미나에 참석하는 것을 전혀 고려하지 않았다.

 동명사의 완료형은 having p.p.이다. 완료동명사는 해당 문장에서 동사의 행위가 일어난 시점보다 앞선 시점에 일어났던 일을 표현할 때 쓴다.

She <u>denied</u> **having cheated** on the exam yesterday.  그녀는 어제 시험에서 부정행위를 했던 것을 부인했다.

➡ 부정행위를 한 시점이 부인했던(denied) 시점보다 이전이므로 완료동명사(having cheated)를 쓴다.

> **TIP**
> 지텔프 준동사 문제의 보기에 완료동명사가 자주 제시되지만, 대부분의 경우 정답으로는 출제되지 않는다.

보기 중 빈칸에 적절한 것을 고르세요.

**1** The mayor announced that workers will finish _____ the new bridge by July 25.

(a) to be building     (b) built     (c) to build     (d) building

**2** Wilson Electronics must avoid _____ too much money on the equipment for its new factory.

(a) to spend     (b) having spent     (c) to be spending     (d) spending

**3** The medical study involves _____ a new medication on patients suffering from arthritis.

(a) to test     (b) will test     (c) testing     (d) having tested

**4** Frank recommends _____ at the Park Hotel if you ever visit New York City.

(a) staying     (b) having stayed     (c) have stayed     (d) to be staying

**5** Professor Harris said that he will consider _____ the deadline for the term paper by one week.

(a) to have extended     (b) having extended     (c) extending     (d) to extend

**6** Many people who visit the World Amusement Park enjoy _____ the roller coaster.

(a) to be riding     (b) riding     (c) to ride     (d) ride

---

**지텔프 실전문제** 보기 중 빈칸에 적절한 것을 고르세요.

**7** Air pollution is a common problem in many cities due to the high number of vehicles on the roads. People must stop _____ unnecessarily if they want the air quality to improve.

(a) have driven
(b) driving
(c) to drive
(d) having driven

**8** Mark has decided that he would like to take three months off work to travel through Europe. However, he does not have sufficient funds for the trip. To make his dream a reality, he should keep _____ his money.

(a) to save
(b) have saved
(c) having saved
(d) saving

정답·해석·해설 p.32

## Vocabulary

1 mayor n. 시장   announce v. 발표하다
2 equipment n. 장비   factory n. 공장
3 medical adj. 의학의   medication n. 약물   patient n. 환자
   suffer from phr. ~을 앓다   arthritis n. 관절염
5 term paper phr. 학기말 리포트   extend v. 연장하다

6 amusement park phr. 놀이공원
7 pollution n. 오염   common adj. 흔한, 일반적인
   unnecessarily adv. 불필요하게   improve v. 개선되다
8 sufficient adj. 충분한   fund n. 자금   reality n. 현실
   save v. 저축하다

## 출제공식 15

# to 부정사를 목적어/목적격 보어로 취하는 동사

**①** 아래의 동사들은 목적어로 to 부정사를 취한다.

 **to 부정사를 목적어로 취하는 동사**

| | |
|---|---|
| · decide to  ~을 결정하다 | · hope to  ~을 바라다 |
| · need to  ~을 필요로 하다 | · make sure to  ~을 확실히 하다 |
| · intend to  ~을 의도하다 | · offer to  ~을 제안하다 |
| · plan to  ~을 계획하다 | · promise to  ~을 약속하다 |
| · want to  ~을 원하다 | · prompt to  ~을 촉발하다 |
| · fail to  ~을 실패하다 | · refuse to  ~을 거절하다 |

빈출 ★ (decide to, need to, intend to)

Jake <u>decided</u> **to join** the football club.  Jake는 축구 동호회에 가입하는 것을 결정했다.

The employer <u>needs</u> **to hire** nine new clerks.  고용주는 9명의 새 점원을 고용하는 것을 필요로 한다.

**②** 아래의 동사들은 목적격 보어로 to 부정사를 취한다.

 **to 부정사를 목적격 보어로 취하는 동사**

| | |
|---|---|
| · encourage 목적어 to  -가 ~하도록 격려하다 | · believe 목적어 to  -가 ~하는 것을 믿다 |
| · allow 목적어 to  -가 ~하도록 허락하다 | · cause 목적어 to  -가 ~하도록 야기하다 |
| · ask 목적어 to  -가 ~하도록 요청하다 | · require 목적어 to  -가 ~하기를 요구하다 |
| · remind 목적어 to  -가 ~하도록 상기시키다 | · expect 목적어 to  -가 ~하기를 기대하다 |
| · motivate 목적어 to  -가 ~하도록 동기를 부여하다 | · enable 목적어 to  -가 ~할 수 있게 하다 |

빈출 ★ (encourage, allow, ask)

The manager <u>encouraged</u> <u>us</u> **to think** creatively.  경영자는 우리가 창의적으로 생각하도록 격려했다.

The guard <u>allowed</u> <u>me</u> **to enter** the building.  경비원은 내가 건물로 들어가도록 허락했다.

**③** to 부정사의 완료형은 to have p.p.이다. 완료부정사는 해당 문장에서 동사의 행위가 일어난 시점보다 앞선 시점에 일어났던 일을 표현할 때 쓴다.

I am sorry **to have kept** you waiting.  너를 기다리게 해서 미안해.

➡ 기다리게 한 시점이 미안함을 느끼는(am sorry) 시점보다 이전이므로 완료부정사(to have kept)를 쓴다.

**TIP**
지텔프 준동사 문제의 보기에 완료부정사가 자주 제시되지만, 대부분의 경우 정답으로는 출제되지 않는다.

▶ 보기 중 빈칸에 적절한 것을 고르세요.

**1** The coach of the Seattle Vipers decided _____ an extra practice for the team.

(a) scheduling                    (b) to be scheduling
(c) to schedule                  (d) having scheduled

**2** Doctors encourage people _____ a medical checkup at least once every two years.

(a) to get       (b) to have gotten       (c) having gotten       (d) getting

**3** Raymond wants _____ a movie with his friends, but he has to attend a family dinner instead.

(a) having watched       (b) watching       (c) to be watching       (d) to watch

**4** The government promised _____ financial support to students who are having trouble paying their tuition fees.

(a) to provide                  (b) to have provided
(c) having provided             (d) providing

**5** Mr. Wright asked his friend _____ a round of golf with him on the weekend.

(a) playing       (b) to play       (c) to have played       (d) play

**6** As smoking is a significant health hazard, the government needs _____ it in all public areas.

(a) having prohibited       (b) will prohibit       (c) prohibiting       (d) to prohibit

지텔프 실전문제 ▶ 보기 중 빈칸에 적절한 것을 고르세요.

**7** Denise is currently enrolled in Southeast University and is taking marketing courses. She hopes _____ for a major advertising firm in New York after she graduates.

(a) working
(b) having worked
(c) to have worked
(d) to work

**8** Ms. Lee, the CEO of SX Incorporated, will be attending the technology conference in Seattle next week. She required her assistant _____ her book a hotel room for the duration of the event early this morning.

(a) will help
(b) to have helped
(c) to help
(d) helping

정답·해석·해설 p.32

**Vocabulary**
........................................................................

1 **extra** adj. 추가의 **practice** n. 연습 **schedule** v. 일정을 잡다
2 **medical checkup** phr. 건강 검진 **at least** phr. 적어도
3 **attend** v. 참석하다
4 **financial** adj. 재정의 **support** n. 지원 **tuition fee** phr. 등록금

6 **significant** adj. 상당한 **hazard** n. 위험 요인 **prohibit** v. 금지하다
7 **enroll** v. 입학하다 **firm** n. 회사 **graduate** v. 졸업하다
8 **technology** n. 기술 **conference** n. 학회, 회의 **assistant** n. 비서 **book** v. 예약하다 **duration** n. (지속되는) 기간

아래의 동사들은 목적어로 동명사와 to 부정사 모두를 취하며, 결합하는 형태에 따라 문장의 의미가 달라진다.

**지텔프 기출 동명사와 to 부정사를 목적어로 취할 때 의미가 달라지는 동사**

| | | |
|---|---|---|
| **forget** | 동명사 | (전에 어떤 일을) 했던 것을 잊다<br>I'll never <u>forget</u> **meeting** my favorite singer. It was so exciting.<br>나는 내가 가장 좋아하는 가수를 만났던 것을 절대 잊지 않을 거야. 너무 즐거웠어. |
| | to 부정사 | (아직 하지 않은 어떤 일을) 할 것을 잊다<br>Don't <u>forget</u> **to meet** Jane after school.  방과 후에 Jane을 만나는 것을 잊지 마. |
| **remember** | 동명사 | (전에 어떤 일을) 했던 것을 기억하다<br>I can't find my passport, but I <u>remember</u> **bringing** it.<br>나는 내 여권을 찾을 수 없지만, 그것을 가져왔던 것을 기억해. |
| | to 부정사 | (아직 하지 않은 어떤 일을) 할 것을 기억하다<br>Please <u>remember</u> **to bring** your passport tomorrow.<br>내일 너의 여권을 가져오는 것을 기억해. |
| **regret** | 동명사 | ~한 것을 후회하다<br>I <u>regret</u> **telling** the truth.  나는 사실을 말한 것을 후회해. |
| | to 부정사 | ~하게 되어 유감이다<br>We <u>regret</u> **to inform** you that your flight has been canceled.<br>당신의 항공편이 취소되었음을 알리게 되어 유감입니다. |

 아래의 동사들 역시 목적어로 동명사와 to 부정사 모두를 취하지만, 문장의 의미는 거의 차이가 없다.

**지텔프 기출 동명사와 to 부정사를 목적어로 취할 때 의미 차이가 없는 동사**

- begin ~을 시작하다
- hate ~을 싫어하다
- start ~을 시작하다
- love ~을 매우 좋아하다
- believe ~을 믿다
- endure ~을 견디다

Hannah <u>began</u> **working**(= to work) in the garden.  Hannah는 정원에서 일하기 시작했다.

**고득점 포인트**

**need, want도 동명사와 to 부정사 모두를 목적어로 취할 수 있나요?**

출제공식 15에서 need, want는 to 부정사를 목적어로 취하는 동사라고 배웠지만, 주어가 무생물일 때는 수동의 뜻을 나타내기 위해 동명사를 목적어로 취할 수 있다.

**This car <u>needs</u> repairing.**  이 자동차는 수리될 필요가 있다.

➡ 주어가 무생물(This car)이므로 수동의 뜻을 나타내기 위해 need의 목적어로 동명사(repairing)를 취했다.

**1** The residents of Phoenix began _____ about the shortage of parking spaces downtown.

(a) having complained
(b) to be complaining
(c) complaining
(d) to have complained

**2** Bella always remembers _____ her essays well before their deadlines, as she hates waiting until the last minute.

(a) submitting
(b) to be submitted
(c) to have submitted
(d) to submit

**3** The Lighthouse Bookstore will start _____ a wide variety of magazines next month.

(a) to sell
(b) to have sold
(c) having sold
(d) to be selling

**4** I will never forget _____ to Buenos Aires when I was 10 years old.

(a) to be traveling
(b) traveling
(c) to travel
(d) travel

**5** Travelers love _____ the free airport shuttle buses, so the city government has expanded this service.

(a) to use
(b) used
(c) having used
(d) to be using

**6** Ms. Branson never schedules meetings after 6 p.m. because she hates _____ in the evenings.

(a) to have worked
(b) having worked
(c) to be worked
(d) working

**7** Ronny spends at least an hour every morning lifting weights and exercising on a machine at home. He can't endure _____ with other people so he avoids going to the gym.

(a) to have worked out
(b) working out
(c) having worked out
(d) work out

**8** Dale was not able to finish the New York Marathon due to muscle cramps. He regrets _____ so little time training for the event.

(a) to spend
(b) to be spent
(c) spent
(d) spending

정답·해석·해설 p.33

### Vocabulary

1 shortage n. 부족  complain v. 불평하다
2 last minute phr. 막바지, 마지막 순간  submit v. 제출하다
3 a variety of phr. 다양한
5 expand v. 확장하다

7 lift weights phr. 역기를 들다  work out phr. 운동하다
8 muscle n. 근육  cramp n. (근육에 생기는) 경련, 쥐
  train v. 훈련하다, 연습하다  event n. 경기, 행사
  spend v. (시간을) 보내다

준동사 빈출 2순위

# to 부정사의 다양한 역할

**①** to 부정사는 부사로 쓰여서 어떤 일을 하는 목적을 나타낼 수 있으며, 이때 '~하기 위해'라고 해석된다. 주로 '완전한 절 + to 부정사(구)'의 형태로 쓰여 to 부정사가 완전한 절 뒤에서 수식어구를 이끌며, 간혹 to 부정사(구)가 완전한 절 앞에 오는 경우 콤마(,)로 연결된다.

<u>Susan exercises</u> **to maintain** good health.　Susan은 좋은 건강을 유지하기 위해 운동한다.

➡ 완전한 절(Susan exercises) 뒤에서 to 부정사가 목적(좋은 건강을 유지하기 위해)을 나타내는 부사로 쓰였다.

**To make** spaghetti, <u>he boiled some water</u>.　스파게티를 만들기 위해, 그는 물을 끓였다.

➡ 완전한 절(he boiled some water) 앞에서 to 부정사가 목적(스파게티를 만들기 위해)을 나타내는 부사로 쓰였다.

On the way home, <u>Ted stopped</u> by the grocery store **to buy** some eggs.
집에 오는 길에, Ted는 달걀을 사기 위해 식료품점에 들렀다.

➡ 완전한 절(Ted stopped) 뒤에서 to 부정사가 목적(달걀을 사기 위해)을 나타내는 부사로 쓰였다.

> **TIP**
>
> 동사 stop, quit은 타동사로 사용될 경우에는 동명사를 목적어로 취하는 동사지만, 이들이 목적어가 필요 없는 자동사로 사용될 경우에는 바로 뒤에 부사의 역할을 하는 to 부정사를 취할 수도 있다. 지텔프에서는 stop, quit이 보통 동명사를 목적어로 취하는 동사로 출제된다.

**②** to 부정사는 명사를 꾸미는 형용사로 쓰일 수 있으며, 이때 '~(해야) 할', '~하는'이라고 해석된다. 형태는 '명사 + to 부정사(구)'를 쓴다.

Ms. Akashi has an urgent <u>conference</u> **to attend**.　Ms. Akashi는 참석해야 할 긴급 회견이 있다.

➡ 명사(conference) 뒤에서 to 부정사가 '참석해야 할'이라는 의미를 더하는 형용사로 쓰였다.

I need <u>something</u> **to drink**.　나는 마실 무언가가 필요하다.

➡ 명사(something) 뒤에서 to 부정사가 '마실'이라는 의미를 더하는 형용사로 쓰였다.

There are many <u>volunteers</u> **to help** children in need.
도움이 필요한 아이들을 도와줄 많은 자원 봉사자들이 있다.

➡ 명사(volunteers) 뒤에서 to 부정사가 '도와줄'이라는 의미를 더하는 형용사로 쓰였다.

**③** to 부정사는 가주어 it의 진주어 자리에도 올 수 있다.

<u>It</u> is necessary **to follow** the security procedures.　보안 절차를 따르는 것이 필요하다.

➡ to 부정사가 가주어 it의 진주어로 쓰였다.

**연습문제** ► 보기 중 빈칸에 적절한 것을 고르세요.

**1** On his way to class, Professor Thompson stopped for a few minutes _____ with a student.

(a) talking
(b) to have talked
(c) having talked
(d) to talk

**2** Mr. Paxton is ready _____ the applicant for the assistant branch manager position.

(a) having interviewed
(b) to have interviewed
(c) to interview
(d) interviewing

**3** Brad will go to Los Angeles next week _____ a former university classmate.

(a) to visit
(b) having visited
(c) to be visiting
(d) will visit

**4** The public library has extended its hours on weekdays _____ local residents to use its services.

(a) to have encouraged
(b) encouraging
(c) will encourage
(d) to encourage

**5** Emily could not go to the art gallery with her friends because she had some work _____.

(a) to have done
(b) having done
(c) doing
(d) to do

**6** Horch Incorporated has improved its starting salary and benefits package _____ better-qualified applicants.

(a) will attract
(b) to attract
(c) attracting
(d) to be attracting

**지텔프 실전문제** ► 보기 중 빈칸에 적절한 것을 고르세요.

**7** Rising housing prices are a problem in many cities around the world. Governments must address this problem _____ residents can find an affordable place to live.

(a) to be ensured
(b) to ensure
(c) ensuring
(d) having ensured

**8** Recorded observations of Halley's Comet date back to 240 BC. Until the modern age, scientists were uncertain about the structure of this comet. However, in 1986, several probes were launched _____ the comet, providing researchers with close-up images of it.

(a) to study
(b) to be studying
(c) having studied
(d) to have studied

정답·해석·해설 p.34

## Vocabulary

1 on one's way phr. ~로 가는 길에
2 applicant n. 지원자  assistant branch manager phr. 부점장
3 former adj. 예전의
4 extend v. 연장하다  encourage v. 장려하다

6 starting salary phr. 초봉  benefits package phr. 복리 후생 제도
7 address v. 고심하다, 다루다  affordable adj. 가격이 적당한
8 observation n. 관측  comet n. 혜성
  date back to phr. ~까지 거슬러 올라가다  probe n. 우주 탐사선

# 동명사의 다양한 역할

**1** 동명사는 주어로 쓰일 수 있다. 이때, 동명사는 여전히 동사의 성질을 지니고 있으므로 목적어를 가질 수 있고 부사(구)의 꾸밈을 받을 수 있다.

**Playing** chess is difficult.  체스를 두는 것은 어렵다.

**Exercising** regularly is important.  규칙적으로 운동하는 것은 중요하다.

> **TIP**
> **1** 완전한 문장에는 주어와 동사가 반드시 있어야 하는데, 빈칸이 포함된 문장에 동사는 있는데 동사의 주체가 되는 주어가 없다면 해당 빈칸은 주어 자리임을 알 수 있다. 따라서 주어 역할을 하는 동명사가 정답이 된다.
> **2** to 부정사도 명사의 역할을 할 수 있으므로 주어 자리에 올 수 있다. 그러나 주어 역할로 더 일반적으로 사용되어 자연스러운 것은 동명사이므로 두 가지가 함께 보기에 제시된다면 보통 to 부정사는 오답이다.

**2** 동명사는 목적어로 쓰일 수 있으며, 특히 지텔프에서는 동사 뒤에 오는 '동사의 목적어' 외에 전치사 뒤에 오는 '전치사의 목적어'로도 종종 사용된다.

Matthew is now responsible <u>for</u> **implementing** the policies of the company.
Matthew는 현재 그 회사의 정책을 시행하는 것에 책임이 있다.

➡ 전치사는 목적어로 명사를 취한다. 동명사가 전치사 for의 목적어로 쓰였다.

**3** 동명사는 보어로 쓰일 수 있다.

John's hobby is **listening** to music.
John의 취미는 음악을 듣는 것이다.

➡ 동명사가 주어를 보충 설명하는 주격 보어로 쓰였다.

**1** _____ is one of the best forms of exercise because it strengthens the body and burns calories.

(a) To be swimming     (b) Having swum     (c) To have swum     (d) Swimming

**2** Gerald was exhausted from _____ the heavy boxes of books to the storage closet.

(a) to have moved     (b) moving     (c) to move     (d) to be moving

**3** _____ overseas will enable Gramhall Ltd. to increase sales by 25 percent over the next five years.

(a) Expanded     (b) Expand     (c) Expanding     (d) To be expanding

**4** Politicians from both parties are asking why the government has reduced the budget for _____ the country's failing infrastructure.

(a) improving     (b) to have improved     (c) having improved     (d) to improve

**5** _____ has always been Martha's passion, and she has visited 23 countries so far.

(a) Having traveled     (b) Traveled     (c) To be traveling     (d) Traveling

**6** _____ regularly helps professional hockey players develop the skills necessary to play the game well.

(a) To be practicing     (b) Practicing     (c) Practice     (d) To have practiced

**7** The city continues to have a trash problem, particularly near major thoroughfares. Although there are laws prohibiting littering, the police rarely enforce them. The government has clearly not done enough in the fight against _____ rubbish on our streets.

(a) having dropped
(b) to be dropping
(c) to have dropped
(d) dropping

**8** It takes Mark about an hour to drive from his house in the suburbs to his office. _____ an apartment downtown would reduce the amount of time he spends commuting each day.

(a) Having rented
(b) To have rented
(c) Renting
(d) To rent

정답·해석·해설 p.34

## Vocabulary

**1** strengthen v. 강화하다   burn v. 태우다
**2** exhausted adj. 지친   storage closet phr. 수납장
**3** overseas adv. 해외로   enable v. ~할 수 있게 하다
**4** politician n. 정치인   party n. 정당   fail v. 쇠퇴하다
   infrastructure n. 기반 시설

**5** passion n. 열망, 열정
**7** thoroughfare n. 도로   prohibit v. 금지하다
   litter v. 쓰레기를 투기하다   enforce v. (법률을) 집행하다
**8** suburb n. 교외   reduce v. 줄이다   commute v. 통근하다

# 출제공식 19 준동사의 관용적 표현

**1** 아래의 표현들은 to 부정사와 함께 관용적으로 쓰인다.

 **to 부정사의 관용적 표현**

- be able to ~할 수 있다
- tend to ~하는 경향이 있다
- be likely to ~할 것 같다, ~하기 쉽다
- be supposed to ~해야 한다, ~하기로 되어 있다
- be willing to 기꺼이 ~하다
- have no choice but to
  ~하지 않을 수 없다, ~할 수밖에 없다
- too … to 너무 … 해서 ~할 수 없다, ~하기에는 너무 … 하다

**My baby daughter is able to identify animals in the zoo already.**
나의 어린 딸은 벌써 동물원의 동물들을 식별할 수 있다.

**People tend to use credit cards instead of cash these days.**
사람들은 요즘 현금 대신 신용 카드를 사용하는 경향이 있다.

**2** 아래의 표현들은 동명사와 함께 관용적으로 쓰인다.

 **동명사의 관용적 표현**

- cannot help -ing ~하지 않을 수 없다, ~할 수밖에 없다
- go -ing ~하러 가다

**Cindy is in love with Pete. She cannot help thinking about him.**
Cindy는 Pete와 사랑에 빠졌다. 그녀는 그에 대해 생각하지 않을 수 없다.

**I go fishing every weekend.**
나는 매 주말마다 낚시하러 간다.

> **TIP**
> 동사 go는 주어와 함께 쓰여 완전한 절을 만드는 동사이기도 해서, 바로 뒤에 수식어구를 이끄는 to 부정사가 오기도 한다. 그러나 지텔프에서 동사 go 바로 뒤에 빈칸이 오는 경우에는 주로 동명사의 관용적 표현을 묻는 문제이다.

**1** By partnering with Shanghai Cosmetics, Beauty Tone will be able _____ into the Chinese market.

  (a) having broken      (b) breaking      (c) to break      (d) to have broken

**2** People tend _____ for candidates who give the impression of being honest and trustworthy.

  (a) to be voted      (b) having voted      (c) voting      (d) to vote

**3** Matthew will go _____ with several of his friends in the mountains next weekend.

  (a) hiking      (b) hikes      (c) to be hiking      (d) having hiked

**4** Mr. Smith had no choice but _____ after it was discovered that he had stolen money from the company.

  (a) having resigned      (b) to be resigning      (c) resigning      (d) to resign

**5** The room was too small _____ all of the students attending the biology seminar.

  (a) having accommodated      (b) to accommodate
  (c) to be accommodating      (d) accommodating

**6** Global sea levels are likely _____ if the polar ice caps continue melting.

  (a) to rise      (b) rising      (c) having risen      (d) rose

**7** Last weekend, Noah noticed that his car had been scratched. Unfortunately, whoever caused the damage did not leave a note, so he will have to pay for the repairs himself. Noah cannot help _____ frustrated about the situation.

  (a) to be feeling
  (b) having felt
  (c) feeling
  (d) to feel

**8** The Chicago Bobcats have attracted fewer fans to home games this year than in previous years. The team's owner is willing _____ ticket prices to boost attendance.

  (a) to reduce
  (b) reducing
  (c) having reduced
  (d) to be reducing

정답·해석·해설 p.35

**Vocabulary**

1 partner v. 협력하다  break into phr. ~으로 진입하다
2 candidate n. 후보자  impression n. 인상  trustworthy adj. 믿음직한
4 discover v. 밝히다  resign v. 사임하다
5 biology n. 생물학  accommodate v. 수용하다
6 sea level phr. 해수면  polar adj. 극지방의  ice cap phr. (특히 극지방의) 만년설  melt v. 녹다  rise v. 상승하다
7 notice v. 알아채다  scratch v. 긁다  unfortunately adv. 불행히도  damage n. 손상  frustrated adj. 좌절한
8 attract v. 끌어모으다  previous adj. 이전의  boost v. 끌어올리다

# HACKERS TEST

**01** Many residents have complained about aggressive dogs running around the city's parks. As a result, the government now prohibits _____ unleashed pets into all parks, which has reduced the problem significantly.

(a) bring
(b) to be bringing
(c) to bring
(d) bringing

**02** Mr. West is concerned that the sales report he wrote may contain some factual errors. Fortunately, his coworker, Ms. Brown, has offered _____ the report before he submits it to his supervisor.

(a) reviewing
(b) having reviewed
(c) to review
(d) to be reviewed

**03** Brandon has been studying French for several years, but he still does not speak it well. He has decided to live in France for three months _____ his knowledge of the language.

(a) to be improving
(b) having improved
(c) to have improved
(d) to improve

**04** Scientists believe that a 300-meter-wide asteroid called Apophis may strike Earth in 2068. They anticipate _____ more information about its trajectory when it passes near our planet in 2029, which will allow them to better determine the risk it poses.

(a) to gather
(b) having gathered
(c) gather
(d) gathering

**05** Neal was shocked by how poor his grades were in his second semester of university. His father suggested that he quit _____ with his friends on the weekends and instead focus on his studies.

(a) socializing
(b) having socialized
(c) to be socialized
(d) socialize

**06** Dillon and Carla were very impressed with the resort they stayed at during their vacation in Mexico last month. They recommended _____ a room there if I ever travel to that country.

(a) having booked
(b) to book
(c) booking
(d) book

**07** Ethan firmly believes that people need to be physically active to maintain their health, as exercise is known to lessen the chances of illness. He encourages his friends _____ regularly by going cycling or playing sports.

(a) having exercised
(b) to exercise
(c) exercising
(d) to have exercised

**08** Green Earth, an organization devoted to protecting the environment, wants the city government to reduce plastic waste. The mayor will meet with members of this group next week _____ the issue.

(a) to discuss
(b) will discuss
(c) to be discussing
(d) discussing

**09** Tyson Industries has decided to delay the launch of its newest air conditioner model to perform further testing. The company doesn't want to risk _____ a product that has performance issues.

(a) released
(b) releasing
(c) to release
(d) to be releasing

**10** After calculating all of the costs associated with owning a vehicle, Beth decided it was too expensive to get a car. Therefore, she will keep _____ public transportation to commute to work.

(a) using
(b) to be using
(c) having used
(d) to have used

**11** Toronto is one of the most multicultural cities in the world with 200 distinct ethnic groups that speak over 140 languages. As a result, individuals in this city must be able to tolerate _____ with others who are different from them.

(a) to coexist
(b) coexisting
(c) having coexisted
(d) to be coexisted

**12** Jackson was unpleasantly surprised when the Internet service in his apartment was disconnected because he had forgotten to pay his bill. To avoid this in the future, he will make sure _____ his payments by the required dates.

(a) sending
(b) having sent
(c) send
(d) to send

CH 4

2주 만에 끝내는 해커스 지텔프 문법 Level 2

**13** Several employees at Pullman Accounting have complained that there is no room for food in the break room fridge. To solve this problem, the office supervisor asked all staff members to stop _____ old food in the fridge.

(a) to leave
(b) to be leaving
(c) leaving
(d) having left

**14** Chloe had arranged to go on a ski trip next week, but she canceled because she has to go to the office on Saturday. However, she doesn't mind _____ overtime because she knows her project is important to the company.

(a) to be worked
(b) working
(c) to work
(d) having worked

**15** Brett Fraser is trying to get elected to the city council. His campaign is focused on addressing issues related to poverty, and he advocates _____ affordable housing for people in need.

(a) to build
(b) to have built
(c) having built
(d) building

**16** Starting next week, Carl will begin taking the final exams for his university courses. Until then, he will go to the library each day _____ for the upcoming tests by rereading all of his notes and taking some practice exams.

(a) will study
(b) to study
(c) having studied
(d) to have studied

**17** For the first time in 25 years, the St. Louis Stars have won the national hockey championship. Fans of the team couldn't help _____ this historic victory by partying in the downtown area throughout the night.

(a) to celebrate
(b) having celebrated
(c) to be celebrating
(d) celebrating

**18** Organic foods have become increasingly popular because people are concerned about how some farmers protect their crops from insects. This process usually involves _____ harmful pesticides on fruits and vegetables, which can damage surrounding ecosystems and cause harm to other creatures.

(a) spray
(b) to be spraying
(c) spraying
(d) to spray

**19** Eileen had been struggling with a long commute to work. But she finally found an apartment to rent that is within her budget and close to her workplace. She met with the owner of the unit yesterday _____ the lease agreement.

(a) to sign
(b) signing
(c) signs
(d) to have signed

**20** My father believes that learning to play a musical instrument will have a positive effect on a child. He suggested _____ my daughter Sara in piano lessons when she is old enough.

(a) having enrolled
(b) to enroll
(c) to be enrolling
(d) enrolling

**21** Mandy Peale has been training with a gymnastics coach for several hours daily over the past two years. She is looking forward to _____ in the Olympics next year to measure her skills.

(a) having competed
(b) have competed
(c) competing
(d) compete

**22** The Victoria Community Center was scheduled to begin operations on May 12, but a safety inspection revealed a problem with the new building's fire sprinkler system. The government will postpone _____ the center until the issue has been corrected.

(a) to open
(b) having opened
(c) to be opening
(d) opening

**23** An elephant's nose includes millions of specialized receptor cells that allow it to detect and identify scents. It is necessary for elephants _____ this highly developed sense of smell to locate water over great distances.

(a) to use
(b) using
(c) having used
(d) will use

**24** Gramhall Incorporated intends to update its corporate logo to give it a more modern appearance. The company's director will begin _____ a graphic designer for the project to create a number of different logos for them to choose from.

(a) to be hiring
(b) having hired
(c) to have hired
(d) hiring

**25** Kenny went to the supermarket to get a few items he needed for his dinner party: beef, carrots, potatoes, wine, ice cream, and a cake. After he had finished _____, he went home to start preparing the meal.

(a) is shopping
(b) shop
(c) to shop
(d) shopping

**26** Black Hills College is examining extending its cafeteria's hours of operation. The reason is that students tend _____ late at night after they have finished studying. As the cafeteria closes at 8:00 P.M., they must buy food off-campus.

(a) to eat
(b) eating
(c) eaten
(d) to have eaten

**27** Animals in the wild employ a variety of defensive techniques. Some, such as chameleons and octopuses, use camouflage. These creatures can avoid _____ predators by changing their appearance to blend into their surroundings.

(a) to be encountering
(b) having encountered
(c) encountering
(d) to encounter

**28** Residents of Portland have requested that additional bicycle lanes be constructed. They argue that it is hazardous for cyclists to ride on either the street or the sidewalk. Mayor Reynolds intends _____ this issue at the next city council meeting.

(a) will discuss
(b) having discussed
(c) discussing
(d) to discuss

**29** Mr. Baxter has already submitted his letter of resignation. Still, the CEO has asked him to stay on until a replacement is found. Mr. Baxter will consider _____ his resignation and notify the CEO of his decision next week.

(a) having put off
(b) putting off
(c) to put off
(d) to have put off

**30** Many parents are concerned about the rising cost of their children's education. Fees for private tutoring, special classes, and study materials can add up. This is why some parents have formed groups _____ information about inexpensive educational resources.

(a) having shared
(b) to share
(c) sharing
(d) to be sharing

**31** During his annual medical checkup, Peter's doctor told him to get more exercise. The doctor suggested taking up jogging, but this did not appeal to Peter. As he enjoys _____ soccer, he will do this with his friends on the weekend.

(a) having played
(b) to be playing
(c) to play
(d) playing

**32** Employees at Mirror Technologies complained that the amount of time provided for lunch was insufficient. As a result, management has changed the policy. The company now allows staff members _____ 30 additional minutes for lunch each day.

(a) taking
(b) having taken
(c) have taken
(d) to take

**33** Due to her financial problems, Terry doesn't get to leave her hometown much. She makes up for that by reading as many books as she can. _____ enables her to learn about new ways of life without going anywhere.

(a) Reading
(b) To read
(c) Having read
(d) To have read

**34** Lily's history professor wanted to discuss her exam results. Apparently, her responses were identical to those of Lyle, a student who sits next to her in class. Eventually, Lily admitted _____ her classmate's answers during the test.

(a) copying
(b) to copy
(c) to be copied
(d) to have copied

**35** Zoe was offered a position with a dental clinic an hour's drive away. This meant she had to find a reasonably priced car. After searching online for a few hours, Zoe found a car _____ that was within her budget.

(a) to be buying
(b) will buy
(c) buying
(d) to buy

**36** The city government wants more people to use public transportation. It started a promotional campaign telling people to resist _____ to work and instead take the subway. If it is successful, traffic congestion will become a less serious problem.

(a) to drive
(b) driving
(c) to be driving
(d) having driven

정답·해석·해설 p.36

## 출제 비율

| 시제<br>약 6문제 | 가정법<br>약 6문제 | 조동사<br>약 4~5문제 | 준동사<br>약 5~6문제 | 연결어<br>약 2문제 | 관계사<br>약 2문제 |
|---|---|---|---|---|---|

연결어 (매회 평균 2문제) 는 주로 접속사와 접속부사 문제가 가장 많이 출제되는 편이다.

## 출제 경향

1  연결어 문제의 보기는 모두 다양한 연결어로 구성되어 있다. 빈칸의 위치가 문장의 맨 앞에 있고 빈칸 뒤에 콤마가 있으면 접속부사 문제, 그렇지 않은 경우 주로 접속사/전치사 문제이다.

2  연결어 문제에는 단서가 되는 표현이 명확히 제시되지 않아, 첫 문장부터 읽으며 문맥을 파악해야 하므로 난이도가 상대적으로 높다.

2주 만에 끝내는 해커스 지텔프 문법 Level 2

# Chapter

# 5

매 시험 출제

# 연결어

# 왕초보 기본기 다지기

지텔프 연결어 문제는 각 연결어의 뜻과 쓰임을 암기하면 쉽게 풀 수 있지만, 연결어의 개념 자체가 익숙하지 않은 왕초보 학습자들은 기본기부터 다진 후 본격적인 학습에 들어가는 것을 추천한다.

---

### 연결어란 무엇일까?

### 사과는 맛있다. 그리고 건강에 좋다.

'사과는 맛있다'와 '건강에 좋다'라는 문장이 '그리고'로 연결되어 있다. 이와 같이 연결의 역할을 하는 것을 연결어라고 한다. 접속사는 단어와 단어, 구와 구 또는 절과 절을 연결하고, 접속부사는 문장과 문장을 연결한다.

---

## 1. 등위 접속사

등위 접속사는 단어나 구, 절을 대등하게 이어주는 역할을 한다.

**The department head and the CEO are going to make the announcement.**
부서장과 최고 경영자가 공지를 할 것이다.

**The power went out, so I left the office early.**
전기가 나갔고, 그래서 나는 사무실을 일찍 떠났다.

## 2. 부사절 접속사

① 부사절은 주절을 수식하여 이유, 조건, 시간 등의 부가 정보를 제공하는 절을 말하며, 이러한 부사절을 이끄는 접속사를 부사절 접속사라고 한다. 형태는 '접속사 + 주어 + 동사'를 쓴다.

**Joe went home although he had not finished his work.**
**(= Although Joe had not finished his work, he went home.)**
Joe가 일을 끝마치지 않았음에도 불구하고, 그는 집에 갔다.

➡ 부사절이 앞에 오는 경우, 콤마(,) 뒤에 주절이 이어진다.

② 부사절 접속사는 절 앞에 오는 것이 원칙이지만, 간혹 분사구문(-ing/p.p.) 앞에 오기도 한다.

**After checking in(= After they checked in), the passengers headed to immigration.**
탑승 수속을 한 후, 탑승객들은 출입국 심사대로 향했다.

**If distributed widely(= If it is distributed widely), the flyer will attract more customers.**
널리 배포된다면, 그 전단은 더 많은 고객들을 끌어들일 것이다.

③ 시간을 나타내는 부사절 접속사 다음에는, 미래를 나타내기 위해서 현재 시제를 사용한다.

I need to complete my article **before** the editor (~~will leave~~ / **leaves**) tomorrow.
나는 내일 편집장이 퇴근하기 전에 기사를 완성해야 한다.

## 3. 접속부사

접속부사는 문장 전체를 수식하는 부사의 역할을 하면서, 앞뒤 문장의 의미를 연결한다. 형태는 앞 문장이 끝난
뒤에 '접속부사 + 콤마(,)'를 쓴다.

She doesn't have a lot of friends. **In fact**, Susan is her only friend.
그녀는 친구가 많지 않다. 사실, Susan이 그녀의 유일한 친구이다.

## 4. 전치사

전치사는 명사 앞에 와서 장소, 시간, 이유 등을 나타내는 단어(구)이다. 전치사 뒤에는 명사나 명사구가 와야 하
며, 형용사, 동사, 절은 올 수 없다.

The performance starts **at** 7 o'clock.  공연이 7시에 시작한다.

The appointment was canceled **because of** an unexpected emergency.
그 약속은 예기치 못한 비상 사태 때문에 취소되었다.

**Despite** (**all my effort** / ~~I studied hard~~), I failed to pass the exam.
나의 모든 노력에도 불구하고, 시험에 합격하지 못했다.

출제공식 **20**

매회 평균 1문제 출제

# 접속사 / 전치사

**1** 접속사는 주로 주절을 수식하는 부사절을 이끌며, '접속사 + 주어 + 동사'의 형태로 쓴다.

People asked Ms. Kim questions **after** she finished her speech.
사람들은 Ms. Kim이 연설을 마친 후 그녀에게 질문했다.

**2** 접속사가 이끄는 부사절은 문장 내에서 이유, 조건, 시간 등을 표현한다.

지텔프 기출 **부사절 접속사**

| 이유 | · because ~이기 때문에 빈출 <br> · since ~이기 때문에 <br> · now that ~이니까 <br> · as ~이기 때문에 | 조건 | · supposing that 만약 ~이라면 <br> · unless 만약 ~이 아니라면, ~하지 않는다면 <br> · once 일단 ~하면 |
|---|---|---|---|
| 시간 | · whenever ~할 때 언제든지 <br> · while ~하는 동안 빈출 <br> · as soon as ~하면 곧, ~하자마자 <br> · after ~후에 <br> · before ~전에 <br> · until ~할 때까지 <br> · when ~할 때 <br> · (ever) since ~한 후에, ~한 이래로 | 양보 | · although ~이긴 하지만, ~에도 불구하고 빈출 <br> · even though ~에도 불구하고 <br> · even if ~하더라도 <br> · while ~인 반면, ~이긴 하지만 <br> · no matter how 아무리 ~하더라도 |
| 장소 | · wherever 어디든지, 어디에나 | 결과 | · so that ~할 수 있도록 <br> · (so ···) that (너무 ···해서) ~하다 |

This vehicle is better **because** it can seat more people.
더 많은 사람들을 수용할 수 있기 때문에 이 차량이 더 낫다.

**3** 전치사는 뒤에 명사나 명사구가 따라오며, 명사(구)에 양보나 이유 등의 의미를 더한다.

지텔프 기출 **전치사**

| 양보 | · despite ~에도 불구하고 빈출 <br> · in spite of ~에도 불구하고 | 이유 | · because of ~ 때문에 |
|---|---|---|---|

We went outside **despite** the rain.
우리는 비에도 불구하고 밖으로 나갔다.

**1** Martin wanted to learn a foreign language. He particularly would like to learn Chinese _____ he could communicate with his Chinese boss.

(a) so that
(b) in spite of
(c) even if
(d) provided that

**2** _____ he broke his arm playing basketball a few days before his wedding day, Gabriel still wanted the wedding to go ahead as planned.

(a) However
(b) Even though
(c) Since
(d) Once

**3** It is illegal for a child under 6 to travel in a vehicle without a child seat. Taxis, buses, and vans are exempt from this law, but children must wear seat belts _____ they are in those vehicles.

(a) unless
(b) hence
(c) while
(d) where

**4** Michael wears earplugs when he sleeps _____ the noise made by his neighbor.

(a) because
(b) because of
(c) instead of
(d) when

**5** The FVC mobile phones have been flying off shelves since launching. Most stores are sold out, but the manufacturer has promised to release more phones _____ they are ready.

(a) in order that
(b) as soon as
(c) despite
(d) and yet

**6** The consultant who was analyzing Maxi Corporation's operations said that _____ the company was profitable, there were many areas in which it could improve.

(a) wherever
(b) after
(c) supposing that
(d) although

**지텔프 실전문제** ▶ 보기 중 빈칸에 가장 적절한 것을 고르세요.

**7** Louisburg College is currently providing discounted transit passes to all students. Unfortunately, however, the program will be canceled due to budget issues _____ its popularity.

(a) rather than
(b) but
(c) despite
(d) so

**8** When I moved to London, I became very homesick. I missed my family and felt lonely in the city. Thankfully, my sister moved in with me _____ she came to London, and I felt much more at home.

(a) before
(b) until
(c) no matter how
(d) after

정답·해석·해설 p.43

## Vocabulary

1 **particularly** adv. 특히
2 **go ahead** phr. 진행하다
3 **illegal** adj. 불법의  **exempt** adj. 면제의
4 **earplug** n. (소음이나 물을 막기 위한) 귀마개  **noise** n. 소음

5 **fly off shelves** phr. 날개 돋친 듯 팔리다  **launch** v. 출시하다
6 **analyze** v. 분석하다  **profitable** adj. 수익성이 있는
7 **transit** n. 환승  **cancel** v. 취소하다  **budget** n. 예산, 비용
8 **homesick** adj. 집을 그리워하는  **feel at home** phr. 마음이 편안하다

CH 5

2주 만에 끝내는 해커스 지텔프 문법 Level 2

**1** 접속부사는 콤마(,)와 함께 문장의 맨 앞에 위치하여 앞뒤 문장의 의미를 연결하는 부사이다.

I'd rather eat lunch at home than at a restaurant. **Besides,** I'm not ready to go out.
나는 점심을 식당에서보다 집에서 먹고 싶다. 게다가, 나는 나갈 준비가 되어 있지 않다.

**2** 접속부사 자리에 부사절 접속사는 올 수 없다.

Jack tried to cut down on his spending. (~~Although~~ / **Nevertheless**)**,** he still ran short of money.
Jack은 소비를 줄이려고 노력했다. 그럼에도 불구하고, 그는 여전히 돈이 부족했다.

**3** 상황별로 사용되는 접속부사들이 있다.

지텔프 기출 **접속부사**

| 대조/역접 | · However 그러나 (빈출★) <br> · On the contrary 그와는 반대로 <br> · On the other hand 반면에, 한편으로는 <br> · Otherwise 그렇지 않으면 <br> · In contrast 그에 반해서 | 강조/부연 | · In fact 사실은, 실제로 (빈출★) <br> · Indeed 정말, 실제로 <br> · In other words 다시 말해서 <br> · As a matter of fact 사실상 <br> · Undoubtedly 의심할 여지 없이 <br> · Also 또한 |
|---|---|---|---|
| 양보 | · Nevertheless 그럼에도 불구하고 (빈출★) <br> · Nonetheless 그럼에도 불구하고 <br> · Even so 그렇기는 하지만 | 예시 | · For instance 예를 들어 <br> · For example 예를 들어 |
| 첨가 | · Moreover 더욱이, 게다가 (빈출★) <br> · Besides 게다가 | 결론/요약 | · Finally 마침내, 마지막으로 <br> · Eventually 결국, 마침내 |
| 결과 | · Therefore 따라서, 그래서 <br> · After all 결국, 어쨌든 <br> · Naturally 당연히, 자연스럽게 | 시간 | · Meanwhile 그 동안에 <br> · Then 그다음에 <br> · In the first place 우선 |
| 비교 | · Likewise 비슷하게 <br> · Similarly 비슷하게 | | |

Mr. Harris had forgotten his passport. **Therefore,** he was unable to board his flight to Rome.
Mr. Harris는 그의 여권을 갖고 오는 것을 잊었다. 그래서, 그는 로마행 비행기에 탑승할 수 없었다.

**1** The Chicago Bulls were the dominant team in the NBA throughout the 1990s. _____, their downfall was rapid once Michael Jordan retired.

(a) However      (b) Therefore      (c) Instead      (d) Additionally

**2** The CEO of the company outlined a number of ways our marketing strategy could improve. _____, she suggested we give away some of our merchandise.

(a) Otherwise      (b) For instance      (c) Altogether      (d) In contrast

**3** As he worked such long hours, Matt rarely had time to meet his friends. _____, he hadn't socialized with anyone for several months.

(a) In fact      (b) Likewise      (c) On the other hand      (d) For instance

**4** Studies show that inequality is one of the causes of mental illness. _____, a reduction in inequality would be more effective in reducing mental illness than medical treatment.

(a) Meanwhile      (b) Nonetheless      (c) Moreover      (d) Afterwards

**5** Margaret has two children, who are getting taller and bigger every day. _____, she has decided to move into a bigger space.

(a) Furthermore      (b) Similarly      (c) Regardless      (d) Therefore

**6** Researchers have found that butterflies that were not raised in the wild do not know how to migrate. _____, monarch butterflies that have grown up in labs do not fly south in the winter.

(a) In addition      (b) For example      (c) Afterward      (d) Despite that

**7** Johnny's new cat was very frightened of its unfamiliar surroundings and spent a few weeks hiding around the apartment. _____, the cat became relaxed enough to come and sit on Johnny's sofa, and even on his lap.

(a) In the first place
(b) Besides
(c) Eventually
(d) Consequently

**8** Parents often feel lost once their children move out of the family home. _____, parents feel that their lives lack meaning without children to take care of.

(a) On the contrary
(b) In other words
(c) Presently
(d) In the meantime

정답·해석·해설 p.43

## Vocabulary

1 dominant adj. 우세한   downfall n. 몰락   retire v. 은퇴하다
2 outline v. 개요를 설명하다   merchandise n. 상품
3 socialize v. 어울리다
4 inequality n. 불평등   reduction n. 감소

6 raise v. 기르다   migrate v. 이주하다
7 frightened adj. 겁먹은   unfamiliar adj. 익숙하지 않은
8 lack v. ~이 없다, 부족하다   take care of phr. ~을 돌보다

**01** A study has shown that the United Kingdom has the highest proportion of smartphone owners in the world, with 82.2% of the population owning a device. _____, China has the highest number of smartphone owners, at over 780 million.

(a) However
(b) Therefore
(c) Accordingly
(d) Besides

**02** Despite closing 200 branches across the country and cutting costs in manufacturing and marketing, T-Mart is still struggling to escape bankruptcy. Its current strategy is to focus on online retail _____ it can cut staff from its remaining stores.

(a) so that
(b) though
(c) even if
(d) although

**03** Most doctors recommend that a person sleep for a minimum of seven hours each night. _____, getting sufficient rest is necessary to maintain one's physical and mental health.

(a) Nevertheless
(b) In contrast
(c) Similarly
(d) After all

**04** As birth rates drop and the population ages, many people are asking why people do not embrace immigration as a means of expanding the workforce. Ultimately, it seems that some politicians still reject immigrants _____ they worry that too many will come.

(a) because
(b) before
(c) although
(d) until

**05** Students are unhappy that the university is closing down its cafeteria, which has always provided a cheap and convenient dining option. _____, the university made a decision to close the cafeteria, as they claim it has been losing money for years.

(a) Furthermore
(b) Nevertheless
(c) Finally
(d) At length

**06** Many people believe that bike lanes make roads less safe. However, studies have shown that safety actually improves _____ bike lanes are added to busy roads, partly due to motorists driving more carefully because of an increase in cyclists.

(a) as soon as
(b) before
(c) whether
(d) in case

**07** Karen was certain that her cat had run away from home, but she was mistaken. _____, the cat had just been sleeping in the closet, which Karen was relieved to discover.

(a) All in all
(b) Then
(c) Moreover
(d) In fact

**08** A new study has shown that Parkinson's disease may actually begin in the gut rather than in the brain. This research has revealed that _____ Parkinson's is a mental disorder, it comes from a protein released by the stomach organs.

(a) so that
(b) as soon as
(c) even though
(d) as far as

**09** During the 1996 Olympics, American gymnast Kerri Strug sprained her ankle in one of the early rounds of the competition. However, she did not quit and managed to win a gold medal _____ her injury.

(a) although
(b) aside from
(c) in spite of
(d) with

**10** Ellie wasn't sure if she should quit her job or stick with it. She felt that she needed time away from work and wanted to travel before she got too old. _____, she thought that taking a break would hurt her career.

(a) Otherwise
(b) On the other hand
(c) As a result
(d) In conclusion

**11** Rind Development has announced that Sam Maxwell is stepping down as CEO. Maxwell will be missed at the company _____ he was the person who made it the dominant player in the market and expanded it across the globe.

(a) while
(b) unless
(c) hence
(d) since

**12** Many Americans borrow a large amount of money to pay for their university education. In fact, the average American owes over $30,000 upon graduation. This situation has generated a lot of controversy, _____ the government is considering forgiving all student loans.

(a) at last
(b) so
(c) yet
(d) on the contrary

CH 5

2주 만에 끝내는 해커스 지텔프 문법 Level 2

**13** A study has revealed that crying can be good for your health, as it releases pent-up emotions. _____, crying allows the body to regulate the heart rate, as it paradoxically allows people to maintain stable breathing.

(a) Subsequently
(b) After all
(c) Moreover
(d) By contrast

**14** Eager to enjoy their new apartment, Mark suggested to Jennifer that they throw a house party as soon as they move in. She said that _____ a party sounded fun, they should get everything in the apartment sorted first.

(a) as
(b) while
(c) if
(d) unless

**15** Jillian asked her boss for a raise over a month ago, but he still hasn't responded. _____, several of her colleagues have been fired, which made her doubt that she would receive any more money.

(a) Meanwhile
(b) For instance
(c) Likewise
(d) Naturally

**16** In university, Alan had ambitions of being a singer and would carry his guitar to clubs around town. Now middle-aged, he can still remember all his old songs, _____ he hasn't performed in front of anyone in many years.

(a) because
(b) although
(c) when
(d) in spite of

**17** The streets leading into downtown Vancouver are heavily congested due to the closure of the Lions Gate Bridge for repairs. This situation should improve _____ the work has been completed and the bridge reopens.

(a) before
(b) nonetheless
(c) though
(d) once

**18** New research has demonstrated that speaking two or more languages has a number of cognitive benefits, including improved memory, better problem solving ability, and better multitasking skills. _____, speaking multiple languages can also help reduce the chances of developing Alzheimer's.

(a) Finally
(b) But
(c) Unfortunately
(d) Comparatively

**19** Harry was in serious trouble after running out of time to write his thesis. He had taken too long on research and not left enough time to write. He would fail _____ he could get his professor to give him some additional time to finish his thesis.

(a) once
(b) although
(c) unless
(d) until

**20** Because of a severe cough, Virginia visited the doctor. He prescribed antibiotics but Virginia didn't like taking too much medicine, so she decided not to take them. _____, she was feeling much better after drinking tea and taking a long bath.

(a) Besides
(b) Altogether
(c) Thus
(d) Similarly

**21** Food poisoning outbreaks have prompted the government to draw up a law ensuring food hygiene. This is now being debated in parliament. Some think the problem will continue, _____ the government's law is passed.

(a) whereas
(b) as far as
(c) in order that
(d) even if

**22** Although Claire enjoyed her job, there were certain moments when she felt frustrated. _____, she was upset when her senior manager took credit for work that Claire had in fact completed.

(a) In other words
(b) For instance
(c) Afterward
(d) Accordingly

**23** The HR department has set up a system to allow employees to book leave online. They can go to the online portal and select their dates _____ they need to book time off. They should receive confirmation from their boss within a few days.

(a) however
(b) whatever
(c) whenever
(d) even though

**24** Boston experienced a severe blizzard over the weekend. With over 60 centimeters of snow falling in a brief period, city workers were unable to clear the streets quickly. Authorities advised residents to remain in their homes _____ the hazardous road conditions.

(a) eventually
(b) for example
(c) because of
(d) but

정답·해석·해설 p.44

## 출제 비율

| 시제 약 6문제 | 가정법 약 6문제 | 조동사 약 4~5문제 | 준동사 약 5~6문제 | 연결어 약 2문제 | **관계사** 약 2문제 |
|---|---|---|---|---|---|

관계사 (매회 평균 2문제)는 주로 주격 관계대명사 which와 that 문제가 가장 많이 출제되는 편이다.

## 출제 경향

1 관계사 문제의 보기는 관계사가 이끄는 다양한 관계절로 구성되어 있다.

2 관계사 문제는 선행사의 종류 및 선행사 뒤의 콤마 유무에 따라 정답이 나누어진다.

2주 만에 끝내는 해커스 지텔프 문법 Level 2

# Chapter
# 6

매 시험 출제

# 관계사

# 왕초보 기본기 다지기

지텔프 관계사 문제는 선행사의 종류와 콤마(,)의 유무를 파악하면 쉽게 풀 수 있지만, 관계사의 개념 자체가 익숙하지 않은 왕초보 학습자들은 기본기부터 다진 후 본격적인 학습에 들어가는 것을 추천한다.

---

## 관계사란 무엇일까?

나는 소년을 보았다. 그는 아이스크림을 먹고 있었다. (소년 = 그)
→ 나는 <u>아이스크림을 먹고 있는</u> 소년을 보았다.
관계절

두 문장에서 공통되는 요소가 있을 경우, 위처럼 한 문장의 구조를 변형하여 다른 문장에 삽입함으로써 두 문장을 하나로 합칠 수 있다. 이때 삽입되는 문장을 관계절이라고 하는데, 영어에서는 이 관계절을 맨 앞에서 이끄는 단어(who, which, that 등)가 있으며, 이를 관계사라고 부른다. 관계절은 '소년'과 같은 명사를 꾸며주는 형용사의 역할을 하며 관계절의 수식을 받는 명사를 '선행사'라고 부른다. 관계절은 선행사를 부연 설명하는 역할을 하므로 문장의 필수 성분이 아니고, 따라서 관계절이 없어도 문장은 성립한다.

---

## 1. 관계대명사

관계대명사는 사람, 사물, 동물 등의 명사를 선행사로 받는다. 관계대명사가 관계절 안에서 주어 역할을 하면 주격 관계대명사, 목적어 역할을 하면 목적격 관계대명사, 관계절 안에서 '~의'를 의미하면서 뒤따라 오는 명사를 꾸며주면 소유격 관계대명사이다.

| 선행사 / 격 | 주격 | 목적격 | 소유격 |
|---|---|---|---|
| 사람 | who | whom, who | whose |
| 사물 · 동물 | which | which | whose |
| 사람 · 사물 · 동물 | that | that | - |

관계대명사 뒤에는 주어나 목적어 등이 빠진 불완전한 절이 온다.

The person who sat next to me was loud. 내 옆에 앉은 사람은 시끄러웠다.

(= **The person** was loud. + **He** sat next to me.)

I didn't get the report which was handed out yesterday. 나는 어제 배부된 보고서를 받지 못했다.

(= I didn't get **the report**. + **It** was handed out yesterday.)

## 2. 관계부사

관계부사는 시간, 장소, 이유, 방법 등을 나타내는 명사를 선행사로 받는다.

| 선행사 | 관계부사 |
|---|---|
| 시간 | when |
| 장소 | where |
| 이유 | why |
| 방법 | how |

관계부사 뒤에는 주어와 동사가 갖춰진 완전한 절이 온다.

I found a gym where I can take aerobics classes.  나는 에어로빅 수업을 들을 수 있는 체육관을 찾았다.


## 3. 관계절의 용법

| 한정적 용법 | 선행사의 의미를 한정해주는 용법이다. |
|---|---|
| | Jake has a brother who is a chef.  Jake는 요리사인 형이 한 명 있다. |
| | ➡ 관계절(who is a chef)이 명사(a brother)의 직업을 한정해준다. Jake에게 요리사가 아닌 다른 직업을 가진 형이 더 있을 수 있다. |
| 계속적 용법 | 선행사에 대한 부연 설명을 해주는 용법이다. 선행사 뒤에 콤마(,)가 온다. |
| | Jake has a brother, who is a chef.  Jake는 형이 한 명 있는데, 그는 요리사이다. |
| | ➡ 관계절(who is a chef)이 명사(a brother)에 대해 부가적인 설명을 해준다. 이때, Jake에게 형은 단 한 명뿐이다. |
| | 앞 문장 전체에 대해 부연 설명을 할 수도 있다. |
| | Daniel finished his assignment early, which impressed his supervisor.<br>Daniel은 그에게 할당된 일을 일찍 끝냈는데, 이는 그의 상사에게 깊은 인상을 주었다. |


## 4. 관계절의 수 일치

관계절이 수식하는 선행사가 단수명사이면 관계절에 단수동사를, 복수명사이면 복수동사를 쓴다.

The flight that (goes / go) to Madrid departs from Gate 6.
마드리드로 가는 비행기는 6번 탑승구에서 출발한다.

**1** 주격 관계대명사 who는 사람 선행사를 받으며, 'who + 동사 ~'의 어순으로 쓴다.

I haven't met <u>the woman</u> **who** is speaking at the podium.
(= I haven't met **the woman**. + **She** is speaking at the podium.)
나는 연단에서 연설하고 있는 여자를 만난 적이 없다.

➡ 주격 관계대명사 who가 사람 선행사 the woman을 받으며, 관계절 안에서 주어 She의 역할을 대신한다.

**2** 관계대명사 who는 보통 that으로 바꾸어 쓸 수 있지만, 콤마(,) 다음에 오는 경우에는 that으로 바꾸어 쓸 수 없다.

I met <u>the man</u> **who/that** was my teacher in high school.
나는 고등학교 때 내 선생님이셨던 분을 만났다.

➡ 사람 선행사 the man을 받는 관계대명사 who는 that으로 바꾸어 쓸 수 있다.

<u>Tom</u>, (**who**/~~that~~) married my cousin, seems nice.  Tom은, 내 사촌과 결혼했는데, 좋은 사람 같아 보인다.

➡ 사람 선행사 Tom에 대한 부연 설명을 하기 위해, 콤마(,) 다음에 주격 관계대명사 who가 와서 계속적 용법으로 사용되었다. 관계대명사 that도 사람 선행사를 받을 수 있지만, 계속적 용법으로 콤마 뒤에는 쓸 수 없다.

**3** 목적격 관계대명사 whom, 소유격 관계대명사 whose도 사람 선행사를 받는다. 목적격 관계대명사는 'whom + 주어 + 동사 ~', 소유격 관계대명사는 'whose + 명사(구) ~'의 어순으로 쓴다.

Isn't that <u>the boy</u> **whom** we met at the park earlier?
(= Isn't that **the boy**? + We met **him** at the park earlier.)
쟤는 전에 우리가 공원에서 만났던 소년 아니니?

➡ 목적격 관계대명사 whom이 사람 선행사 the boy를 받으며, 관계절 안에서 목적어 him의 역할을 대신한다.

I have <u>a brother</u> **whose** girlfriend works at City Hall.
(= I have **a brother**. + **His** girlfriend works at City Hall.)
나는 여자친구가 시청에서 일하는 형제가 있다(나에게는 시청에서 일하는 여자친구를 가진 형제가 있다).

➡ 소유격 관계대명사 whose가 사람 선행사 a brother의 소유를 나타내며, 관계절 안에서 소유격 His의 역할을 대신한다.

> **TIP**
> 지텔프 관계사 문제에서 사람이 선행사로 주어지는 경우, 주로 주격 관계대명사 who가 정답이다. 목적격 관계대명사 whom
> 이나 소유격 관계대명사 whose는 정답으로 간혹 출제되며, 출제되는 경우 관계절의 어순을 보고 정답을 고를 수 있다.

**1** Before starting his trip to Europe, Lucas had lunch with his brother, _____ had recently returned from a trip to Germany.

(a) who      (b) whose      (c) that      (d) which

**2** All citizens _____ wish to vote in the presidential election must register in advance to ensure that their names are on the electoral list.

(a) whom      (b) who      (c) which      (d) whose

**3** Professor Wilkins, _____ teaches art history courses, will participate in a conference at Northeastern University next month.

(a) who      (b) that      (c) which      (d) whose

**4** The upstairs neighbor _____ Jerry met last night was making a lot of noise in the middle of the night.

(a) whose      (b) when      (c) where      (d) whom

**5** Clyde Tombaugh, _____ was an American astronomer, discovered Pluto on February 18, 1930, from an observatory in Arizona.

(a) whose      (b) that      (c) who      (d) when

**6** People _____ children attend school are concerned about improving the nation's education system and making sure teachers are of the best quality.

(a) who      (b) whose      (c) which      (d) that

**7** Dana lost her wallet on her way to work last Monday. Fortunately, the man _____ brought it to the police station immediately and she was able to pick it up.

(a) whose found her wallet
(b) whom found her wallet
(c) that he found her wallet
(d) who found her wallet

**8** Meyers Productions will be holding a press conference this weekend to announce several upcoming films. Fiona Adams, _____, will respond to questions from the media.

(a) that is the CEO of the company
(b) whoever is the CEO of the company
(c) who is the CEO of the company
(d) whose the CEO of the company is

정답 · 해석 · 해설 p.50

## Vocabulary

2 vote v. 투표하다  presidential adj. 대통령의  election n. 선거
  register v. 등록하다  electoral adj. 유권자의, 선거의
3 participate in phr. ~에 참석하다
4 make a noise phr. 소음을 내다

5 astronomer n. 천문학자  Pluto n. 명왕성  observatory n. 관측소
6 attend v. 다니다, 참석하다  improve v. 개선하다
7 fortunately adv. 다행히도
8 upcoming adj. 곧 공개될, 다가오는  respond v. 답하다

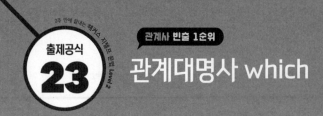
# 관계대명사 which

**1** 주격 관계대명사 which는 사물 선행사를 받으며, 'which + 동사 ~'의 어순으로 쓴다.

The train **which** is at platform 9 is heading for Vienna.
(= **The train** is heading for Vienna. + **It** is at platform 9.)

9번 승강장에 있는 열차는 비엔나로 향할 것이다.

➡ 주격 관계대명사 which가 사물 선행사 the train을 받으며, 관계절 안에서 주어 It의 역할을 대신한다.

**2** 관계대명사 which는 보통 that으로 바꾸어 쓸 수 있지만, 콤마(,) 다음에 오는 경우에는 that으로 바꾸어 쓸 수 없다.

He will lend me <u>the CD</u> **which/that** I requested.

그는 내가 요청했던 CD를 나에게 빌려줄 것이다.

➡ 사물 선행사 the CD를 받는 관계대명사 which는 that으로 바꾸어 쓸 수 있다.

<u>These chairs</u>, (**which**/~~that~~) are made of wood, are now sold at furniture stores.

이 의자들은, 나무로 만들어진 것인데, 현재 가구점에서 판매된다.

➡ 사물 선행사 These chairs에 대한 부연 설명을 하기 위해, 콤마(,) 다음에 주격 관계대명사 which가 와서 계속적 용법으로 사용되었다. 관계대명사 that도 사물 선행사를 받을 수 있지만, 계속적 용법으로 콤마 뒤에는 쓸 수 없다.

> **TIP**
> 지텔프에서 관계대명사 which는 거의 항상 콤마 다음에 오는 계속적 용법으로 출제된다.

**3** 목적격 관계대명사 which는 관계절 안에서 목적어 역할을 하며, 'which + 주어 + 동사 ~'의 어순으로 쓴다.

Elise bought <u>the camera</u> **which** she saw at the store.
(= Elise bought **the camera**. + She saw **it** at the store.)

Elise는 상점에서 봤던 카메라를 샀다.

➡ 목적격 관계대명사 which가 사물 선행사 the camera를 받으며, 관계절 안에서 목적어 it의 역할을 대신한다.

> **TIP**
> 지텔프 관계사 문제에서 which가 정답으로 출제되는 경우에는 거의 항상 주격 관계대명사이다. 목적격 관계대명사로서의 which는 정답으로 아주 간혹 출제된다.

**1** The new bypass through Oldstown, _____ was proposed by Mayor Lewis, has been criticized by many residents of the city.

(a) which      (b) where      (c) that      (d) who

**2** Albert Einstein's theory of general relativity, _____ was published in 1916, changed how astronomers view the universe.

(a) that      (b) when      (c) who      (d) which

**3** Emma's car, _____ was purchased last week, was severely damaged in an accident on Saturday when she collided with another car.

(a) which      (b) when      (c) who      (d) that

**4** The Newton College Library, _____ the college completed in 2018, now has 14 study rooms on the second floor.

(a) where      (b) which      (c) that      (d) who

**5** NT Incorporated's newest laptop, _____ features a 15-inch monitor, has received largely positive reviews from consumers since its release.

(a) who      (b) that      (c) which      (d) whose

**6** This recently refurbished one-bedroom apartment, _____ costs $1,400 per month, is within Tom and Sheila's budget for accommodation.

(a) that      (b) where      (c) who      (d) which

**7** Steve Williams, the Dallas Rangers' star player, may not play with the team next season. His contract, _____, has not been renewed by the team's owner.

(a) when ends this year
(b) that ends this year
(c) which ends this year
(d) who ends this year

**8** Parson's Electronics has announced that it will be closing its factory on the outskirts of Berlin. This facility, _____, employs over 500 people in the region.

(a) where opened 30 years ago
(b) when it opened 30 years ago
(c) that opened 30 years ago
(d) which opened 30 years ago

정답·해석·해설 p.50

## Vocabulary

1 bypass n. 우회로 propose v. 제안하다 criticize v. 비판하다
2 theory of general relativity phr. 일반 상대성 이론
  publish v. 발표하다, 발간하다 universe n. 우주
3 purchase v. 구입하다 damage v. 훼손하다 collide v. 충돌하다
4 complete v. 완공하다, 완성하다

5 feature v. ~을 특징으로 하다 release n. 출시, 발매
6 refurbish v. 개조하다 budget n. 예산
  accommodation n. 거처, 숙박
7 contract n. 계약 renew v. 연장하다, 갱신하다
8 outskirt n. 외곽 employ v. 고용하다

**①** 주격 관계대명사 that은 사람, 사물 선행사를 모두 받으며, 'that + 동사 ~'의 어순으로 쓴다.

I carpool with <u>two women</u> **that** work near my office.

(= I carpool with **two women**. + **They** work near my office.)

나는 내 사무실 근처에서 일하는 두 여성과 차를 함께 탄다.

➡ 주격 관계대명사 that이 사람 선행사 two women을 받으며, 관계절 안에서 주어 They의 역할을 대신한다.

He got on <u>the bus</u> **that** goes to the airport.

(= He got on **the bus**. + **It** goes to the airport.)

그는 공항으로 가는 버스를 탔다.

➡ 주격 관계대명사 that이 사물 선행사 the bus를 받으며, 관계절 안에서 주어 It의 역할을 대신한다.

**②** 관계대명사 that은 계속적 용법으로 콤마(,) 다음에는 올 수 없다.

Ms. Perez met with <u>the consultant</u>, (**who** / ~~that~~) provided advice on reducing costs.

Ms. Perez는 자문위원을 만났는데, 그는 비용을 절감하는 것에 관한 조언을 제공해주었다.

➡ 관계대명사 that은 계속적 용법으로 콤마(,) 뒤에는 쓸 수 없다.

**③** 목적격 관계대명사 that은 관계절 안에서 목적어 역할을 하며, 'that + 주어 + 동사 ~'의 어순으로 쓴다.

Eva accepted <u>the promotion</u> **that** her supervisor offered.

(= Eva accepted **the promotion**. + Her supervisor offered **it**.)

Eva는 그의 상사가 제안한 승진을 받아들였다.

➡ 목적격 관계대명사 that이 사물 선행사 the promotion을 받으며, 관계절 안에서 목적어 it의 역할을 대신한다.

> **TIP**
>
> 지텔프 문법 영역에서 관계대명사 that은 거의 항상 사물 선행사를 받는 주격 관계대명사로 출제되며, 목적격 관계대명사
> 로는 간혹 출제된다.

**1** As part of its latest budget, the government has announced a plan to increase funding for programs _____ benefit low-income families.

(a) where      (b) when      (c) who      (d) that

**2** The research project _____ was assigned by Professor Lee will take several weeks for his students to complete.

(a) that      (b) whom      (c) who      (d) when

**3** The parcel _____ arrived at Lisa's house yesterday includes clothing she ordered from a shop last week.

(a) when      (b) who      (c) that      (d) where

**4** The policy _____ takes effect next month will allow employees to take three additional sick days each year.

(a) that      (b) who      (c) when      (d) where

**5** One of the wonders of the ancient world, the Great Pyramid of Giza is a massive structure _____ Egyptians built over 4,000 years ago.

(a) when      (b) whom      (c) who      (d) that

**6** Jacob took pictures of the flowers _____ were growing in the park near his house.

(a) who      (b) that      (c) whose      (d) where

**7** American fashion chain Para Fashions announced plans to build a second store in China later this year. The branch _____ has already attracted thousands of customers.

(a) where launched last month in Shanghai
(b) when launched last month in Shanghai
(c) who launched last month in Shanghai
(d) that launched last month in Shanghai

**8** David Johnson is currently running for city council. However, he is considering ending his campaign before the election. This is because a poll _____ shows his opponent with a significant lead.

(a) which it was recently conducted
(b) whose was recently conducted
(c) that was recently conducted
(d) when it was recently conducted

정답·해석·해설 p.51

## Vocabulary

1 benefit v. 도움이 되다   low-income adj. 저소득의
2 assign v. 할당하다
3 parcel n. 소포   clothing n. 옷
4 policy n. 정책   take effect phr. 발효되다   sick day phr. 병가

5 wonder n. 불가사의   ancient adj. 고대의   massive adj. 거대한
7 branch n. 지점   attract v. 유치하다   launch v. 출범하다
8 run for phr. 출마하다   poll n. 여론 조사   opponent n. 상대   lead n. 우세   conduct v. 시행하다

# 출제공식 25 관계부사 where / when

 관계부사 where는 장소 선행사를 받고, 관계부사 when은 시간 선행사를 받으며, 'where / when + 주어 + 동사 ~'의 어순으로 쓴다.

I want to visit <u>the place</u> **where** Jerry took these pictures.
나는 Jerry가 이 사진들을 찍은 장소에 가보고 싶다.

➡ 선행사가 장소 the place이므로 관계부사 where가 쓰였다.

Friday is <u>the day</u> **when** the sale will finish.
금요일은 할인이 종료될 날이다.

➡ 선행사가 시간 the day이므로 관계부사 when이 쓰였다.

 관계부사 다음에는 완전한 절이 온다.

There was <u>a time</u> **when** this restaurant served hundreds of customers each day.
이 식당이 매일 수백 명의 고객들을 대접하던 시기가 있었다.

➡ 관계부사 when 다음에 주어(this restaurant), 동사(served), 목적어(customers)가 모두 갖춰진 완전한 절이 왔다.

<u>The zoo</u> (**where** / ~~that~~) we saw polar bears has closed down.
우리가 북극곰을 봤던 동물원이 문을 닫았다.

➡ 뒤에 주어(we), 동사(saw), 목적어(polar bears)를 모두 갖춘 완전한 절이 있으므로, 관계대명사 that이 아닌 관계부사 where가 와야 한다. 관계대명사 다음에는 주어나 목적어 등이 빠진 불완전한 절이 온다.

**3** 관계부사 when은 부사절 접속사의 역할을 하기도 한다.

관계부사절    <u>The date</u> **when** I started this job was February 28.
내가 이 회사에 다니기 시작한 날짜는 2월 28일이었다.

부사절    (**When** / ~~Which~~) the winner was announced at 9 o'clock, the audience applauded.
9시에 우승자가 발표되었을 때, 청중은 박수를 쳤다.

➡ when이 이끄는 절이 부사절인 경우에는 선행사가 없다.

> **TIP**
> 지텔프 문법 영역에서 when은 보통 관계부사로 출제되며, 부사절을 이끄는 접속사로는 아주 간혹 출제된다. 부사절 접속사로 출제된 경우에도 보기에는 여러 절이 주어지며, 문맥을 통해 부사절 접속사 자리에 when이 들어가야 한다는 것을 파악해야 한다. 보통은 부사절 내에 시간을 나타내는 단서가 주어지므로, when을 정답으로 쉽게 고를 수 있다.

**1** Normally the home ground of Manchester FC, the stadium _____ the championship football game will be held has seats for 15,000 spectators.

(a) that        (b) which        (c) where        (d) when

**2** The 16th century was a period of upheaval _____ many European countries fought wars.

(a) which        (b) who        (c) where        (d) when

**3** Young people who were born after the millennium probably can't imagine a time _____ there was no Internet.

(a) where        (b) who        (c) which        (d) when

**4** The Golden Horn Restaurant in Hartford, _____ Greg will meet his friends tomorrow, specializes in Italian food from Tuscany.

(a) where        (b) when        (c) that        (d) which

**5** The exact day _____ Able Accounting's new branch office will open has not been determined yet.

(a) who        (b) whom        (c) when        (d) where

**6** The Lyman Building, _____ Tara's office is located, has six floors of parking and is connected by a bridge to a shopping center.

(a) which        (b) that        (c) where        (d) when

**7** The environmental group Earth Alliance plans to hold a fundraiser next month. The management of the hotel _____ has agreed to provide food at no charge.

(a) that the event will be held
(b) where the event will be held
(c) who the event will be held
(d) which the event will be held

**8** Luke is very excited about his upcoming summer vacation. He intends to spend three weeks in Europe, visiting four different countries. On June 17, _____, he will fly to Paris.

(a) which Luke's vacation begins
(b) who Luke's vacation begins
(c) when Luke's vacation begins
(d) where Luke's vacation begins

정답·해석·해설 p.52

### Vocabulary

1 normally adv. 보통, 일반적으로   spectator n. 관중
2 upheaval n. 격변, 격동
3 millennium n. 새천년
4 specialize in phr. ~을 전문으로 하다

5 accounting n. 회계(학)   determine v. 정하다, 결정하다
7 environmental adj. 환경의   fundraiser n. 기금 모금 행사
   management n. 경영진   at no charge phr. 무료로
8 upcoming adj. 다가오는   intend to phr. ~할 계획이다

# HACKERS TEST

**01** Polson Legal Services has revealed that it will be moving from its offices in the Brighton building to new premises in Plaza Tower. This office complex, _____, is more conveniently located for the firm's clients.

(a) that is on Center Avenue
(b) where is on Center Avenue
(c) who is on Center Avenue
(d) which is on Center Avenue

**02** The city will no longer provide discounted public transportation passes to the elderly and will instead charge senior citizens full adult fares. The mayor, _____, defended the policy by saying it was financially necessary.

(a) when was reelected last month
(b) who was reelected last month
(c) which was reelected last month
(d) that was reelected last month

**03** Several of the best baseball teams in the country are participating in the state finals in Detroit this week. The team _____ will go on to compete in the national championship next month.

(a) when wins the tournament
(b) whom wins the tournament
(c) whose wins the tournament
(d) that wins the tournament

**04** Harold was really happy with the deal he got on the used car he purchased yesterday. After a long negotiation, the person _____ agreed to reduce the price by $500.

(a) who was selling the vehicle
(b) whom was selling the vehicle
(c) where was selling the vehicle
(d) when was selling the vehicle

**05** Paul ordered a new set of wireless speakers from ST Electronics last week to play music in his apartment. However, the speakers _____ did not function properly, so he returned them for a refund.

(a) when were delivered to his house
(b) who were delivered to his house
(c) that were delivered to his house
(d) whose were delivered to his house

**06** Construction of the Statue of Liberty and its installation on Liberty Island in New York Harbor was completed in 1886. The monument, _____, has become one of the most popular tourist attractions in the United States.

(a) when attracts over 4 million visitors each year
(b) who attracts over 4 million visitors each year
(c) which attracts over 4 million visitors each year
(d) that attracts over 4 million visitors each year

**07** The recent arrival of Hurricane Irene caused widespread flooding throughout the eastern districts of Houston. The residents _____ during the storm will receive financial assistance from the government to help them repair.

(a) whose homes were damaged
(b) that homes were damaged
(c) which homes were damaged
(d) who homes were damaged

**08** Welting College will hold a freshman orientation fair on Monday in the main hall. The event, _____ by the college, will provide guides about the university's services and the various clubs on campus.

(a) which is entirely sponsored
(b) that is entirely sponsored
(c) when is entirely sponsored
(d) who is entirely sponsored

**09** The Tower of London is an iconic castle in London that is located on the banks of the Thames River. The building, _____, is one of the most popular tourist attractions in the city.

(a) that was constructed in 1285
(b) which was constructed in 1285
(c) who was constructed in 1285
(d) whose was constructed in 1285

**10** Wilton Department Store announced that it will have several promotional events this summer, starting in its bedding section. The sale _____ is expected to attract many customers looking for discounted linen.

(a) when starts on Monday next week
(b) where starts on Monday next week
(c) that starts on Monday next week
(d) who starts on Monday next week

**11** Mandy's favorite band, Radiohead, is playing an outdoor concert in the town square on Saturday evening, and she plans to go with her friends. The square _____ is opposite Brighton University.

(a) that the musical event is being held
(b) where the musical event is being held
(c) when the musical event is being held
(d) which the musical event is being held

**12** Kevin missed the first 15 minutes of the film because he was stuck in traffic and arrived at the theater late. Kevin was still standing in line to buy a ticket at 5 P.M., _____.

(a) whose the movie was starting
(b) who was starting the movie
(c) when the movie was starting
(d) where the movie was starting

CH 6

2주 만에 끝내는 해커스 지텔프 문법 Level 2

**13** Molten rock called lava is widely considered to be the greatest threat to human life during a volcanic eruption. However, the super-heated ash _____ is much more dangerous.

(a) who the volcano ejects
(b) that the volcano ejects
(c) where the volcano ejects
(d) whose the volcano ejects

**14** Brett will arrive in Dallas several hours later than was originally planned. The flight _____ is full, so he will be flying out in the afternoon and landing late this evening.

(a) when departs at 8:00 A.M.
(b) who departs at 8:00 A.M.
(c) where departs at 8:00 A.M.
(d) that departs at 8:00 A.M.

**15** Mayor Robbins confirmed that two new subway lines will be built to connect the city with suburban areas to the west. The subway system expansion, _____, will cost an estimated $45 million.

(a) which was approved by all city council members
(b) that was approved by all city council members
(c) who was approved by all city council members
(d) when was approved by all city council members

**16** Several employees have requested that the company change its overtime policy, which they claim is unfair. The HR manager, _____, will review the request when she returns to the office.

(a) that is currently on vacation
(b) who is currently on vacation
(c) whose is currently on vacation
(d) where it is currently on vacation

**17** Dolton Design is organizing a picnic for its employees and their families on Friday. Elm Park, _____, is located just two blocks from the firm's office and is easily accessible from the Elm Park train station.

(a) that the picnic will take place
(b) which the picnic will take place
(c) when the picnic will take place
(d) where the picnic will take place

**18** In 1950, the Nobel Committee surprised many when it announced the Nobel Peace Prize winner. Ralph Bunche, _____, was the first African-American to receive this award. During his career as a diplomat, he worked to end the Arab-Israeli conflict.

(a) whom it selected from among 77 nominees
(b) whose it selected from among 77 nominees
(c) which it selected from among 77 nominees
(d) that it selected from among 77 nominees

**19** Pacific University's library will be closed from today until May 21. Repairs must be made after a pipe burst, causing extensive flooding. Any books _____ will be replaced as soon as possible.

(a) which the water damaged them
(b) who the water damaged
(c) that the water damaged
(d) when the water damaged

**20** Rather than prepare food herself, Denise decided to hire a caterer for her wedding anniversary party. She was very pleased with her decision. Her friends _____ all thought the food was excellent.

(a) when attended the lunch-time event
(b) who attended the lunch-time event
(c) whose attended the lunch-time event
(d) which attended the lunch-time event

**21** Star Motors CEO Deborah Whyte will be retiring next year. The company will begin looking for a replacement immediately. The hiring process, _____, will be overseen by Peter Lee, the head of human resources.

(a) that will take approximately six months
(b) when will take approximately six months
(c) where will take approximately six months
(d) which will take approximately six months

**22** The Department of Labor recently declared that the unemployment rate has fallen to an all-time low. This is because nearly 400,000 new jobs were created over the past three months. The report _____ is available on the department's website.

(a) whom includes this information
(b) who includes this information
(c) that includes this information
(d) when includes this information

**23** On his way to work, Brad noticed that his neighbor was trying to load a heavy box into her car. Even though he was running late, Brad gave her a hand. The lady _____ was very grateful.

(a) whose Brad helped with the box
(b) which Brad helped with the box
(c) when Brad helped with the box
(d) whom Brad helped with the box

**24** Mount Pelée is a volcano located at the northern end of Martinique. On May 8, 1902, it erupted, killing around 30,000 people. The town of Saint-Pierre, _____, took many decades to rebuild.

(a) which the eruption completely devastated
(b) when the eruption completely devastated
(c) where the eruption completely devastated
(d) who the eruption completely devastated

정답·해석·해설 p.52

2주 만에 끝내는 해커스 지텔프 문법 Level 2

# 실전 모의고사

1. Janis and Leonard had to stop making their daughter's birthday cake and rush to the shop. They _____ the icing on the cake when they realized they had forgotten to buy candles.

   (a) will put
   (b) were putting
   (c) have put
   (d) put

2. Several hundred protesters gathered in front of city hall yesterday to demonstrate against a new proposal to construct a skyscraper next to a popular park. If a different site were selected, fewer people _____ the project.

   (a) had opposed
   (b) opposed
   (c) would oppose
   (d) have opposed

3. Westgate Plastics is experiencing a significant decline in profits due to increased competition. As a result, the CEO urges that each department head _____ ways to limit expenses and reduce operating costs.

   (a) to find
   (b) finds
   (c) found
   (d) find

4. Hadrian's Wall extends 177 kilometers across modern-day England, from the North Sea to the Irish Sea. This massive stone structure was built over 1,800 years ago _____ Roman-controlled territory from the Scottish tribes.

   (a) to protect
   (b) having protected
   (c) to have protected
   (d) to be protecting

5. Daniel does not think he will be able to attend the Summer Music Festival next weekend. Since last Thursday, he _____ for a ticket on the Internet, but it appears that there are none available.

   (a) will look
   (b) had looked
   (c) has been looking
   (d) will have looked

6. Management at Bristol Importers will implement a new mandatory policy to improve efficiency. Starting June 15, all staff members _____ submit a daily report listing their workload at the end of every day.

   (a) can
   (b) might
   (c) would
   (d) must

7. Oliver was pleased to hear that his application for a $5,000 scholarship from the government had been approved. If he had not received these funds, he _____ a part-time job to pay for his university tuition.

   (a) had taken
   (b) would have taken
   (c) will be taking
   (d) was taking

8. A scuba diver must swim up to the surface of the water at a rate no faster than 10 meters per minute. _____, nitrogen gas in the diver's body will expand, causing extreme pain and even possibly death.

   (a) Likewise
   (b) Instead
   (c) However
   (d) Otherwise

9. Most people dread _____ rats or cockroaches in a restaurant or hotel. Fortunately, the Municipal Health Board conducts regular health inspections of all businesses in the city.

   (a) having seen
   (b) to be seen
   (c) seeing
   (d) to see

10. Ann will have to wait a couple of hours to call her brother. He _____ *Parasite* with his friends right now, so he cannot answer his phone.

    (a) watches
    (b) is watching
    (c) watched
    (d) has been watching

11. The Miami Tigers have to win their next game to qualify for the finals. Many fans believe the Tigers _____ do this, and that they will eventually win the championship series.

    (a) can
    (b) must
    (c) may
    (d) would

12. Mayor Stevens announced that the plan to install new bike paths would have to be canceled. If he had known that the project's estimated cost was so high, he _____ it during the last city council meeting.

    (a) had not supported
    (b) did not support
    (c) would not have supported
    (d) would not support

13. Myers Electronics tried to negotiate a 20 percent discount on office supplies with West Coast Paper. But the company insisted that Myers Electronics _____ full price for all of its products.

(a) paying
(b) to pay
(c) paid
(d) pay

14. Beth told Adam that his favorite music group, The Famous Blue Raincoats, would be performing in their city next month. He refused _____ her and looked online to confirm that her information was accurate.

(a) to believe
(b) believe
(c) believing
(d) will believe

15. The presidential election will officially begin in just over 24 hours. By this time tomorrow, voters across the country _____ outside polling stations waiting for them to open.

(a) have stood
(b) will be standing
(c) are standing
(d) would have stood

16. Julian doesn't want to get a university degree, even though he is one of the best students at Vermont High School. However, if he applied to the most prestigious university in the country, the school _____ him.

(a) will admit
(b) had admitted
(c) would admit
(d) would have admitted

17. During their vacation, Bill and Kate spent two weeks on an island just off the coast of Vietnam. Their resort, _____, featured three large swimming pools and a luxurious spa.

(a) which was next to a beautiful white sand beach
(b) what was next to a beautiful white sand beach
(c) that was next to a beautiful white sand beach
(d) where was next to a beautiful white sand beach

18. Lansdowne Furniture is considering offering free shipping on orders over $100. This is because many customers object to _____ extra for shipping when they are already purchasing so much.

(a) having spent
(b) spent
(c) spending
(d) spend

19. National Hockey League players were not permitted to take part in the 2018 Winter Olympics as they had to play league games. Before this was announced, hockey fans _____ that their favorite professional players would participate. Many were disappointed by the decision.

(a) have been hoping
(b) had been hoping
(c) would hope
(d) will hope

20. Tourists will now have access to free airport shuttle buses in Chicago. There were insufficient funds to pay for this service _____ it was first proposed three years ago. However, several major hotels have recently agreed to cover all operating costs.

(a) when
(b) unless
(c) until
(d) although

21. Luna had to cancel her trip to Seattle this week because her passport had expired. Unluckily, she only noticed it had expired a day before her trip. If she had realized earlier, she _____ it in time to go to Seattle.

(a) had renewed
(b) has renewed
(c) would be renewing
(d) would have renewed

22. There have been several cases in which the media has made inaccurate assertions about celebrities. These types of errors can negatively affect the career of an actor or singer. Therefore, it is crucial that every journalist _____ information before making it public.

(a) to verify
(b) verifying
(c) verify
(d) is verifying

23. Brandon's neighbor claimed that he scratched her door when he was moving furniture into the building. She wanted him to pay over $100 for repairs. However, Brandon denied _____ the door and said he wouldn't give her any money.

(a) to damage
(b) damaged
(c) to have damaged
(d) damaging

24. The Battle of Waterloo in 1815 was a great victory for Great Britain over France. This is partly due to how effectively the British commander used the land. The place _____ included several features that made it more difficult for the French army.

(a) that the battle was fought
(b) where the battle was fought
(c) which the battle was fought
(d) when the battle was fought

25. James was recently offered a job with a company in Barcelona. However, he is unsure if he wants to relocate to another country. If he accepted the position in Spain, he _____ in a Spanish language class to help him adapt.

(a) has enrolled
(b) will be enrolling
(c) would have enrolled
(d) would enroll

26. Ms. Polson was recognized as the employee who has worked at Core Technologies the longest. She has spent almost her entire career there. By the time the company celebrates its 50th anniversary next year, she _____ there for over 35 years!

(a) will have been working
(b) has been working
(c) will work
(d) had worked

정답·해석·해설 p.57

1. The availability of vaccines to prevent diseases such as hepatitis B and measles has greatly benefited society. If these medicines had not been developed, many children _____ from serious illnesses.

   (a) had suffered
   (b) would have suffered
   (c) will have suffered
   (d) have suffered

2. There's a problem with the oven in the kitchen of Greg and Tina's wedding venue, so the food will be extremely late. By the time the food is ready, the guests _____ for two straight hours.

   (a) had been waiting
   (b) had waited
   (c) have waited
   (d) will have been waiting

3. A star in the final stage of its life cycle is known as a white dwarf. This type of star will darken and cool for millions of years _____ it finally loses all of the energy that generates light and heat.

   (a) no matter how
   (b) after all
   (c) until
   (d) even if

4. Folsom Electronics is considering a variety of methods to promote its latest model of smart television. Ms. Conner, the CEO, suggested _____ a social media campaign to advertise the new product.

   (a) to launch
   (b) launching
   (c) to be launched
   (d) have launched

5. After visiting a number of websites, Lisa realized that they offer airline tickets at much lower prices than her travel agent does. If she booked her flight online, she _____ over $300.

   (a) could have saved
   (b) saved
   (c) had saved
   (d) could save

6. The university decided to postpone the planned renovation of the lecture room for at least three weeks. Currently, many instructors _____ the lecture room to teach their classes.

   (a) are using
   (b) will use
   (c) had used
   (d) used

7. Jason received a parking ticket when he went to his friend's apartment for dinner. He did not know that people are not supposed _____ on the street in front of the building.

(a) parking
(b) to be parked
(c) to park
(d) will park

8. The Great Pacific Garbage Patch is an area of the northern Pacific Ocean where approximately 80,000 tons of plastic waste has collected. It is imperative that scientists and politicians _____ together to find a solution to this problem.

(a) to work
(b) work
(c) worked
(d) had worked

9. The new downtown park has put up signs asking people not to have barbecues. When the park was opened last year, many people _____ barbecues on the grass, which increased the risk of fire.

(a) will have
(b) have had
(c) have
(d) were having

10. Milton Consulting is struggling to find someone suitable to fill the open receptionist post. If the position _____ two years of relevant experience, more applicants would apply for the role.

(a) did not require
(b) would not have required
(c) has not required
(d) will not have required

11. Arthur has been unable to focus at work lately because he is not getting enough sleep. His little sister, _____, plays loud music until very late at night.

(a) that has the room next to his
(b) when has the room next to his
(c) which has the room next to his
(d) who has the room next to his

12. Jonathan Davis is one of the longest-serving staff members at the school, but he has rarely moved offices. Before he moved to a different floor last month, he _____ at the same desk for over 30 years.

(a) has been working
(b) had been working
(c) works
(d) has worked

13. It is highly unlikely that there will be a strike at Mira Motors' factory in California. The members of the union at that plant overwhelmingly favor _____ the company's latest contract offer.

(a) accepting
(b) have accepted
(c) accept
(d) to accept

14. Many people feel that the authorities are spending too much on national defense. As a result, the president commanded that the military _____ ways to reduce its budget requirements without putting the country at risk.

(a) to identify
(b) identify
(c) has identified
(d) identifies

15. Charles decided to take a week-long break from working on his novel. He _____ a lot lately, so he feels that he deserves some time to relax.

(a) will write
(b) had been writing
(c) will be writing
(d) has been writing

16. The first clash of the Spanish-American war was fought between the two countries' naval fleets in Manila Bay in 1898. The Spanish fleet failed _____ a single American ship and was completely wiped out by the end of the battle.

(a) to sink
(b) sink
(c) sinking
(d) have sunk

17. Jennifer's lease for her current apartment expires on August 31, and her landlord has refused her offer to renew it. Therefore, she _____ move out of her apartment on that day.

(a) may
(b) would
(c) will
(d) might

18. It was fortunate that the blizzard that covered New York City in half a meter of snow occurred on the weekend. If the storm had hit the city on a weekday, many people _____ problems returning home after work.

(a) have experienced
(b) would experience
(c) would have experienced
(d) experience

19. The Portman Cup Finals is one of the most important events in college basketball. The tournament, _____, involves 14 teams. Over 25 million sports fans across the country are expected to watch the games on TV.

   (a) which runs from May 28 to June 3
   (b) when runs from May 28 to June 3
   (c) who runs from May 28 to June 3
   (d) that runs from May 28 to June 3

20. Last week, Miles watched a documentary about how the beef industry contributes to global warming. It made him realize that he should buy less beef. From now on, Miles _____ beef only once a month.

   (a) has eaten
   (b) has been eating
   (c) will have eaten
   (d) will be eating

21. Many students in Professor Taylor's chemistry class have been complaining that the range of topics on the final exam is too broad. The professor _____ narrow it down next year but he has not made a final decision about it yet.

   (a) shall
   (b) might
   (c) ought to
   (d) must

22. EXO Corp. is currently under investigation due to allegations that its CEO, Jeff Bard, tried to bribe politicians. Under questioning, Mr. Bard said he did not recall _____ senators any money in exchange for government contracts.

   (a) has offered
   (b) to offer
   (c) offering
   (d) offer

23. Polson Law Firm asked its accountant to continue working past his planned date of retirement. The company is having difficulty hiring someone to take over his position. _____ its efforts to find a replacement, which included interviewing over 40 candidates, the firm has not found anyone.

   (a) Despite
   (b) Because of
   (c) Although
   (d) Before

24. Jenna's friend recommended that she join the Elmwood Fitness Center. However, she is not certain that she will follow this advice. If she signed up for a membership there, she _____ to pay six months' worth of fees in advance.

   (a) has needed
   (b) would have needed
   (c) would need
   (d) needs

25. An extremely powerful hurricane will make landslide near Galveston, Texas on Saturday morning. It is expected to cause widespread flooding in the region. As a result, the government has ordered that all residents _____ the area immediately.

(a) are evacuating
(b) have evacuated
(c) to evacuate
(d) evacuate


26. Leman's Supermarket announced yesterday that it would not be shutting down its store in Harrisburg. This was good news for people working at that location. Had the Harrisburg branch been closed, over 40 employees _____ their job.

(a) would have lost
(b) would lose
(c) will lose
(d) had lost

정답·해석·해설 p.62

1. Mr. Wilkins announced last month that he would be leaving his position as president of First National Bank. He _____ at the company since 1973 when he finally decided to retire.

   (a) works
   (b) has worked
   (c) had been working
   (d) will work

2. Auditions for the Illinois State University debate team are being held today, and students are invited to give a speech to show off their skill in public speaking. The individual _____ will be asked to join the team.

   (a) which delivers the best presentation
   (b) that delivers the best presentation
   (c) whom delivers the best presentation
   (d) when delivers the best presentation

3. Many people in Houston choose to drive to work from outside the city because it is cheaper than buying an annual train ticket. If the prices of tickets were lowered, more people _____ by train.

   (a) could commute
   (b) commute
   (c) had commuted
   (d) commuted

4. Researchers have determined that addictions are often influenced by social context and routine. For example, it is easier for people to give up _____ when they move to a new job, house, or even city.

   (a) smoked
   (b) to smoke
   (c) smoking
   (d) to be smoking

5. Hiring requirements for hospitals are becoming less strict as they are struggling to recruit people. Previously, many hospitals required that a nurse _____ a three-year degree course, but many will now accept vocational training qualifications.

   (a) will complete
   (b) completing
   (c) completes
   (d) complete

6. The HR department at Wilberforce Brothers held a customer service workshop last Saturday that was mandatory for all staff members. The employees _____ have been frustrated by this decision as they have been working a lot of overtime lately.

   (a) should
   (b) must
   (c) will
   (d) shall

7. Penny was shocked to hear that it was Sally's birthday the day before. If Penny _____ it was Sally's birthday, she could have baked a cake.

(a) had known
(b) would know
(c) will know
(d) knows


8. Helen rarely gets to meet her father these days, as his business forces him to be constantly on the move. He _____ London next month, so they plan to meet up there.

(a) visits
(b) visiting
(c) has been visiting
(d) will be visiting


9. Beijing's air quality will be particularly bad this week, with dangerous levels of particulate matter. Everyone must remember _____ a mask if they are staying outside for any length of time.

(a) to wear
(b) wearing
(c) had worn
(d) to have worn


10. Debra is worried that she took on too much work this year after signing up for so many classes. _____, Geoff is under a lot of pressure since he decided to do two majors.

(a) Similarly
(b) Moreover
(c) In fact
(d) Eventually


11. Aaron was waiting to see if house prices would go up before he sold his house, but they dropped significantly right before he had to sell it. If he had sold the property earlier, he _____ a lot more money.

(a) had made
(b) made
(c) would have made
(d) would make


12. A research team in the Arctic has discovered that plastic particles fall from the sky with snow in the region. It is vital that companies _____ the use of micro plastics while also reducing their reliance on single-use plastics.

(a) to avoid
(b) avoid
(c) are avoiding
(d) have avoided

13. After selling his company, Martin wanted to take his family out of the city so that his children could grow up surrounded by nature. As of this moment, he _____ a house in the countryside to live in.

(a) was building
(b) building
(c) built
(d) is building

14. Theodor Seuss Geisel, better known as Dr. Seuss, is a celebrated American children's author. Many of the books _____ are still popular with kids around the world.

(a) when he wrote during his long career
(b) that he wrote during his long career
(c) who he wrote during his long career
(d) where he wrote during his long career

15. Councilor Leanne Johnson proposed purchasing 75 new buses to reduce wait times for commuters. However, the transportation department states that they don't have enough drivers to use these vehicles. The city council will delay _____ the purchase until more drivers are hired.

(a) to approve
(b) has approved
(c) approving
(d) to be approving

16. Although he was a Barcelona player, there are rumors that Julio could go to their chief rivals in Madrid. If he transferred to Real Madrid, his previous fans _____ him.

(a) will have hated
(b) had hated
(c) would hate
(d) have hated

17. People caught abusing animals will face harsher sentences from today, after the passage of a new law. Many animal welfare activists _____ for this since an extreme case of animal cruelty was documented last year.

(a) have been campaigning
(b) are campaigning
(c) will campaign
(d) campaign

18. Max was happy to have given his first academic presentation at a conference, although it was far from perfect. It _____ have been much better, but he forgot to bring the USB containing his additional data.

(a) must
(b) could
(c) shall
(d) will

19. Communication between ants is mainly conducted using chemical signals called pheromones. Ants will release these signals _____ they are attacked, which allows other ants to either come to their defense or help them escape from the danger.

   (a) whoever
   (b) whichever
   (c) whenever
   (d) even though

20. The Denver Educational Association will hold an event celebrating academic excellence among students throughout the state on Monday. Several top students from our school will be absent on that day _____ the event on behalf of the school.

   (a) to attend
   (b) are attending
   (c) attend
   (d) will attend

21. My sister invited me to attend her graduation ceremony. She will finally receive her doctoral degree in biology on May 15. By then, she _____ at the University of Washington for over 10 years.

   (a) studied
   (b) will study
   (c) has studied
   (d) will have been studying

22. An eighteenth-century house that was once the home of the writer Virginia Woolf has been saved from destruction after a local campaign. If the council had allowed the building to be demolished, many people _____.

   (a) objected
   (b) would have objected
   (c) had objected
   (d) will have objected

23. The board of Life Products met to discuss ways to capitalize on their strong sales performance over the last six months. The members of the board agreed that the company _____ its prices in the next quarter.

   (a) raise
   (b) raises
   (c) raised
   (d) had raised

24. Terry was really happy when she finally picked up her new car. She drove home eager to show her family. Unfortunately, the car was badly dented when a truck suddenly drove into her while she _____ outside her building.

   (a) parks
   (b) has parked
   (c) parking
   (d) was parking

25. William is very excited because his manager invited him to attend the Desmond Graphical Design Conference next month. Participating in this event will enable him _____ with other people in his field.

   (a) have been networking
   (b) networking
   (c) to be networked
   (d) to network


26. Elena is having trouble in her Spanish classes, mainly because she never practices. If she studied more, she _____ it much easier to keep up with the class.

   (a) will find
   (b) would have found
   (c) would find
   (d) has found

정답·해석·해설 p.67

## G-TELP KOREA 공식 지정

2주 만에 끝내는
# 해커스
# 지텔프 LEVEL 2
# 문법

**개정 2판 7쇄 발행 2024년 10월 7일**

개정 2판 1쇄 발행 2021년 8월 30일

| | |
|---|---|
| 지은이 | 해커스 어학연구소 |
| 펴낸곳 | ㈜해커스 어학연구소 |
| 펴낸이 | 해커스 어학연구소 출판팀 |

| | |
|---|---|
| 주소 | 서울특별시 서초구 강남대로61길 23 ㈜해커스 어학연구소 |
| 고객센터 | 02-537-5000 |
| 교재 관련 문의 | publishing@hackers.com |
| 동영상강의 | HackersIngang.com |

| | |
|---|---|
| ISBN | 978-89-6542-433-8 (13740) |
| Serial Number | 02-07-01 |

외국어인강 1위,
해커스인강 HackersIngang.com

**해커스인강**

- 전문 스타강사의 **G-TELP 공식 기출문제** 동영상강의
- 시험에 나오는 주요 문법만 정리한 **G-TELP 문법 암기 노트**

영어 전문 포털,
해커스영어 Hackers.co.kr

**해커스영어**

- 무료 G-TELP 단기 고득점 비법 강의
- 무료 지텔프/공무원/세무사/회계사 **시험정보 및 학습자료**

헤럴드 선정 2018 대학생 선호브랜드 대상 '대학생이 선정한 외국어인강' 부문 1위

G-TELP KOREA 공식 지정

주 만베 끝내는

# 해커스
# 지텔프 LEVEL 2
# 문법

# 점수 잡는 해설집

해커스 어학연구소

2주 만에 끝내는

# 해커스
# 지텔프 LEVEL 2
# 문법

## 점수 잡는 해설집

해커스 어학연구소

| **1** (c) | **2** (b) | **3** (c) | **4** (a) | **5** (b) |
| **6** (a) | **7** (b) | **8** (d) | **9** (b) | **10** (b) |
| **11** (c) | **12** (a) | | | |

## 1 시제 현재진행        정답 (c)

해설  보기를 통해 시제 문제임을 알 수 있으므로, 시간 표현 관련 단서를 파악한다. 현재 시간 표현 right now가 사용되었고, 문맥상 Rebecca는 바로 지금 뉴욕시로 비행기를 타고 가는 중이라는 의미가 되어야 자연스럽다. 따라서 현재진행 시제 (c) is flying이 정답이다.

해석  Rebecca는 오늘밤 친구의 저녁 파티에 참석할 수 없을 것이다. 그녀는 예기치 않은 출장으로 그녀의 회사를 대표하여 바로 지금 뉴욕시로 비행기를 타고 가는 중이다.

어휘  **unable** adj. ~할 수 없는  **unexpected** adj. 예기치 않은

## 2 가정법 가정법 과거완료        정답 (b)

해설  보기와 빈칸 문장의 If를 통해 가정법 문제임을 알 수 있으므로, 가정법 공식의 동사 부분을 파악한다. if절에 'had p.p.' 형태의 had known이 있으므로, 주절에는 이와 짝을 이루어 가정법 과거완료를 만드는 'would(조동사 과거형) + have p.p.'가 와야 한다. 따라서 (b) would have waited가 정답이다.

해석  Peter는 NXT 노트북 컴퓨터가 할인되기 바로 전 주에 새 NXT 노트북 컴퓨터를 구매했다. 만약 그가 할인에 대해 알았더라면, 그는 한 주를 기다렸을 것이다.

어휘  **laptop** n. 노트북 컴퓨터

## 3 준동사 동명사를 목적어로 취하는 동사     정답 (c)

해설  보기를 통해 준동사 문제임을 알 수 있으므로, 빈칸 주변에서 단서를 파악한다. 빈칸 앞 동사 enjoy는 동명사를 목적어로 취하므로, 동명사 (c) spending이 정답이다.

[오답분석]
(d) having spent도 동명사이기는 하지만, 완료동명사(having spent)로 쓰일 경우 '즐기는' 시점보다 '보내는' 시점이 앞선다는 것을 나타내므로 문맥에 적합하지 않아 오답이다. 참고로 지텔프 문법 영역에서는 대부분의 경우 완료동명사가 정답으로 출제되지 않는다.

해석  한 조사는 미국인들이 보통 해외에서보다 미국 내에서 휴가를 보내기를 선호한다는 것을 시사한다. 미국에 머무르는 사람들

중에서, 대부분은 도시나 공원을 방문하는 것 대신 해변에서 시간을 보내는 것을 즐긴다.

어휘  **suggest** v. 시사하다, 제안하다  **prefer** v. 선호하다
      **abroad** adv. 해외에서  **spend** v. (시간을) 보내다

## 4 조동사 조동사 should 생략        정답 (a)

해설  보기와 빈칸 문장의 that절을 통해 조동사 should 생략 문제임을 알 수 있으므로, 빈칸 주변에서 단서를 파악한다. 주절에 제안을 나타내는 동사 recommend가 있으므로 that절에는 '(should +) 동사원형'이 와야 한다. 따라서 동사원형 (a) update가 정답이다.

해석  Pullman 주식회사의 웹사이트는 관리팀에 대한 아무런 세부 사항도 제공하지 않는다. 웹 디자이너는 회사가 이러한 정보를 포함하기 위해 사이트를 업데이트하는 것을 권고했다.

어휘  **provide** v. 제공하다  **detail** n. 세부 사항
      **recommend** v. 권고하다  **include** v. 포함하다

## 5 시제 미래진행        정답 (b)

해설  보기를 통해 시제 문제임을 알 수 있으므로, 시간 표현 관련 단서를 파악한다. 미래 시간 표현 Within the next few decades가 사용되었고, 문맥상 다음 몇 십 년 안에 기후 변화에서 살아남기에 충분히 부유한 사람들과 그렇지 않은 사람들로 나누어진 세상에서 살고 있을 것이라는 의미가 되어야 자연스럽다. 따라서 미래진행 시제 (b) will be living이 정답이다.

해석  연구는 기후 변화가 세계 빈민에 크게 영향을 미칠 것이라는 것을 보여준다. 다음 몇 십 년 안에, 우리는 기후 변화에서 살아남기에 충분히 부유한 사람들과 그렇지 않은 사람들로 나누어진 세상에서 살고 있을 것이다.

어휘  **research** n. 연구  **climate** n. 기후  **impact** v. 영향을 미치다
      **decade** n. 십 년  **divide** v. 나누다  **survive** v. 살아남다

## 6 관계사 주격 관계대명사 which        정답 (a)

해설  보기를 통해 관계사 문제임을 알 수 있으므로, 선행사 관련 단서를 파악한다. 사물 선행사 The book을 받으면서 콤마(,) 뒤에 올 수 있는 주격 관계대명사가 필요하므로, (a) which was published in March가 정답이다.

[오답분석]
(b) 관계대명사 that도 사물 선행사를 받을 수 있지만, 콤마 뒤에 올 수 없으므로 오답이다.

해석 한 유명한 작가가 그녀의 최신 작품 속 잘못된 정보로 인해 비판을 받았다. 그 책은, 3월에 출간되었는데, 몇몇 중요한 역사 용어들을 잘못 해석한 것에 기반을 둔 것으로 보인다.

어휘 criticize v. 비판하다 inaccurate adj. 잘못된, 부정확한 misread v. 잘못 해석하다 key adj. 중요한 term n. 용어

## 7 가정법 가정법 과거     정답 (b)

해설 보기와 빈칸 문장의 If를 통해 가정법 문제임을 알 수 있으므로, 가정법 공식의 동사 부분을 파악한다. if절에 과거 동사(had)가 있으므로, 주절에는 이와 짝을 이루어 가정법 과거를 만드는 'would(조동사 과거형) + 동사원형'이 와야 한다. 따라서 (b) would hire가 정답이다.

해석 GT 사의 새로운 제품 라인에 대한 마케팅 캠페인은 예산 제약 때문에 상당히 제한될 것이다. 만약 회사가 더 많은 돈을 가지고 있다면, 그들은 캠페인을 운영하기 위해 마케팅 대행사를 고용할 것이다.

어휘 constraint n. 제약 agency n. 대행사, 기관 run v. 운영하다

## 8 시제 과거진행     정답 (d)

해설 보기를 통해 시제 문제임을 알 수 있으므로, 시간 표현 관련 단서를 파악한다. 과거 시간 표현 last week가 사용되었고, 문맥상 교수님이 칠판에 글을 쓰고 있었을 때 휴대폰이 울리기 시작했다는 의미가 되어야 자연스럽다. 따라서 과거진행 시제 (d) was writing이 정답이다.

해석 나는 휴대폰을 무음으로 해두는 것을 늘 잊어버리지만, 그것은 보통은 문제가 되지 않는다. 그러나, 지난주 강의 중에, 교수님이 칠판에 글을 쓰고 있었을 때 휴대폰이 울리기 시작했고, 그는 매우 화가 났다.

어휘 silent adj. 무음의, 조용한 lecture n. 강의 ring v. 울리다

## 9 조동사 조동사 can     정답 (b)

해설 보기를 통해 조동사 문제임을 알 수 있으므로, 첫 문장부터 읽으며 문맥을 파악한다. 문맥상 가정용 음성 인식 기기는 어떤 것에 대한 음성 요청에도 답할 수 있다는 의미가 되어야 자연스러우므로, '~할 수 있다'를 뜻하면서 능력을 나타내는 조동사 (b) can이 정답이다.

오답분석
(a) might와 (d) may는 약한 추측, (c) should는 의무/당위성을 나타내어 문맥에 적합하지 않으므로 오답이다.

해석 Sally는 지난 달에 가정용 음성 인식 기기를 구입했다. 그것은 일기 예보부터 요리법에 이르기까지 어떤 것에 대한 음성 요청에도 답할 수 있으며, 곧 중요한 가정 도구가 되었다.

어휘 voice-activated adj. 음성 인식의 recipe n. 요리법

## 10 가정법 가정법 과거완료     정답 (b)

해설 보기와 빈칸 문장의 If를 통해 가정법 문제임을 알 수 있으므로, 가정법 공식의 동사 부분을 파악한다. if절에 'had p.p.' 형태의 had been passed가 있으므로, 주절에는 이와 짝을 이루어 가정법 과거완료를 만드는 'would(조동사 과거형) + have p.p.'가 와야 한다. 따라서 (b) would have had가 정답이다.

해석 공공장소에서의 흡연을 금지하는 제의가 거부되었다. 대부분의 사람들이 그 법을 지지했음에도 불구하고, 일부 기업들이 항의했다. 만약 그 법이 통과되었더라면, 많은 회사원들은 어디에서도(아무 데서도) 흡연할 수 없었을 것이다.

어휘 proposal n. 제의, 계획 ban v. 금지하다 reject v. 거부하다

## 11 연결어 접속부사     정답 (c)

해설 보기와 빈칸 뒤의 콤마를 통해 접속부사 문제임을 알 수 있으므로, 첫 문장부터 읽으며 문맥을 파악한다. 문맥상 역사학자들이 1929년의 주식 시장 붕괴가 대공황으로 이어졌다는 것에 의견이 일치하고, 하지만 그들은 무엇이 붕괴 그 자체를 야기했는지에 대해서는 의견이 다르다는 의미가 되어야 자연스럽다. 따라서 '하지만'이라는 의미의 대조를 나타내는 접속부사 (c) However가 정답이다.

오답분석
(a) Since는 '~ 이래로', (b) Therefore는 '그러므로', (d) As a matter of fact는 '사실은'이라는 의미로, 문맥에 적합하지 않아 오답이다.

해석 역사학자들은 1929년의 주식 시장 붕괴가 대공황으로 이어졌다는 것에 의견이 일치한다. 하지만, 그들은 무엇이 붕괴 그 자체를 야기했는지에 대해서는 의견이 다르다. 몇몇은 미국 은행들을 탓하는 반면, 다른 이들은 국제 무역을 탓한다.

어휘 stock n. 주식 blame v. 탓하다 international adj. 국제의

## 12 준동사 to 부정사의 부사 역할     정답 (a)

해설 보기를 통해 준동사 문제임을 알 수 있으므로, 빈칸 주변에서 단서를 파악한다. 빈칸 앞에 주어(they), 동사(go)가 갖춰진 완전한 절이 있으므로, 빈칸 이하는 문장의 필수 성분이 아닌 수식어구이다. 따라서 목적을 나타내며 수식어구를 이끌 수 있는 to 부정사 (a) to practice가 정답이다.

해석 올림픽 다이빙 선수들은 매우 열심히 노력해야 한다. 완벽한 다이빙을 하는 것은 치열한 훈련과 높은 수준의 체력을 모두 필요로 한다. 규칙적으로, 그들은 올림픽이 시작하기 전 수개월간 매일 연습하기 위해 수영장에 간다.

어휘 extremely adv. 매우 intense adj. 치열한, 극심한

## Chapter 1 시제

### 출제공식 01 현재진행 시제      p.32

**연습문제**

1 (b)     2 (a)     3 (d)     4 (a)     5 (c)

6 (c)

**지텔프 실전문제**

7 (c)     8 (a)

\* 시간 표현 단서는 해석에 초록색으로 표시되어 있습니다.

**1**   Janice는 그녀의 아파트 개조를 의논하기 위해 바로 지금 (right now) 인테리어 디자이너와 만나는 중이다.

**2**   나는 지금(now) 대학에서 경제학을 공부하고 있지만, 경영 학으로 전공을 바꾸고 싶다.

**3**   요즘(Nowadays), 정부는 국가의 수도 내 공기 질을 향상 시키기 위한 조치를 취하는 중이다.

**4**   David와 Lynn은 바로 지금(at the moment) 거실에서 텔레비전 프로그램을 시청하는 중이다.

**5**   가뭄이나 홍수와 같은 자연재해는 세계의 기온이 현재 (now) 상승하고 있기 때문에 더욱 자주 발생한다.

**6**   LC 산업의 몇몇 직원들은 컨벤션 센터에서 개최되고 있는 시애틀 기술 총회에 현재(currently) 참가하는 중이다.

**7**

해설   보기를 통해 시제 문제임을 알 수 있으므로, 시간 표현 관련 단서를 파악한다. 현재 시간 표현 at this time이 사용되었 고, 문맥상 Fiona는 현재 친구와 저녁을 먹는 중이라는 의미 가 되어야 자연스럽다. 따라서 현재진행 시제 (c) is eating 이 정답이다.

해석   Fiona는 우리와 만나서 커피를 마실 수 없다. 그녀는 현재 친 구와 저녁을 먹는 중이다. 우리는 아마 그녀와 내일 만날 수 있 을 것이다.

**8**

해설   보기를 통해 시제 문제임을 알 수 있으므로, 시간 표현 관 련 단서를 파악한다. 현재 시간 표현 these days가 사용

---

되었고, 문맥상 요즘 많은 도시 주민들이 항의하는 중이라는 의미가 되어야 자연스럽다. 따라서 현재진행 시제 (a) are complaining이 정답이다.

해석   시장은 쓰레기 수거 체계를 개선하고 수거를 더욱 자주 할 계 획이다. 이것은 수거되지 않은 쓰레기에 대해 요즘 많은 도시 주민들이 항의하는 중이기 때문이다.

### 출제공식 02 현재완료진행 시제      p.34

**연습문제**

1 (c)     2 (d)     3 (a)     4 (d)     5 (c)

6 (b)

**지텔프 실전문제**

7 (c)     8 (b)

\* 시간 표현 단서는 해석에 초록색으로 표시되어 있습니다.

**1**   2000년 이래로(Since 2000), 인도의 시골 지역 인구는 빠 르게 감소해오는 중이고, 이것은 그 지역에서의 높은 빈곤 율의 원인이 되어왔다.

**2**   프랑스 국가대표팀이 국제 하키 경기에서 패배한 이래로 (Ever since ~ lost), 그것은 재능이 있는 선수들을 모집해 오는 중이다.

**3**   Brett은 현재 3주 동안(for three weeks now) 그의 가족 과 함께 스페인과 프랑스를 여행해오는 중이다.

**4**   David Parker가 시의회에 3년 전(three years ago) 처 음 선출된 이래로(Since ~ was ~ elected), 그는 더 낮은 재산세를 주장해오는 중이다.

**5**   Mary는 대학에 입학한 이래로(since ~ enrolled) 주요 출 판사의 인턴십에 지원해오는 중이다.

**6**   Hamlet 식료품 잡화점은 현재 30년 넘게(for over 30 years now) 양질의 과일과 채소를 지역 음식점에 공급해 오는 중이다.

**7**

해설 보기를 통해 시제 문제임을 알 수 있으므로, 시간 표현 관련 단서를 파악한다. 현재완료진행 시제의 단서로 쓰이는 시간 표현 'since + 과거 동사/시점'(Since ~ was first proposed in 1916)이 사용되었고, 문맥상 천문학자들이 1916년부터 지금까지 계속해서 연구해오는 중이라는 의미가 되어야 자연스럽다. 따라서 현재완료진행 시제 (c) have been studying이 정답이다.

해석 블랙홀은 극도로 강력한 중력장을 가진 우주의 공간이다. 블랙홀의 존재가 1916년에 처음 제시된 이래로, 천문학자들은 이 현상을 주의 깊게 연구해오는 중이다.

**8**

해설 보기를 통해 시제 문제임을 알 수 있으므로, 시간 표현 관련 단서를 파악한다. 현재완료진행 시제의 단서로 쓰이는 시간 표현 '과거 동사 + from that point on'(moved ~ From that point on)이 사용되었고, 문맥상 베를린으로 이사했던 시점부터 지금까지 계속해서 언어 능력이 향상해오고 있다는 의미가 되어야 자연스럽다. 따라서 현재완료진행 시제 (b) have been improving이 정답이다.

오답분석

(a) 현재진행 시제는 특정 현재 시점에 진행 중인 일을 나타내므로, 과거 시점부터 현재 시점까지 지속되는 기간을 나타내는 'from that point on'과 함께 쓰이지 않으므로 오답이다.

해석 대학에서 졸업한 이후, Michael은 독일어를 공부하기 위해 베를린으로 이사했다. 그 때부터, 그의 언어 능력은 향상해오고 있고, 그는 언젠가 유창해지기를 희망한다.

**출제공식 03 과거진행 시제** p.36

**연습문제**

1 (d)    2 (b)    3 (a)    4 (c)    5 (c)
6 (b)

**지텔프 실전문제**

7 (c)    8 (d)

\* 시간 표현 단서는 해석에 초록색으로 표시되어 있습니다.

**1** 교수는 학생들이 기말시험을 치르고 있던 도중에(while) 교실을 돌아다녔다(walked around).

**2** 어제(yesterday) Anne이 Jacob에게 전화했을 때(When ~ called), 그는 특별 전시를 보기 위해 국립 미술관으로 가던 중이었다.

**3** 지난주에(last week) 이집트 축구팀이 결승전 경기를 했을 때(When ~ played), 전국의 많은 사람들이 텔레비전으로 경기를 시청하고 있었다.

**4** 대통령이 기자 회견을 하러 도착했을 때(when ~ arrived) 환경 단체들은 원자로 후보지에 대해 이미 항의하던 중이었다.

**5** 내가 대형 마케팅 발표를 시작하고 있었는데 바로 그 순간에(at that exact moment) 화재 경보가 울렸다(went off).

**6** 1850년에(in 1850) 캘리포니아 주가 만들어졌을 때(When ~ was formed), 10만 명도 안 되는 사람들이 그 지역에 살고 있었다.

**7**

해설 보기를 통해 시제 문제임을 알 수 있으므로, 시간 표현 관련 단서를 파악한다. 과거진행 시제의 단서로 함께 쓰이는 2가지 시간 표현 'when + 과거 동사'(When ~ went)와 'last + 시간 표현'(last Saturday)이 사용되었고, 문맥상 지난 토요일에 슈퍼마켓에 갔을 때 상점이 할인을 하던 중이었다는 의미가 되어야 자연스럽다. 따라서 과거진행 시제 (c) was holding이 정답이다.

해석 Paul은 보통 주말에 식료품을 사러 간다. 지난 토요일에 그가 슈퍼마켓에 갔을 때, 그 상점은 할인을 하던 중이었다. 그는 많은 품목들을 할인된 가격에 살 수 있었다.

**8**

해설 보기를 통해 시제 문제임을 알 수 있으므로, 시간 표현 관련 단서를 파악한다. 과거진행 시제의 단서로 쓰이는 시간 표현 'while절 + 과거 동사'(While ~ consulted)가 사용되었고, 문맥상 책을 쓰던 도중에 여러 전문가들과 상의했다는 의미가 되어야 자연스럽다. 따라서 과거진행 시제 (d) was writing이 정답이다.

해석 Lyman 출판사는 저명한 작가인 Greg Smith의 소설이 다음 달에 출간될 것이라고 발표했다. 그것은 프랑스 혁명 중의 파리를 배경으로 한다. 그가 책을 쓰던 도중에, Mr. Smith는 이 시기의 역사에 관해 여러 전문가들과 상의했다.

## 출제공식 04 과거완료진행 시제

p.38

### 연습문제

| 1 (d) | 2 (c) | 3 (a) | 4 (a) | 5 (b) |

6 (d)

### 지텔프 실전문제

7 (d)    8 (c)

\* 시간 표현 단서는 해석에 초록색으로 표시되어 있습니다.

**1** Craig의 항공기가 마침내 샌디에이고 공항에 도착했을 때(When ~ arrived), 그는 11시간 넘게(for over 11 hours) 이동해오던 중이었다.

**2** 1916년에(in 1916) 영국 여성이 투표권을 얻기 전에 (Before ~ received), 운동가들은 수십 년 동안(for decades) 국가의 차별적인 선거법에 대항하여 시위해오던 중이었다.

**3** 상하이에 있는 Desmond 주식회사의 공장은 지난주에 (last week) 문을 닫기 전까지(until ~ was shut down) 30년 동안(for 30 years) 운영되어오던 중이었다.

**4** Sally가 오늘 오전 11시에(at 11 a.m. this morning) 일어났을 때(When ~ woke up), 그녀는 대략 9시간 동안 (for ~ nine hours) 수면을 취해오던 중이었다.

**5** 1928년에(in 1928) 페니실린이 발견되기 전에(Before ~ was discovered), 의사들은 수 세기 동안(for centuries) 세균 감염을 치료하기 위한 효과적인 방법을 찾아오던 중이었다.

**6** Wendy는 지난주에(last week) 뉴욕으로 이사 가기 전까지(until ~ moved) 15년 동안(for 15 years) 로스앤젤레스에서 거주해오던 중이었다.

**7**

해설  보기를 통해 시제 문제임을 알 수 있으므로, 시간 표현 관련 단서를 파악한다. 과거완료진행 시제의 단서로 함께 쓰이는 2가지 시간 표현 'by the time + 과거 동사/시점'(By the time ~ completed ~ last fall)과 'for + 기간 표현'(for 12 years)이 사용되었고, 문맥상 학업을 끝마친 시점(과거)의 이전(대과거)부터 그 시점까지 12년 동안 대학에 재학해오던 중이었다는 의미가 되어야 자연스럽다. 따라서 과거완료진행 시제 (d) had been attending이 정답이다.

해석  Patricia는 경제학 박사 학위를 보유하고 있다. 지난 가을에 그녀가 학업을 끝마쳤을 무렵, 그녀는 12년 동안 대학에 재학

해오던 중이었다. 그녀는 현재 교수직을 찾고 있다.

**8**

해설  보기를 통해 시제 문제임을 알 수 있으므로, 시간 표현 관련 단서를 파악한다. 과거완료진행 시제의 단서로 함께 쓰이는 2가지 시간 표현 'at the time + 과거 동사'(At the time ~ was restored)와 'for + 기간 표현'(for 25 hours)이 사용되었고, 문맥상 전력이 복구된 시점(과거)의 이전(대과거)부터 그 시점까지 25시간 동안 전기 부족에 대처해오던 중이었다는 의미가 되어야 자연스럽다. 따라서 과거완료진행 시제 (c) had been coping이 정답이다.

해석  낙뢰는 1977년 뉴욕에 대규모 정전을 야기했다. 7월 14일에 전력이 복구되었을 때, 대부분의 도시 주민들은 25시간 동안 전기 부족에 대처해오던 중이었다.

## 출제공식 05 미래진행 시제

p.40

### 연습문제

| 1 (d) | 2 (c) | 3 (b) | 4 (a) | 5 (c) |

6 (c)

### 지텔프 실전문제

7 (b)    8 (a)

\* 시간 표현 단서는 해석에 초록색으로 표시되어 있습니다.

**1** 다음 NASA 우주선이 화성 대기에 진입할 때(When ~ enters), 과학자들은 우주선이 하강하면서 손상되지 않기를 바라고 있을 것이다.

**2** 네가 그들을 만나러 내일(tomorrow) 오후 2시보다 늦게 온다면(if ~ come) Jake와 Tara는 이미 공원에서 축구를 하고 있을 것이다.

**3** 많은 학생들은 오후 5시까지(until 5 p.m. this afternoon) 직업 박람회를 둘러보고 있을 것인데, 이는 50개가 넘는 기업들이 신입 사원을 모집하고 있기 때문이다.

**4** Bedford 백화점은 40주년을 맞아 다음 주말에(next weekend) 모든 상품에 대한 할인을 제공하고 있을 것이다.

**5** 당신이 시내에서 12월 31일을 기념하는 것을 계획하고 있다면(If ~ plan), 지하철이 오전 1시까지만 운행하는 중일 것임을 유념해주시기 바랍니다.

**6** 그녀의 집주인이 최종적으로 그녀의 지붕을 수리할 때까지 (Until ~ manages), Linda는 그녀의 부모님과 지내고 있

을 것이다.

**7**

해설 보기를 통해 시제 문제임을 알 수 있으므로, 시간 표현 관련 단서를 파악한다. 앞 문장에 미래 동사(will come)가 사용되었고, 문맥상 유권자 등록 시스템이 온라인상에서 활성화된 후 미래 시점에 공무원들이 등록 양식을 보내고 있을 것이라는 의미가 되어야 자연스럽다. 따라서 미래진행 시제 (b) will be sending이 정답이다.

해석 내년의 선거를 위한 유권자 등록 시스템은 목요일에 온라인상에서 활성화될 것이다. 이것이 진행되는 동안, 선거직 공무원들은 그것을 요청한 모든 사람들에게 등록 양식을 보내고 있을 것이다.

**8**

해설 보기를 통해 시제 문제임을 알 수 있으므로, 시간 표현 관련 단서를 파악한다. 현재 동사로 미래의 의미를 나타내는 조건의 부사절 'if + 현재 동사'(If ~ secures)가 사용되었고, 문맥상 계약을 얻어낸 후 미래 시점에 기업체를 옮기고 있을 것이라는 의미가 되어야 자연스럽다. 따라서 미래진행 시제 (a) will be moving이 정답이다.

해석 Brighthelm 사는 투손 신공항 주변의 지역을 개발하기 위한 계약을 따내려고 시도하고 있다. 그 회사는 업무를 수행하기 위해 전적으로 이전할 의향이 있다. 그것이 계약을 얻어낸다면, 그것은 신공항이 개항하는 대로 기업체를 옮기고 있을 것이다.

---

**출제공식 06 미래완료진행 시제**  p.42

**연습문제**
1 (d)   2 (a)   3 (c)   4 (b)   5 (a)
6 (c)

**지텔프 실전문제**
7 (c)   8 (d)

\* 시간 표현 단서는 해석에 초록색으로 표시되어 있습니다.

**1** 그의 현재 임기가 끝날 무렵이면(By the time ~ ends), Bradley 시장은 12년 동안(for 12 years) 공직에서 근무해오는 중일 것이다.

**2** Jason이 사무실에 도착할 무렵이면(By the time ~ arrives), 그의 동료들은 한 시간 동안(for an hour) 업무를 해오는 중일 것이다.

**3** 2040년 즈음에는(By 2040), 사람들은 수십 년 동안(for decades) 집과 직장에서 가상 현실 기기를 사용해오는 중일 것이다.

**4** Timothy가 그의 새 아파트로 이사 갈 무렵이면(By the time ~ moves), 그는 친구의 집에서 6주 동안(for six weeks) 머물러오는 중일 것이다.

**5** 올해 말 즈음에는(By the end of this year), Wilson 자동차는 3개월간(for three months) 그것의 최신형 SUV를 판매해오는 중일 것이다.

**6** 정부가 제안한 예산 증대가 시행되기 전에(before ~ takes effect) 의료 비용은 4년간(for four years) 증가해오는 중일 것이다.

**7**

해설 보기를 통해 시제 문제임을 알 수 있으므로, 시간 표현 관련 단서를 파악한다. 미래완료진행 시제의 단서로 함께 쓰이는 2가지 시간 표현 'when + 현재 동사'(When ~ moves out)와 'for + 기간 표현'(for almost 25 years)이 사용되었고, 문맥상 Danielle이 이사 나갈 때는 거의 25년간 부모님과 살아오는 중일 것이라는 의미가 되어야 자연스럽다. 따라서 미래완료진행 시제 (c) will have been living이 정답이다.

해석 Danielle은 마침내 부모님의 집에서 이사 나가기로 결심했다. 그녀는 좋은 직업을 가지고 있고 스스로 집세를 지불할 수 있다. 그녀가 이사 나갈 때는, 그녀는 거의 25년간 부모님과 살아오는 중일 것이다.

**8**

해설 보기를 통해 시제 문제임을 알 수 있으므로, 시간 표현 관련 단서를 파악한다. 미래완료진행 시제의 단서로 함께 쓰이는 2가지 시간 표현 'by the time + 현재 동사'(By the time ~ leaves)와 'for + 기간 표현'(for nine hours)이 사용되었고, 문맥상 Sarah가 도서관을 나설 무렵이면 9시간 동안 공부해오는 중일 것이라는 의미가 되어야 자연스럽다. 따라서 미래완료진행 시제 (d) will have been studying이 정답이다.

오답분석
(c) 미래진행 시제는 특정 미래 시점에 진행 중일 일을 나타내므로, 과거 또는 현재 시점부터 미래 시점까지 지속될 기간을 나타내는 'for + 기간 표현'과 함께 쓰이지 않으므로 오답이다.

해석 Sarah는 기말시험을 준비하기 위해 도서관에 갔다. 그녀는 도서관이 닫을 때까지 머무를 계획이다. 그녀가 도서관을 나설 무렵이면, 그녀는 9시간 동안 공부해오는 중이다.

| | | | | |
|---|---|---|---|---|
| 01 (d) | 02 (b) | 03 (a) | 04 (c) | 05 (d) |
| 06 (d) | 07 (b) | 08 (b) | 09 (d) | 10 (a) |
| 11 (c) | 12 (b) | 13 (c) | 14 (c) | 15 (d) |
| 16 (b) | 17 (d) | 18 (a) | 19 (d) | 20 (a) |
| 21 (d) | 22 (d) | 23 (c) | 24 (a) | 25 (d) |
| 26 (b) | 27 (d) | 28 (b) | 29 (d) | 30 (c) |
| 31 (c) | 32 (d) | 33 (a) | 34 (c) | 35 (d) |
| 36 (a) | | | | |

## 01 미래진행     정답 (d)

해설  보기를 통해 시제 문제임을 알 수 있으므로, 시간 표현 관련 단서를 파악한다. 미래 시간 표현 Tomorrow가 사용되었고, 문맥상 내일 그들은 그 도시의 몇몇 역사적인 장소들을 여행하는 중일 것이라는 의미가 되어야 자연스럽다. 따라서 미래진행 시제 (d) will be touring이 정답이다.

해석  Jenna와 Harry는 이번 주말의 보스턴 여행을 위해 많은 활동들을 마련했다. 내일, 그들은 그 도시의 몇몇 역사적인 장소들을 여행하는 중일 것이다. 그들은 보스턴 항구에서부터 시작할 계획이다.

어휘  **arrange** v. 마련하다  **historical** adj. 역사적인  **site** n. 장소

## 02 현재진행     정답 (b)

해설  보기를 통해 시제 문제임을 알 수 있으므로, 시간 표현 관련 단서를 파악한다. 현재 시간 표현 Right now가 사용되었고, 문맥상 바로 지금 천 명이 넘는 아이들이 프로그램에 참여하는 중이라는 의미가 되어야 자연스럽다. 따라서 현재진행 시제 (b) are participating이 정답이다.

해석  2년 전에, 빈곤 가정의 아이들을 위한 일련의 무료 보육원들이 문을 열었다. 그것들은 매우 인기 있는 것으로 드러났다. 바로 지금, 천 명이 넘는 아이들이 이 시설들의 프로그램에 참여하는 중이다.

어휘  **a chain of** phr. 일련의  **day care center** phr. 보육원  **prove** v. 드러내다, 입증하다  **participate** v. 참여하다

## 03 미래완료진행     정답 (a)

해설  보기를 통해 시제 문제임을 알 수 있으므로, 시간 표현 관련 단서를 파악한다. 미래완료진행 시제의 단서로 함께 쓰이는 2가지 시간 표현 'by + 미래 시점'(by 2100)과 'for + 기간 표현'(for decades)이 사용되었고, 문맥상 2100년 즈음에

는 기온이 수십 년 동안 상승해오는 중일 것이라는 의미가 되어야 자연스럽다. 따라서 미래완료진행 시제 (a) will have been increasing이 정답이다.

해석  2015년에, 185개 국가는 지구의 온도가 2도 넘게 오르는 것을 방지하기로 합의했다. 하지만, 이 목표를 달성하는 것은 현재 가망이 없어 보인다. 최근의 한 연구는 2100년 즈음에는 기온이 예상된 것보다 빠른 속도로 수십 년 동안 상승해오는 중일 것임을 보여준다.

어휘  **prevent** v. 방지하다  **unlikely** adj. 가망이 없는  **anticipate** v. 예상하다

## 04 현재완료진행     정답 (c)

해설  보기를 통해 시제 문제임을 알 수 있으므로, 시간 표현 관련 단서를 파악한다. 현재완료진행 시제의 단서로 쓰이는 시간 표현 'since + 과거 동사'(since ~ moved)가 사용되었고, 문맥상 William은 그 동네로 처음 이사 온 이래로 지금까지 계속해서 그곳에서 수영해오고 있다는 의미가 되어야 자연스럽다. 따라서 현재완료진행 시제 (c) has been swimming이 정답이다.

해석  Thornwood 지역 문화 회관은 모든 주민들이 최저 요금으로 이용할 수 있는 올림픽 규격의 수영장을 포함하고 있다. William은 그 동네로 처음 이사 온 이래로 그곳에서 일주일에 두 번 수영해오고 있다.

어휘  **minimal** adj. 최저의, 아주 적은  **charge** n. 요금

## 05 과거진행     정답 (d)

해설  보기를 통해 시제 문제임을 알 수 있으므로, 시간 표현 관련 단서를 파악한다. 과거진행 시제의 단서로 쓰이는 시간 표현 'while절 + 과거 동사'(While ~ was interrupted)가 사용되었고, 문맥상 최고 경영자가 기자 회견에서 상황을 설명하고 있던 도중에 영향을 받은 공장 근로자들의 시위에 의해 방해받았다는 의미가 되어야 자연스럽다. 따라서 과거진행 시제 (d) was explaining이 정답이다.

해석  RT 전자는 최근에 미국에 있는 3개 제조 공장의 계획된 폐쇄를 공고했다. 최고 경영자가 기자 회견에서 상황을 설명하고 있던 도중에, 그는 영향을 받은 공장 근로자들의 시위에 의해 방해받았다.

어휘  **manufacturing** n. 제조(업)  **plant** n. 공장  **interrupt** v. 방해하다

## 06 현재진행     정답 (d)

해설  보기를 통해 시제 문제임을 알 수 있으므로, 시간 표현 관련 단서를 파악한다. 보기에 현재 시간 표현 now가 사용되었고, 문맥상 시의회는 이 정책을 변경할지 지금 논의하는 중이라는 의미가 되어야 자연스럽다. 따라서 현재진행 시제 (d) is now debating이 정답이다. 참고로 보기에 현재 시간 표현 now가 포함된 경우, 문제를 읽지 않고도 현재진행 시제를 정답으로 고를 수 있다.

해석   브리지포트 시는 모든 공원과 다른 공공 휴식 공간에서 개들이 항상 목줄을 맬 것을 요구한다. 하지만, 반려 동물 주인 집단에 의해 제출된 탄원서에 대응하여, 시의회는 이 정책을 변경할지 지금 논의하는 중이다.

어휘   **require** v. 요구하다   **leash** v. (끈·줄 등으로) 매다
**in response to** phr. ~에 대응하여   **petition** n. 탄원서
**submit** v. 제출하다   **debate** v. 논의하다

## 07   과거완료진행       정답 (b)

해설   보기를 통해 시제 문제임을 알 수 있으므로, 시간 표현 관련 단서를 파악한다. 과거완료진행 시제의 단서로 함께 쓰이는 2가지 시간 표현 'when + 과거 동사/시점'(When ~ retired three weeks ago)과 'for + 기간 표현'(for over 22 years)이 사용되었고, 문맥상 Yolanda가 3주 전에 은퇴한 시점(과거)의 이전(대과거)부터 그 시점까지 22년이 넘는 기간 동안 요가 수업을 가르쳐오던 중이었다는 의미가 되어야 자연스럽다. 따라서 과거완료진행 시제 (b) had been teaching이 정답이다.

오답분석
(a) 과거진행 시제는 특정 과거 시점에 진행 중이었던 일을 나타내므로, 대과거 시점부터 과거 시점까지 지속된 기간을 나타내는 'for + 기간 표현'과 함께 쓰이지 않으므로 오답이다.

해석   Yolanda는 Bellmore 헬스클럽에서 요가 강사로 오랜 경력을 가졌다. 그녀가 3주 전에 은퇴했을 때, 그녀는 22년이 넘는 기간 동안 요가 수업을 가르쳐오던 중이었다.

어휘   **career** n. 경력   **instructor** n. 강사   **retire** v. 은퇴하다

## 08   미래완료진행       정답 (b)

해설   보기를 통해 시제 문제임을 알 수 있으므로, 시간 표현 관련 단서를 파악한다. 미래완료진행 시제의 단서로 함께 쓰이는 2가지 시간 표현 'by + 미래 시점'(By the end of the next semester)과 'for + 기간 표현'(for almost 30 years)이 사용되었고, 문맥상 다음 학기말 즈음에는 Warner 교수는 대학에서 거의 30년 동안 강의해오고 있을 것이라는 의미가 되어야 자연스럽다. 따라서 미래완료진행 시제 (b) will have been lecturing이 정답이다.

오답분석
(c) 미래진행 시제는 특정 미래 시점에 진행 중일 일을 나타내므로, 과거 또는 현재 시점부터 미래 시점까지 지속될 기간을 나타내는 'for + 기간 표현'과 함께 쓰이지 않으므로 오답이다.

해석   Warner 교수는 그의 건강 문제로부터 회복하고 나면

Longman 대학에서 생물학 수업을 다시 가르치기 시작할 것이다. 다음 학기말 즈음에는, 그는 그곳에서 거의 30년 동안 강의해오고 있을 것이다!

어휘   **resume** v. 다시 시작하다   **biology** n. 생물학
**recover** v. 회복하다   **semester** n. 학기   **lecture** v. 강의하다

## 09   과거진행       정답 (d)

해설   보기를 통해 시제 문제임을 알 수 있으므로, 시간 표현 관련 단서를 파악한다. 과거진행 시제의 단서로 쓰이는 시간 표현 'when + 과거 동사/시점'(When ~ began three years ago)이 사용되었고, 문맥상 그 계획이 3년 전에 시작되었을 때 많은 사람들은 가격이 알맞은 주택을 찾기 위해 애쓰는 중이었다는 의미가 되어야 자연스럽다. 따라서 과거진행 시제 (d) were struggling이 정답이다.

해석   호텔들을 저가 주택으로 개조하는 것은 도시의 주민들에게 크게 도움을 주었다. 그 계획이 3년 전에 시작되었을 때, 많은 사람들은 가격이 알맞은 주택을 찾기 위해 애쓰는 중이었다. 이 계획 덕분에, 주택의 평균 가격은 이제 훨씬 더 낮다.

어휘   **conversion** n. 개조, 전환   **average** adj. 평균의
**struggle** v. 애쓰다, 투쟁하다

## 10   미래진행       정답 (a)

해설   보기를 통해 시제 문제임을 알 수 있으므로, 시간 표현 관련 단서를 파악한다. 현재 동사로 미래의 의미를 나타내는 시간의 부사절 'if + 현재 동사'(If ~ accepts)가 사용되었고, 문맥상 만약 Grace가 그 일자리 제안을 받아들인다면 이 달 말 전에 샌디에이고로 이사하고 있을 것이라는 의미가 되어야 자연스럽다. 따라서 미래진행 시제 (a) will be moving이 정답이다.

해석   Grace는 최근에 캘리포니아 주립 대학의 교직을 제안받았다. 만약 그녀가 그 일자리 제안을 받아들인다면, 그녀는 이 달 말 전에 샌디에이고로 이사하고 있을 것이다.

어휘   **offer** v. 제안하다; n. 제안   **accept** v. 받아들이다

## 11   미래완료진행       정답 (c)

해설   보기를 통해 시제 문제임을 알 수 있으므로, 시간 표현 관련 단서를 파악한다. 미래완료진행 시제의 단서로 함께 쓰이는 2가지 시간 표현 'by the time + 현재 동사'(By the time ~ opens)와 'for + 기간 표현'(for over 50 years)이 사용되었고, 문맥상 Fresh Foods가 최신의 지점을 개업할 무렵이면 50년이 넘는 기간 동안 영업해오고 있을 것이라는 의미가 되어야 자연스럽다. 따라서 미래완료진행 시제 (c) will have been operating이 정답이다.

오답분석
(a) 미래진행 시제는 특정 미래 시점에 진행 중일 일을 나타

내므로, 과거 또는 현재 시점부터 미래 시점까지 지속될 기간을 나타내는 'for + 기간 표현'과 함께 쓰이지 않으므로 오답이다.

해석    Fresh Foods는 샌프란시스코 지역에서 가장 오래된 슈퍼마켓 체인점이다. 그 회사가 최신 지점을 개업할 무렵이면, 그것은 50년이 넘는 기간 동안 영업해오고 있을 것이다.

어휘    **branch** n. 지점, 지사   **operate** v. 영업하다, 운영하다

## 12 과거진행           정답 (b)

해설    보기를 통해 시제 문제임을 알 수 있으므로, 시간 표현 관련 단서를 파악한다. 과거진행 시제의 단서로 쓰이는 시간 표현 'when + 과거 동사/시점'(When ~ won ~ in 2009)이 사용되었고, 문맥상 팀이 2009년에 결승전에서 우승했을 때 크리스티아누 호날두는 이미 마드리드로 이적하고자 준비하던 중이었다는 의미가 되어야 자연스럽다. 따라서 과거진행 시제 (b) was already preparing이 정답이다.

> 오답분석
> (d) 과거 시제는 특정 과거 시점에 한창 진행 중이었던 일을 표현할 수 없으므로 오답이다.

해석    크리스티아누 호날두는 성공적인 마지막 시즌 이후 맨체스터 유나이티드에서 레알 마드리드로 떠났다. 팀이 2009년에 결승전에서 우승했을 때, 그는 이미 마드리드로 이적하고자 준비하던 중이었다.

어휘    **leave for** phr. ~로 떠나다   **prepare** v. 준비하다

## 13 현재진행           정답 (c)

해설    보기를 통해 시제 문제임을 알 수 있으므로, 시간 표현 관련 단서를 파악한다. 현재 시간 표현 As of this moment가 사용되었고, 문맥상 이 순간 그는 반드시 모든 명소를 볼 수 있게 하기 위해 여전히 여행 일정을 계획하는 중이라는 의미가 되어야 자연스럽다. 따라서 현재진행 시제 (c) is still planning이 정답이다.

해석    Liam은 파리의 문화 유산에 대한 다큐멘터리를 본 이래로 줄곧 파리 여행을 준비해오고 있다. 이 순간, 그는 반드시 모든 명소를 볼 수 있게 하기 위해 여전히 그의 여행 일정을 계획하는 중이다.

어휘    **heritage** n. 유산   **itinerary** n. 여행 일정
**make sure** phr. 반드시 ~하게 하다   **sight** n. 명소, 광경

## 14 과거진행           정답 (c)

해설    보기를 통해 시제 문제임을 알 수 있으므로, 시간 표현 관련 단서를 파악한다. 앞 문장들에 과거 동사/시점(attacked ~ on December 7, 1941 ~ were damaged or destroyed)이 사용되었고, 문맥상 일본군이 1941년 12월

---

7일에 진주만을 공격했지만, 다행히도 미국 항공 모함들이 비행기를 다른 기지로 운송하던 중이었으므로 피해를 입지 않았다는 의미가 되어야 자연스럽다. 따라서 과거진행 시제 (c) were delivering이 정답이다.

해석    일본군이 1941년 12월 7일에 진주만을 공격했다. 20개가 넘는 전함들이 손상되었거나 파괴되었고, 미 해군을 상당히 약화시켰다. 다행히도, 미국 항공 모함들이 비행기를 다른 기지로 운송하던 중이었으므로, 그것들은 피해를 입지 않았다.

어휘    **force** n. 군   **attack** v. 공격하다   **warship** n. 전함
**destroy** v. 파괴하다   **weaken** v. 약화시키다
**aircraft carrier** phr. 항공 모함   **harm** v. 피해를 주다

## 15 과거완료진행           정답 (d)

해설    보기를 통해 시제 문제임을 알 수 있으므로, 시간 표현 관련 단서를 파악한다. 과거완료진행 시제의 단서로 함께 쓰이는 2가지 시간 표현 'before + 과거 동사'(before ~ collapsed)와 기간 표현(three days straight)이 사용되었고, 문맥상 한 학생이 피로로 쓰러진 시점(과거)의 이전(대과거)부터 그 시점까지 잠을 자지 않고 3일 내내 공부해오고 있었다는 의미가 되어야 자연스럽다. 따라서 과거완료진행 시제 (d) had been studying이 정답이다. 참고로, 지속된 기간을 나타내는 표현 'for + 기간 표현'에서 전치사 for는 간혹 생략되기도 한다.

해석    학생들은 매년 이맘때는 극심한 시험 압박에 시달리며, 이는 그들의 건강을 위험에 처하게 할 수 있다. 최근의 한 사례로는, 한 학생이 피로로 쓰러지기 전에 잠을 자지 않고 3일 내내 공부해오고 있었다.

어휘    **intense** adj. 극심한   **pressure** n. 압박
**put at risk** phr. 위험에 처하게 하다   **case** n. 사례, 경우
**collapse** v. 쓰러지다, 무너지다   **exhaustion** n. 피로

## 16 현재진행           정답 (b)

해설    보기를 통해 시제 문제임을 알 수 있으므로, 시간 표현 관련 단서를 파악한다. 현재 시간 표현 at this time이 사용되었고, 문맥상 Dr. Wilkins는 현재 Southgate 병원에서 일하는 중이라는 의미가 되어야 자연스럽다. 따라서 현재진행 시제 (b) is working이 정답이다.

해석    Dr. Wilkins는 런던에 개인 병원을 개업할 것이다. 그는 현재 Southgate 병원에서 일하는 중이지만, 곧 그의 새로운 사업을 시작하기 위해 사직할 계획이다.

어휘    **private** adj. 개인의   **medical clinic** phr. 병원
**resign** v. 사직하다

## 17 미래진행           정답 (d)

해설    보기를 통해 시제 문제임을 알 수 있으므로, 시간 표현 관

련 단서를 파악한다. 문제에 명확한 시간 표현이 보이지 않으므로, 첫 문장부터 읽으며 문맥을 파악한다. 앞 문장에 현재 동사로 미래에 예정되어 있는 일을 나타내는 표현 'is scheduled for'가 사용되었고, 문맥상 Kyle은 토요일 오후에 예정되어 있는 세미나에서 투자하는 방법을 배우고 있을 것이라는 의미가 되어야 자연스럽다. 따라서 미래진행 시제 (d) will be learning이 정답이다.

오답분석

(a) 미래완료진행 시제는 과거 또는 현재부터 미래까지 투자하는 방법을 배워오고 있을 것이라는 의미로, 문맥에 적합하지 않으므로 오답이다.

해석 Kyle은 벨링햄 지역 문화 회관에서 토요일 오후에 3시간 동안 예정되어 있는 세미나에 등록했다. 그곳에서, 그는 상업용 부동산에 투자하는 방법을 배우고 있을 것이다.

어휘 **sign up** phr. 등록하다, 가입하다 **invest** v. 투자하다
**commercial** adj. 상업용의, 상업의 **real estate** phr. 부동산

## 18 현재완료진행　　　　　　　　정답 (a)

해설 보기를 통해 시제 문제임을 알 수 있으므로, 시간 표현 관련 단서를 파악한다. 현재완료진행 시제의 단서로 쓰이는 시간 표현 'for + 기간 표현 + now'(for 17 years now)가 사용되었고, 문맥상 Pearson and Johnson 사가 현재 17년 동안 중요한 기업과 정치 지도자들에게 법적인 서비스를 제공해오고 있다는 의미가 되어야 자연스럽다. 따라서 현재완료진행 시제 (a) has been providing이 정답이다.

오답분석

(b) 현재진행 시제는 특정 현재 시점에 진행 중인 일을 나타내므로, 과거 시점부터 현재 시점까지 지속되는 기간을 나타내는 'for + 기간 표현 + now'와 함께 쓰이지 않으므로 오답이다.

해석 Pearson and Johnson 사는 국내의 가장 훌륭한 법률 사무소 중 하나이다. 그것은 현재 17년 동안 중요한 기업과 정치 지도자들에게 법적인 서비스를 제공해오고 있다.

어휘 **respected** adj. 훌륭한, 높이 평가되는 **law firm** phr. 법률 사무소
**legal** adj. 법적인 **prominent** adj. 중요한 **political** adj. 정치의

## 19 미래완료진행　　　　　　　　정답 (d)

해설 보기를 통해 시제 문제임을 알 수 있으므로, 시간 표현 관련 단서를 파악한다. 미래완료진행 시제의 단서로 함께 쓰이는 2가지 시간 표현 'by the time + 현재 동사'(By the time ~ is over)와 'for + 기간 표현'(for over two hours)이 사용되었고, 문맥상 만남이 끝날 무렵이면 학장은 2시간이 넘는 시간 동안 신입생들과 이야기해오고 있을 것이라는 의미가 되어야 자연스럽다. 따라서 미래완료진행 시제 (d) will have been talking이 정답이다.

해석 Pullman 대학의 학장은 그들의 첫 학기를 논의하기 위해 모든 신입생들과 만나는 중이다. 만남이 끝날 무렵이면, 그녀는 2시간이 넘는 시간 동안 그들과 이야기해오고 있을 것이다.

어휘 **dean** n. 학장 **freshman** n. 신입생 **discuss** v. 논의하다

## 20 과거진행　　　　　　　　정답 (a)

해설 보기를 통해 시제 문제임을 알 수 있으므로, 시간 표현 관련 단서를 파악한다. 과거진행 시제의 단서로 쓰이는 시간 표현 'when + 과거 동사/시점'(When ~ arrived ~ yesterday morning)이 사용되었고, 문맥상 Dave가 어제 아침에 사무실에 도착했을 때 그의 동료들이 그를 위한 깜짝 생일 파티를 준비하던 중이었다는 의미가 되어야 자연스럽다. 따라서 과거진행 시제 (a) were setting up이 정답이다.

해석 Dave는 그의 회사 사람들이 얼마나 사려 깊은지 믿기지 않는다. 그가 어제 아침에 사무실에 도착했을 때, 그의 동료들은 그를 위한 깜짝 생일 파티를 준비하던 중이었다.

어휘 **thoughtful** adj. 사려 깊은 **set up** phr. 준비하다

## 21 미래완료진행　　　　　　　　정답 (d)

해설 보기를 통해 시제 문제임을 알 수 있으므로, 시간 표현 관련 단서를 파악한다. 미래완료진행 시제의 단서로 쓰이는 시간 표현 'by the time + 현재 동사'(By the time ~ starts)가 사용되었고, 문맥상 시즌이 시작될 무렵이면 축구 선수들은 오직 체력 단련 일과, 훈련 경기, 그리고 전술 준비만 해오고 있을 것이라는 의미가 되어야 자연스럽다. 따라서 미래완료진행 시제 (d) will have been doing이 정답이다.

오답분석

(b) 미래 시제는 미래에 대한 단순한 약속, 제안, 예측을 나타내므로, 특정 미래 시점에 한창 진행 중일 일을 표현할 수 없으므로 오답이다.

해석 축구 선수들은 그들의 경기 전에 가능한 한 많이 훈련할 필요가 있다는 것에 찬성했다. 시즌이 시작될 무렵이면, 그들은 오직 체력 단련 일과, 훈련 경기, 그리고 전술 준비만 해오고 있을 것이다.

어휘 **agree** v. 찬성하다, 동의하다 **fitness** n. 체력 단련
**routine** n. 일과 **tactical** adj. 전술의, 작전의
**preparation** n. 준비 **do nothing but** phr. 오직 ~만 하다

고난도
## 22 현재진행　　　　　　　　정답 (d)

해설 보기를 통해 시제 문제임을 알 수 있으므로, 시간 표현 관련 단서를 파악한다. 문제에 명확한 시간 표현이 보이지 않으므로, 첫 문장부터 읽으며 문맥을 파악한다. 앞 문장에 현재완료 동사(have pointed out)가 사용되었고, 문맥상 현재까지 도시가 충분한 자전거 도로를 가지고 있지 않다고 지적받

아왔기 때문에 현재 시의회가 도로를 건설하는 제안을 고려하는 중이라는 의미가 되어야 자연스럽다. 따라서 현재진행 시제 (d) is considering이 정답이다.

오답분석

(b) 현재 시제는 반복되는 일이나 습관, 일반적인 사실을 나타내므로, 특정 현재 시점에 한창 진행 중인 일을 표현할 수 없으므로 오답이다.

해석　많은 사람들은 도시가 충분한 자전거 도로를 가지고 있지 않다고 지적해왔다. 따라서, 시의회는 몇몇 주요 도로를 따라 도로를 건설하는 제안을 고려하는 중이다. 결정은 이 달 말에 발표될 것이다.

어휘　point out phr. 지적하다, 가리키다　sufficient adj. 충분한
proposal n. 제안　consider v. 고려하다

## 23　현재완료진행　정답 (c)

해설　보기를 통해 시제 문제임을 알 수 있으므로, 시간 표현 관련 단서를 파악한다. 현재완료진행 시제의 단서로 함께 쓰이는 2가지 시간 표현 'since + 과거 동사'(Since ~ was founded)와 'for + 기간 표현'(for the past two decades)이 사용되었고, 문맥상 Foreword 출판사가 설립된 이래로 지난 이십 년 동안 매년 새로운 지사를 개업해오고 있다는 의미가 되어야 자연스럽다. 따라서 현재완료진행 시제 (c) has been opening이 정답이다.

해석　Foreword 출판사는 나라에서 가장 큰 도서 및 잡지 유통업체 중 하나이다. 그것이 설립된 이래로, 그 회사는 지난 이십 년 동안 매년 새로운 지사를 개업해오고 있다.

어휘　retailer n. 유통업체, 소매점　found v. 설립하다

## 24　미래진행　정답 (a)

해설　보기를 통해 시제 문제임을 알 수 있으므로, 시간 표현 관련 단서를 파악한다. 앞 문장들에 현재 동사로 미래에 예정되어 있는 일을 나타내는 표현 'is planned for'와 미래 시점/동사(later this year ~ will use)가 사용되었고, 문맥상 올해 말에 연구원들은 잠수정을 사용하여 하강하는 중일 것이라는 의미가 되어야 자연스럽다. 따라서 미래진행 시제 (a) will be descending이 정답이다.

오답분석

(b) 미래완료진행 시제는 과거 또는 현재부터 미래까지 하강해오고 있을 것이라는 의미로, 문맥에 적합하지 않으므로 오답이다.

해석　올해 말에 마리아나 해구를 측량하기 위한 원정이 계획되어 있다. 연구원들은 특별히 고안된 잠수정을 사용할 것이다. 그들은 해구에서 가장 깊은 지점으로 하강하는 중일 것이고, 그곳은 해수면에서 10킬로미터 아래이다.

어휘　expedition n. 원정, 탐험　map v. (지도를 만들 목적으로) 측량하다
trench n. 해구　submersible n. 잠수정　descend v. 하강하다

## 25　과거완료진행　정답 (d)

해설　보기를 통해 시제 문제임을 알 수 있으므로, 시간 표현 관련 단서를 파악한다. 과거완료진행 시제의 단서로 쓰이는 시간 표현 'when + 과거 동사'(When ~ took a bow)가 사용되었고, 문맥상 연기자들이 인사했던 시점(과거)의 이전(대과거)부터 그 시점까지 사람들이 공연을 관람해오던 중이었다는 의미가 되어야 자연스럽다. 따라서 과거완료진행 시제 (d) had been watching이 정답이다.

해석　금요일 저녁에 있었던 벨몬트 극장의 연극은 관객에 의해 호평을 받았다. 연기자들이 공연의 말미에 인사했을 때, 그들의 공연을 관람해오던 중이었던 모든 사람들이 일어나서 갈채를 보냈다.

어휘　well received phr. 호평을 받은　audience n. 관객
take a bow phr. 인사하다　applaud v. 갈채를 보내다

## 26　과거진행　정답 (b)

해설　보기를 통해 시제 문제임을 알 수 있으므로, 시간 표현 관련 단서를 파악한다. 과거진행 시제의 단서로 쓰이는 시간 표현 'when + 과거 동사/시점'(When ~ arrived ~ this morning)이 사용되었고, 문맥상 Janet이 오늘 아침에 도착했을 때 학생들이 학습 공간의 전부를 이미 차지하고 있었다는 의미가 되어야 자연스럽다. 따라서 과거진행 시제 (b) were occupying이 정답이다.

해석　도서관의 학습실은 기말 고사를 준비하기 위한 가장 인기 있는 장소다. Janet이 오늘 아침 9시에 도착했을 때, 학생들은 이 학습 공간의 전부를 이미 차지하고 있었다.

어휘　occupy v. (시간·공간을) 차지하다

## 27　현재완료진행　정답 (c)

해설　보기를 통해 시제 문제임을 알 수 있으므로, 시간 표현 관련 단서를 파악한다. 현재완료진행 시제의 단서로 쓰이는 시간 표현 'since + 과거 동사'(Since ~ was enacted)가 사용되었고, 문맥상 최저 임금 인상 정책이 시행된 이래로 많은 소기업 소유주들이 불평해오고 있다는 의미가 되어야 자연스럽다. 따라서 현재완료진행 시제 (c) have been grumbling이 정답이다.

해석　정부는 저소득 근로자들의 재정 상태를 개선하기 위해 몇 해 전에 최저 임금을 인상했다. 이 정책이 시행된 이래로, 많은 소기업 소유주들은 증가한 인건비에 대해 불평해오고 있다.

어휘　minimum wage phr. 최저 임금　status n. 상태
enact v. (법률을) 시행하다　labor cost phr. 인건비
grumble v. 불평하다, 투덜대다

## 28 과거완료진행 　　　　　　　　　　　정답 (b)

해설　보기를 통해 시제 문제임을 알 수 있으므로, 시간 표현 관련 단서를 파악한다. 과거완료진행 시제의 단서로 함께 쓰이는 2가지 시간 표현 'until + 과거 동사/시점'(Until ~ took over in 2016)과 'for + 기간 표현'(for several years)이 사용되었고, 문맥상 Raymond Chung이 2016년에 인계받은 시점(과거)의 이전(대과거)부터 그 시점까지 회사는 몇 년 동안 수익에서의 상당한 감소를 겪어오던 중이었다는 의미가 되어야 자연스럽다. 따라서 과거완료진행 시제 (b) had been experiencing이 정답이다.

해석　Raymond Chung은 Mist 기술 사의 최고 경영자로서 일을 아주 잘 해내고 있다. 그가 2016년에 인계받기 전까지, 회사는 몇 년 동안 수익의 상당한 감소를 겪어오던 중이었다. 이제는, Mist 기술 사보다 더 수익성이 있는 국내 기업은 거의 없다.

어휘　take over phr. 인계받다　decline n. 감소, 하락　revenue n. 수익　profitable adj. 수익성이 있는

## 29 현재진행 　　　　　　　　　　　정답 (d)

해설　보기를 통해 시제 문제임을 알 수 있으므로, 시간 표현 관련 단서를 파악한다. 현재 시간 표현 Now가 사용되었고, 문맥상 현재 Patricia는 10명의 회계사로 이루어진 팀을 관리하고 있다는 의미가 되어야 자연스럽다. 따라서 현재진행 시제 (d) is managing이 정답이다.

해석　Patricia는 그녀의 회사에서 승진했고 이는 지난 달에 시행되었다. 현재, 그녀는 10명의 회계사로 이루어진 팀을 관리하고 있고 재무부의 부장에게 직접 보고한다.

어휘　receive a promotion phr. 승진하다　take effect phr. 시행되다　accountant n. 회계사　finance department phr. 재무부

## 30 미래진행 　　　　　　　　　　　정답 (c)

해설　보기를 통해 시제 문제임을 알 수 있으므로, 시간 표현 관련 단서를 파악한다. 미래 시간 표현 next week가 사용되었고, 문맥상 국회의원들은 새로운 정책을 시행할지에 대해 다음 주에 투표하는 중일 것이라는 의미가 되어야 자연스럽다. 따라서 미래진행 시제 (c) will be voting이 정답이다.

해석　휘발유와 다른 연료 제품들에 대한 세금을 인상하려는 제안된 법안이 상당히 갈등을 빚고 있다. 수개월 간의 논쟁 끝에, 국회의원들은 그 새로운 정책을 시행할지에 대해 다음 주에 투표하는 중일 것이다.

어휘　proposed adj. 제안된　legislation n. 법안　controversial adj. 갈등을 빚고 있는, 논란이 많은　lawmaker n. 국회의원, 입법자　implement v. 시행하다

## 31 현재완료진행 　　　　　　　　　　　정답 (c)

해설　보기를 통해 시제 문제임을 알 수 있으므로, 시간 표현 관련 단서를 파악한다. 문제에 명확한 시간 표현이 보이지 않으므로, 첫 문장부터 읽으며 문맥을 파악한다. 문맥상 현재까지 학생들이 대학 내 주차 시설의 부족을 비판해오는 중인 실태에 주목하게 했던 최근의 뉴스 기사라는 의미가 되어야 자연스럽다. 따라서 현재완료진행 시제 (c) have been criticizing이 정답이다.

해석　Western 대학은 내년에 거의 확실히 추가 주차장을 건설할 예정이다. 이것은 학생들이 대학 내 주차 시설의 부족을 비판해오는 중인 실태에 주목하게 했던 최근의 뉴스 기사 때문이다.

어휘　construct v. 건설하다　recent adj. 최근의　draw attention to phr. ~에 주목하게 하다　criticize v. 비판하다

## 32 미래완료진행 　　　　　　　　　　　정답 (d)

해설　보기를 통해 시제 문제임을 알 수 있으므로, 시간 표현 관련 단서를 파악한다. 미래완료진행 시제의 단서로 함께 쓰이는 2가지 시간 표현 'by the time + 현재 동사'(By the time ~ holds)와 'for + 기간 표현'(for approximately 10 years)이 사용되었고, 문맥상 단체가 다음 행사를 개최할 무렵이면 Mr. Larson은 거의 10년 동안 동호회 활동에 참가해오고 있을 것이라는 의미가 되어야 자연스럽다. 따라서 미래완료진행 시제 (d) will have been taking part가 정답이다.

해석　Mr. Larson은 지역 하이킹 동호회의 장기 회원이다. 그 단체가 다음 행사를 개최할 무렵이면, 그는 거의 10년 동안 동호회 활동에 참가해오고 있을 것이다.

어휘　long-term adj. 장기의　local adj. 지역의　organization n. 단체, 조직　take part in phr. ~에 참가하다

## 33 과거완료진행 　　　　　　　　　　　정답 (a)

해설　보기를 통해 시제 문제임을 알 수 있으므로, 시간 표현 관련 단서를 파악한다. 과거완료진행 시제의 단서로 함께 쓰이는 2가지 시간 표현 'before + 과거 동사'(Before ~ commenced)와 'for + 기간 표현'(for over a year)이 사용되었고, 문맥상 침략이 시작된 시점(과거)의 이전(대과거)부터 그 시점까지 나폴레옹은 1년이 넘는 기간 동안 프랑스 시민들을 모집해오던 중이었다는 의미가 되어야 자연스럽다. 따라서 과거완료진행 시제 (a) had been recruiting이 정답이다.

해석　나폴레옹은 1812년 6월 24일에 러시아로 그의 군대를 이끌었다. 그 침략이 시작되기 전에, 나폴레옹은 1년이 넘는 기간 동안 프랑스 시민들을 모집해오던 중이었다. 그 결과, 그의 군대에는 45만 명이 넘는 군인들이 있었고, 이는 지금까지 그것

을 가장 큰 유럽 군대로 만들었다.

어휘 **invasion** n. 침략  **commence** v. 시작되다  **citizen** n. 시민
**to date** phr. 지금까지  **recruit** v. 모집하다

## 34 미래진행             정답 (c)

해설 보기를 통해 시제 문제임을 알 수 있으므로, 시간 표현 관련 단서를 파악한다. 미래 시간 표현 next year가 사용되었고, 문맥상 그 개선은 내년에 이루어지고 있을 것이라는 의미가 되어야 자연스럽다. 따라서 미래진행 시제 (c) will be taking place가 정답이다.

해석 생산성을 증진시키기 위해, Madden 산업은 그것의 모든 제조 공장에 새로운 장비를 설치할 계획이다. 그 개선은 내년에 7개월이 넘는 기간에 걸쳐 이루어지고 있을 것이다.

어휘 **output** n. 생산성  **install** v. 설치하다  **equipment** n. 장비
**take place** phr. 이루어지다, 발생하다

## 35 현재완료진행           정답 (d)

해설 보기를 통해 시제 문제임을 알 수 있으므로, 시간 표현 관련 단서를 파악한다. 문제에 명확한 시간 표현이 보이지 않으므로, 첫 문장부터 읽으며 문맥을 파악한다. 문맥상 현재까지 작업자들이 일주일 동안 그 카페를 다시 칠해오고 있기 때문에 Elise가 다른 곳에 가야 했다는 의미가 되어야 자연스럽다. 따라서 현재완료진행 시제 (d) have been repainting이 정답이다.

해석 Elise는 보통 매일 출근 길에 Java 상점에서 커피를 사 간다. 하지만, 작업자들이 일주일 동안 그 카페를 다시 칠해오고 있기 때문에 그녀는 다른 곳에 가야 했다.

어휘 **repaint** v. 다시 칠하다

## 36 과거완료진행            정답 (a)

해설 보기를 통해 시제 문제임을 알 수 있으므로, 시간 표현 관련 단서를 파악한다. 과거완료진행 시제의 단서로 함께 쓰이는 2가지 시간 표현 'before + 과거 동사/시점'(Before ~ started last year)이 사용되었고, 문맥상 캠페인이 작년에 시작된 시점(과거)의 이전(대과거)부터 그 시점까지 가정 소비율이 꾸준히 오르던 중이었다는 의미가 되어야 자연스럽다. 따라서 과거완료진행 시제 (a) had been rising이 정답이다.

해석 에너지부는 최근에 국민들의 전기 사용을 줄이기 위한 성공적인 캠페인을 진행했다. 그 캠페인이 작년에 시작되기 전에, 가정 소비율은 꾸준히 오르던 중이었다. 하지만, 그것들은 현재 20년 만에 처음으로 감소하고 있다.

어휘 **reduce** v. 줄이다  **electricity** n. 전기  **consumption** n. 소비
**steadily** adv. 꾸준히  **decline** v. 감소하다

# Chapter 2 가정법

## 출제공식 07 가정법 과거
p.54

### 연습문제
1 (a)   2 (c)   3 (d)   4 (c)   5 (b)
6 (d)

### 지텔프 실전문제
7 (d)   8 (a)

\* 가정법 과거 단서는 해석에 초록색으로 표시되어 있습니다.

1 만약(If) Geoff가 그의 생물학 수업에 조금만 더 주의를 기울인다면(were), 그는 교수의 강의를 더 잘 이해할 것이다.

2 만약(If) 내가 복권에 당첨된다면(won), 나는 부모님께 그들의 은퇴 생활 중에 거주할 큰 집을 사 드릴 것이다.

3 주민들은 만약(if) 시장이 대중교통을 위한 자금을 늘린다면(increased) 매일 통근하는 데 더 적은 시간을 들일 것이다.

4 만약(If) Shilton 산업에 충분한 수의 직원이 있다면(had), 그것은 새로운 직원들을 고용할 필요가 없을 것이다.

5 만약(If) 요즘 David에게 업무가 많지 않다면(didn't have), 그는 아마 그의 여동생이 새로운 아파트로 이사 가는 것을 도울 것이다.

6 만약(If) 전국의 모든 자선 단체가 그들이 정확히 어떻게 돈을 쓰는지 밝힌다면, 그들은 훨씬 더 많은 기부금을 받을 것이다(would get).

7
해설 보기와 빈칸 문장의 If를 통해 가정법 문제임을 알 수 있으므로, 가정법 공식의 동사 부분을 파악한다. if절에 과거 동사(were)가 있으므로, 주절에는 이와 짝을 이루어 가정법 과거를 만드는 'would(조동사 과거형) + 동사원형'이 와야 한다. 따라서 (d) would go가 정답이다.

해석 Mark는 직장에서 자주 피곤한데, 이것은 그가 업무에 집중하기 어렵게 만든다. 만약 내가 그라면, 나는 매일 밤 더 일찍 자러 갈 것이다.

8
해설 보기와 빈칸 문장의 If를 통해 가정법 문제임을 알 수 있으므로, 가정법 공식의 동사 부분을 파악한다. if절에 과거 동사(took)가 있으므로, 주절에는 이와 짝을 이루어 가정법 과거를 만드는 'would(조동사 과거형) + 동사원형'이 와야 한다. 따라서 (a) would definitely reduce가 정답이다.

해석 수술 후 합병증을 겪는 대부분의 환자들은 항생제에 관한 의사의 지시를 따르지 않는다. 만약 환자들이 지시받은 대로 약을 먹는다면, 그들은 감염이 발생할 가능성을 틀림없이 줄일 것이다.

## 출제공식 08 가정법 과거완료
p.56

### 연습문제
1 (d)   2 (c)   3 (b)   4 (d)   5 (a)
6 (d)

### 지텔프 실전문제
7 (d)   8 (a)

\* 가정법 과거완료 단서는 해석에 초록색으로 표시되어 있습니다.

1 만약(If) Mr. Cooper가 그의 주택의 제시 가격을 낮췄었다면(had lowered), 그는 그것을 훨씬 더 빨리 팔았을 것이다.

2 만약(If) San Diego Pirates 팀이 작년에 전국 야구 선수권 대회에서 우승했더라면(had won), 그 팀의 팬들은 몇 주 동안 축제 기분에 젖었을 것이다.

3 만약(If) Redwood 주식회사의 최고 경영자가 새로운 광고 전략을 승인하지 않았었다면(had not approved), 마케팅팀 담당자는 아마 다른 선택권들을 제시했을 것이다.

4 정부는 만약(if) 새로운 고속도로의 건설이 취소되지 않았었다면(had not been canceled) 그것을 위한 지불을 하기 위해 세금을 인상했을지도 모른다.

5 만약(If) 인쇄기가 발명되지 않았었다면(had not been invented), 식자율은 현재 수준까지 오르지 않았을 것이다.

**6** 사업 보고서는 만약(if) Bitcorp 사가 은행들로부터 재정 지원을 받지 않았었다면, 경제 침체가 그것에 더욱 심각한 결과를 가졌을 수도 있다(could have had)고 서술한다.

**7**

해설 보기와 빈칸 문장의 If를 통해 가정법 문제임을 알 수 있으므로, 가정법 공식의 동사 부분을 파악한다. if절에 'had p.p.' 형태의 had known이 있으므로, 주절에는 이와 짝을 이루어 가정법 과거완료를 만드는 'would(조동사 과거형) + have p.p.'가 와야 한다. 따라서 (d) would have attended가 정답이다.

해설 Lyle은 인기 있는 재즈 피아니스트인 Brenda Adams의 팬이다. 만약 그가 어젯밤 오크우드 회관에서 그녀가 연주했던 것을 알았더라면, 그는 그 공연에 참석했을 것이다.

**8**

해설 보기와 빈칸 문장의 도치 구문을 통해 가정법 문제임을 알 수 있으므로, 가정법 공식의 동사 부분을 파악한다. if가 생략되어 도치된 절에 'had p.p.' 형태의 Had ~ rejected가 있으므로, 주절에는 이와 짝을 이루어 가정법 과거완료를 만드는 'would(조동사 과거형) + have p.p.'가 와야 한다. 따라서 (a) would have gone이 정답이다. 참고로 'Had the union rejected'는 'If the union had rejected'로 바꿔 쓸 수 있다.

해설 공립학교 교사 연합은 임금을 2.5퍼센트 인상하는 정부의 제안을 받아들이기로 합의했다. 전국의 학부모들은 이것을 듣고 안심했다. 연합이 그 제안을 거부했었다면, 교사들은 파업에 들어갔을 것이다.

## HACKERS TEST
p.58

| | | | | |
|---|---|---|---|---|
| **01** (c) | **02** (b) | **03** (d) | **04** (a) | **05** (c) |
| **06** (a) | **07** (d) | **08** (a) | **09** (d) | **10** (c) |
| **11** (b) | **12** (d) | **13** (b) | **14** (c) | **15** (b) |
| **16** (c) | **17** (b) | **18** (d) | **19** (c) | **20** (c) |
| **21** (d) | **22** (a) | **23** (c) | **24** (a) | **25** (a) |
| **26** (d) | **27** (d) | **28** (b) | **29** (c) | **30** (c) |
| **31** (d) | **32** (a) | **33** (d) | **34** (c) | **35** (b) |
| **36** (d) | | | | |

### 01 가정법 과거
정답 (c)

해설 보기와 빈칸 문장의 If를 통해 가정법 문제임을 알 수 있으므

로, 가정법 공식의 동사 부분을 파악한다. if절에 과거 동사 (offered)가 있으므로, 주절에는 이와 짝을 이루어 가정법 과거를 만드는 'would(조동사 과거형) + 동사원형'이 와야 한다. 따라서 (c) would not object가 정답이다.

해설 Pacific 개발사의 최고 경영자인 Jack Law는, 지난 2년에 걸친 회사의 좋지 못한 실적 때문에 비판을 받아왔다. 만약 그가 사임을 제의한다면, 대부분의 주주들은 반대하지 않을 것이다.

어휘 criticize v. 비판하다  resignation n. 사임
shareholder n. 주주  object v. 반대하다

### 02 가정법 과거완료
정답 (b)

해설 보기와 빈칸 문장의 If를 통해 가정법 문제임을 알 수 있으므로, 가정법 공식의 동사 부분을 파악한다. if절에 'had p.p.' 형태의 had not stopped가 있으므로, 주절에는 이와 짝을 이루어 가정법 과거완료를 만드는 'would(조동사 과거형) + have p.p.'가 와야 한다. 따라서 (b) would have hit이 정답이다.

해설 Karla가 월요일에 차를 타고 출근하고 있었을 때, 그녀는 교통사고를 당하는 것을 간신히 피했다. 만약 그녀가 교차로에서 빠르게 멈추지 않았었다면, 그녀는 정지 신호를 무시하고 달리던 다른 차량을 들이받았을 것이다.

어휘 narrowly adv. 간신히  intersection n. 교차로  vehicle n. 차량
run a red light phr. 정지 신호를 무시하고 달리다

### 03 가정법 과거완료
정답 (d)

해설 보기와 빈칸 문장의 If를 통해 가정법 문제임을 알 수 있으므로, 가정법 공식의 동사 부분을 파악한다. 주절에 'would(조동사 과거형) + have p.p.' 형태의 would not have shut down이 있으므로, if절에는 이와 짝을 이루어 가정법 과거완료를 만드는 'had p.p.'가 와야 한다. 따라서 (d) had used가 정답이다.

해설 최근에 여러 주민센터가 적은 방문자 수 때문에 문을 닫았다. 만약 시민들이 이 시설들을 더욱 자주 이용했더라면, 그것들은 문을 닫지 않았을 것이다.

어휘 recently adv. 최근에  facility n. 시설

### 04 가정법 과거
정답 (a)

해설 보기와 빈칸 문장의 if를 통해 가정법 문제임을 알 수 있으므로, 가정법 공식의 동사 부분을 파악한다. if절에 과거 동사 (discussed)가 있으므로, 주절에는 이와 짝을 이루어 가정법 과거를 만드는 'would(조동사 과거형) + 동사원형'이 와야 한다. 따라서 (a) would discover가 정답이다.

해설 불면증에 시달리는 많은 사람들은 의학적인 조언을 구하지 않

는다. 그들은 만약 자신들의 문제를 의사와 상의한다면 쓸모 있는 여러 효과적인 치료 선택권들이 있다는 것을 알게 될 것이다.

어휘 **suffer** v. 시달리다 **insomnia** n. 불면증
**treatment** n. 치료 **available** adj. 쓸모 있는, 이용 가능한

## 05 가정법 과거완료 정답 (c)

해설 보기와 빈칸 문장의 if를 통해 가정법 문제임을 알 수 있으므로, 가정법 공식의 동사 부분을 파악한다. if절에 'had p.p.' 형태의 had not been이 있으므로, 주절에는 이와 짝을 이루어 가정법 과거완료를 만드는 'would(조동사 과거형) + have p.p.'가 와야 한다. 따라서 (c) would have been이 정답이다.

해석 국립공원 관리사무소는 7월 1일부터 8월 31일까지 모든 야영장에서 화기를 금지했다. 분석가들은 만약 그 금지 조치가 취해지지 않았더라면, 지난 여름에 산불이 더욱 빈번했을 것이라고 말한다.

어휘 **prohibit** v. 금지하다 **analyst** n. 분석가 **ban** n. 금지 조치, 금지법

## 06 가정법 과거 정답 (a)

해설 보기와 빈칸 문장의 If를 통해 가정법 문제임을 알 수 있으므로, 가정법 공식의 동사 부분을 파악한다. if절에 과거 동사 (were)가 있으므로, 주절에는 이와 짝을 이루어 가정법 과거를 만드는 'would(조동사 과거형) + 동사원형'이 와야 한다. 따라서 (a) would surely approve가 정답이다.

해석 Janet은 지금까지 직장에서 매우 잘해오고 있었다. 만약 그녀가 임금 인상을 요구한다면, 그녀의 상사는 그녀의 요청에 분명히 동의할 것이다.

어휘 **salary** n. 임금, 급여 **approve** v. 동의하다, 승인하다

## 07 가정법 과거완료 정답 (d)

해설 보기와 빈칸 문장의 If를 통해 가정법 문제임을 알 수 있으므로, 가정법 공식의 동사 부분을 파악한다. if절에 'had p.p.' 형태의 had not raised가 있으므로, 주절에는 이와 짝을 이루어 가정법 과거완료를 만드는 'would(조동사 과거형) + have p.p.'가 와야 한다. 따라서 (d) would have registered가 정답이다.

해석 Dawson 대학은 작년에 등록 학생 수의 상당한 하락을 겪었다. 만약 그것이 등록금을 그렇게 대폭 인상하지 않았더라면, 더 많은 학생들이 지난 학기에 강의에 등록했을 것이다.

어휘 **decrease** n. 하락 **enrollment** n. 등록자 수, 등록
**raise** v. 인상하다 **tuition** n. 등록금 **rate** n. 요금
**drastically** adv. 대폭 **register** v. 등록하다

## 08 가정법 과거 정답 (a)

해설 보기와 빈칸 문장의 if를 통해 가정법 문제임을 알 수 있으므로, 가정법 공식의 동사 부분을 파악한다. if절에 과거 동사 (were held)가 있으므로, 주절에는 이와 짝을 이루어 가정법 과거를 만드는 'would(조동사 과거형) + 동사원형'이 와야 한다. 따라서 (a) would not like가 정답이다.

해석 Mendel 보험사는 항상 평일 정규 근무 시간 중에 교육 세션을 개최한다. 인사팀 담당자는 만약 워크숍이 저녁이나 주말에 개최된다면, 직원들이 업무 관련 활동을 위해 개인 시간을 사용하는 것을 좋아하지 않을 것이라고 생각한다.

어휘 **hold** v. 개최하다 **regular** adj. 정규의

## 09 가정법 과거 정답 (d)

해설 보기와 빈칸 문장의 If를 통해 가정법 문제임을 알 수 있으므로, 가정법 공식의 동사 부분을 파악한다. 주절에 'would(조동사 과거형) + 동사원형' 형태의 would have가 있으므로, if절에는 이와 짝을 이루어 가정법 과거를 만드는 과거 동사가 와야 한다. 따라서 (d) were willing이 정답이다.

해석 Brad는 시애틀에서 가격이 알맞은 아파트를 찾을 수 없다. 만약 그가 교외에 사는 것도 불사한다면, 그는 비싸지 않은 임대용 거처를 찾는 데 더 곤란을 겪지 않을 것이다.

어휘 **affordable** adj. (가격이) 알맞은, 입수 가능한 **suburb** n. 교외
**have an easy time** phr. 곤란을 겪지 않다
**be willing to** phr. 불사하다, 기꺼이 하다

## 10 가정법 과거완료 정답 (c)

해설 보기와 빈칸 문장의 If를 통해 가정법 문제임을 알 수 있으므로, 가정법 공식의 동사 부분을 파악한다. if절에 'had p.p.' 형태의 had realized가 있으므로, 주절에는 이와 짝을 이루어 가정법 과거완료를 만드는 'would(조동사 과거형) + have p.p.'가 와야 한다. 따라서 (c) would probably not have attempted가 정답이다.

해석 크리스토퍼 콜럼버스는 일본이 서유럽에서 단 3천 7백 킬로미터 떨어져 있다고 믿었다. 만약 그가 그 거리가 실제로는 1만 9천 킬로미터가 넘는다는 것을 깨달았더라면, 그는 아마 그의 항해를 시도하지 않았을 것이다.

어휘 **distance** n. 거리 **voyage** n. 항해 **attempt** v. 시도하다

## 11 가정법 과거 정답 (b)

해설 보기와 빈칸 문장의 If를 통해 가정법 문제임을 알 수 있으므로, 가정법 공식의 동사 부분을 파악한다. if절에 과거 동사 (were passed)가 있으므로, 주절에는 이와 짝을 이루어 가정법 과거를 만드는 'would(조동사 과거형) + 동사원형'이 와야 한다. 따라서 (b) would certainly face가 정답이다.

해석 공식적인 은퇴 연령을 70세까지 연장하는 발의된 법에 대해 반대가 만연하다. 만약 그 법안이 통과된다면, 많은 노인들은 연금을 기다리는 동안 <u>틀림없이</u> 경제적 어려움에 <u>직면할 것이다</u>.

어휘 **widespread** adj. 만연한, 광범위한 **opposition** n. 반대, 항의 **extend** v. 연장하다 **legislation** n. 법안 **hardship** n. 어려움 **pension** n. 연금 **face** v. 직면하다

## 12 가정법 과거    정답 (d)

해설 보기와 빈칸 문장의 If를 통해 가정법 문제임을 알 수 있으므로, 가정법 공식의 동사 부분을 파악한다. if절에 과거 동사 (used)가 있으므로, 주절에는 이와 짝을 이루어 가정법 과거를 만드는 'would(조동사 과거형) + 동사원형'이 와야 한다. 따라서 (d) would not occur가 정답이다.

해석 소음에 대한 아파트 주민들 간의 분쟁은 많은 도시 지역에서 점점 보편화되고 있다. 만약 건설 회사가 더 좋은 방음 자재를 <u>사용한다면</u>, 이러한 유형의 갈등은 그렇게 자주 <u>발생하지 않을 것이다</u>.

어휘 **dispute** n. 분쟁 **resident** n. 주민, 거주자 **urban** adj. 도시의 **construction** n. 건설, 공사 **soundproofing** n. 방음 **conflict** n. 갈등, 충돌

## 13 가정법 과거    정답 (b)

해설 보기와 빈칸 문장의 If를 통해 가정법 문제임을 알 수 있으므로, 가정법 공식의 동사 부분을 파악한다. if절에 과거 동사 (were)가 있으므로, 주절에는 이와 짝을 이루어 가정법 과거를 만드는 'would(조동사 과거형) + 동사원형'이 와야 한다. 따라서 (b) would take가 정답이다.

해석 Victor는 그의 여동생을 보기 위해 다음 주에 기차를 타고 시카고로 가기로 결정했다. 만약 내가 그라면, 나는 시간을 절약하기 위해 비행기를 <u>탈 것이다</u>.

## 14 가정법 과거완료    정답 (c)

해설 보기와 빈칸 문장의 If를 통해 가정법 문제임을 알 수 있으므로, 가정법 공식의 동사 부분을 파악한다. if절에 'had p.p.' 형태의 had spent가 있으므로, 주절에는 이와 짝을 이루어 가정법 과거완료를 만드는 'might(조동사 과거형) + have p.p.'가 와야 한다. 따라서 (c) might not have failed가 정답이다.

해석 유감스럽게도, Jason은 역사 수업 기말시험에서 합격 점수를 받지 못했다. 만약 그가 시험을 준비하는 데 더 많은 시간을 들였다면, 그는 <u>낙제하지 않았을지도 모른다</u>.

어휘 **unfortunately** adv. 유감스럽게도 **fail** v. 낙제하다, 실패하다

## 15 가정법 과거완료    정답 (b)

해설 보기와 빈칸 문장의 도치 구문을 통해 가정법 문제임을 알 수 있으므로, 가정법 공식의 동사 부분을 파악한다. if가 생략되어 도치된 절에 'had p.p.' 형태의 Had ~ been approved가 있으므로, 주절에는 이와 짝을 이루어 가정법 과거완료를 만드는 'would(조동사 과거형) + have p.p.'가 와야 한다. 따라서 (b) would have controlled가 정답이다. 참고로 'Had the merger been approved'는 'If the merger had been approved'로 바꿔 쓸 수 있다.

해석 정부는 국가의 가장 큰 자동차 제조사 두 개의 제안된 합병을 거부했다. 합병이 <u>승인되었더라면</u>, 그 새로운 회사는 시장의 80퍼센트를 넘게 <u>지배했을 것이다</u>.

어휘 **reject** v. 거부하다 **merger** n. 합병 **manufacturer** n. 제조사

## 16 가정법 과거    정답 (c)

해설 보기와 빈칸 문장의 if를 통해 가정법 문제임을 알 수 있으므로, 가정법 공식의 동사 부분을 파악한다. if절에 과거 동사들 (had, exercised)이 있으므로, 주절에는 이와 짝을 이루어 가정법 과거를 만드는 'would(조동사 과거형) + 동사원형'이 와야 한다. 따라서 (c) would achieve가 정답이다.

해석 최근의 연구는 다이어트를 함으로써 살을 빼는 사람들이 살이 다시 찌는 경향이 있음을 밝혀냈다. 그들이 만약 그 대신 건강한 식사를 <u>하고</u> 규칙적으로 <u>운동한다면</u> 더 좋은 장기적인 결과를 <u>달성할 것이다</u>.

어휘 **lose weight** phr. 살을 빼다, 체중을 감량하다 **tend** v. 경향이 있다 **achieve** v. 달성하다

## 17 가정법 과거완료    정답 (b)

해설 보기와 빈칸 문장의 If를 통해 가정법 문제임을 알 수 있으므로, 가정법 공식의 동사 부분을 파악한다. if절에 'had p.p.' 형태의 had been passed가 있으므로, 주절에는 이와 짝을 이루어 가정법 과거완료를 만드는 'would(조동사 과거형) + have p.p.'가 와야 한다. 따라서 (b) would have died가 정답이다.

해석 안전벨트 착용 요건은 치명적인 교통사고의 수를 크게 감소시켰다. 만약 그 법이 5년 전에 <u>통과되었더라면</u>, 더 적은 사람들이 충돌 사고로 인해 <u>사망했을 것이다</u>.

어휘 **requirement** n. 요건, 필요조건 **fatal** adj. 치명적인 **collision** n. 충돌 사고, 충돌

## 18 가정법 과거완료    정답 (d)

해설 보기와 빈칸 문장의 If를 통해 가정법 문제임을 알 수 있으므로, 가정법 공식의 동사 부분을 파악한다. if절에 'had p.p.'

형태의 had been이 있으므로, 주절에는 이와 짝을 이루어 가정법 과거완료를 만드는 'would(조동사 과거형) + have p.p.'가 와야 한다. 따라서 (d) would have gotten이 정답이다.

해석 Denise는 재즈 콘서트 티켓을 아주 막판에 구입했다. 만약 가능했었다면, 그녀는 더 좋은 자리를 구하기 위해 티켓을 더 빨리 샀을 것이다.

어휘 purchase v. 구입하다, 사다  at the last minute phr. 막판에

## 19  가정법 과거 　　　　　　　　　　　정답 (c)

해설 보기와 빈칸 문장의 if를 통해 가정법 문제임을 알 수 있으므로, 가정법 공식의 동사 부분을 파악한다. if절에 과거 동사 (were expanded)가 있으므로, 주절에는 이와 짝을 이루어 가정법 과거를 만드는 'would(조동사 과거형) + 동사원형'이 와야 한다. 따라서 (c) would lose가 정답이다.

해석 국내 축구 리그의 위원은 세 개의 새로운 팀을 추가하려는 계획에 반대한다. 그는 만약 리그가 확장된다면, 기존의 팀들이 금전적 손해를 볼 것이라고 주장한다.

어휘 commissioner n. 위원  oppose v. 반대하다
existing adj. 기존의, 현존의

## 20  가정법 과거완료 　　　　　　　　　정답 (c)

해설 보기와 빈칸 문장의 If를 통해 가정법 문제임을 알 수 있으므로, 가정법 공식의 동사 부분을 파악한다. if절에 'had p.p.' 형태의 had been이 있으므로, 주절에는 이와 짝을 이루어 가정법 과거완료를 만드는 'would(조동사 과거형) + have p.p.'가 와야 한다. 따라서 (c) would not have lost가 정답이다.

해석 Dominic이 로마의 호텔에 체크인하려고 했을 때, 그는 여권이 없어졌다는 것을 깨달았다. 만약 그가 조금 더 조심했더라면, 그는 이 중요한 여행 문서를 잃어버리지 않았을 것이다.

어휘 missing adj. 없어진, 실종된

## 21  가정법 과거 　　　　　　　　　　　정답 (d)

해설 보기와 빈칸 문장의 If를 통해 가정법 문제임을 알 수 있으므로, 가정법 공식의 동사 부분을 파악한다. if절에 과거 동사 (took)가 있으므로, 주절에는 이와 짝을 이루어 가정법 과거를 만드는 'would(조동사 과거형) + 동사원형'이 와야 한다. 따라서 (d) would need가 정답이다.

해석 Jenna는 뉴올리언스 주에 있는 기업으로부터 제안받은 일자리를 수락하고 싶지 않다. 만약 그녀가 그 직위를 받아들인다면, 그녀는 친구들과 가족으로부터 떨어진 곳으로 이사할 필요가 있을 것이다.

어휘 position n. 직위

## 22  가정법 과거완료 　　　　　　　　　정답 (a)

해설 보기와 빈칸 문장의 If를 통해 가정법 문제임을 알 수 있으므로, 가정법 공식의 동사 부분을 파악한다. if절에 'had p.p.' 형태의 had been ~ promoted가 있으므로, 주절에는 이와 짝을 이루어 가정법 과거완료를 만드는 'would(조동사 과거형) + have p.p.'가 와야 한다. 따라서 (a) would have attended가 정답이다.

해석 지난 목요일에, Milton 식품의 최고 경영자는 회사의 최신 슈퍼마켓의 개업식에 참석했다. 하지만, 그는 예상했던 것보다 고객이 적었기 때문에 속상했다. 만약 그 행사가 더 잘 홍보되었더라면, 더 많은 사람들이 참석했을 것이다.

어휘 expect v. 예상하다  promote v. 홍보하다

## 23  가정법 과거완료 　　　　　　　　　정답 (c)

해설 보기와 빈칸 문장의 If를 통해 가정법 문제임을 알 수 있으므로, 가정법 공식의 동사 부분을 파악한다. if절에 'had p.p.' 형태의 had returned가 있으므로, 주절에는 이와 짝을 이루어 가정법 과거완료를 만드는 'would(조동사 과거형) + have p.p.'가 와야 한다. 따라서 (c) would not have charged가 정답이다.

해석 대학 도서관에서는 책이 2주의 기간 동안만 대출될 수 있음에도 불구하고, Sam은 한 권을 3주 넘게 가지고 있었다. 만약 그가 그 책을 만료일에 맞게 반납했더라면, 도서관이 그에게 연체료를 부과하지 않았을 것이다.

어휘 check out phr. 대출하다  due date phr. 만료일, 마감 기한
fine n. 연체료, 벌금  charge v. 부과하다

## 24  가정법 과거 　　　　　　　　　　　정답 (a)

해설 보기와 빈칸 문장의 if를 통해 가정법 문제임을 알 수 있으므로, 가정법 공식의 동사 부분을 파악한다. if절에 과거 동사 (were)가 있으므로, 주절에는 이와 짝을 이루어 가정법 과거를 만드는 'would(조동사 과거형) + 동사원형'이 와야 한다. 따라서 (a) would fire가 정답이다.

해석 Wilson 전자는 윌리엄즈버그에 있는 그것의 공장을 폐쇄할 계획이 없다고 말했다. 이것은 시민들에게 다행이었는데 이는 만약 공장이 폐쇄된다면, 그 회사가 600명이 넘는 근로자들을 해고할 것이기 때문이다.

어휘 relief n. 다행, 안도  fire v. 해고하다

## 25  가정법 과거 　　　　　　　　　　　정답 (a)

해설 보기와 빈칸 문장의 If를 통해 가정법 문제임을 알 수 있으므로, 가정법 공식의 동사 부분을 파악한다. if절에 과거 동사 (brought)가 있으므로, 주절에는 이와 짝을 이루어 가정법

과거를 만드는 'would(조동사 과거형) + 동사원형'이 와야 한다. 따라서 (a) would not break down이 정답이다.

해석 Matt은 오늘 그의 차가 또 시동이 걸리지 않아서 직장에 지각했다. 만약 그가 정기 점검을 위해 그의 차량을 서비스 센터에 가지고 간다면, 그것은 그렇게 자주 고장나지 않을 것이다.

어휘 **start** v. 시동이 걸리다  **maintenance** n. 점검, 수리  **break down** phr. 고장나다

## 26 가정법 과거완료           정답 (d)

해설 보기와 빈칸 문장의 If를 통해 가정법 문제임을 알 수 있으므로, 가정법 공식의 동사 부분을 파악한다. 주절에 'would(조동사 과거형) + have p.p.' 형태의 would have been forced가 있으므로, if절에는 이와 짝을 이루어 가정법 과거완료를 만드는 'had p.p.'가 와야 한다. 따라서 (d) had been canceled가 정답이다.

해석 시 행정부는 최근에 전 도시의 재활용 프로그램이 3년간 연장될 것이라고 발표했다. 만약 그것이 취소되었더라면, 주민들은 플라스틱과 종이 제품을 일반 쓰레기와 함께 버릴 수밖에 없었을 것이다.

어휘 **municipal** adj. 시의  **recycling** n. 재활용  **dispose** v. 버리다

## 27 가정법 과거완료           정답 (d)

해설 보기와 빈칸 문장의 If를 통해 가정법 문제임을 알 수 있으므로, 가정법 공식의 동사 부분을 파악한다. if절에 'had p.p.' 형태의 had taken이 있으므로, 주절에는 이와 짝을 이루어 가정법 과거완료를 만드는 'would(조동사 과거형) + have p.p.'가 와야 한다. 따라서 (d) would have arrived가 정답이다.

해석 나는 지난주에 중요한 고객과 주문에 대해 논의하기 위해 차를 몰고 맨해튼으로 갔다. 하지만 교통 사정이 매우 좋지 않아서, 회의에 늦고 말았다. 만약 내가 지하철을 탔었더라면, 나는 제시간에 도착했을 것이다!

어휘 **order** n. 주문  **client** n. 고객  **on time** phr. 제시간에

## 28 가정법 과거           정답 (b)

해설 보기와 빈칸 문장의 If를 통해 가정법 문제임을 알 수 있으므로, 가정법 공식의 동사 부분을 파악한다. if절에 과거 동사 (were)가 있으므로, 주절에는 이와 짝을 이루어 가정법 과거를 만드는 'would(조동사 과거형) + 동사원형'이 와야 한다. 따라서 (b) would drive가 정답이다.

해석 많은 운전자들이 시 소유의 주차 시설을 이용하는 비용이 너무 비싸다고 항의해왔다. 하지만, Douglas 시장은 주차비가 삭감되지 않을 것이라고 말한다. 만약 주차를 하는 것이 더 저렴하다면, 더 많은 사람들이 운전을 할 것인데, 이는 늘어난 교통 혼잡을 가져올 것이다.

어휘 **complain** v. 항의하다  **congestion** n. 혼잡

## 29 가정법 과거완료           정답 (c)

해설 보기와 빈칸 문장의 If를 통해 가정법 문제임을 알 수 있으므로, 가정법 공식의 동사 부분을 파악한다. if절에 'had p.p.' 형태의 had made가 있으므로, 주절에는 이와 짝을 이루어 가정법 과거완료를 만드는 'would(조동사 과거형) + have p.p.'가 와야 한다. 따라서 (c) would have joined가 정답이다.

해석 Baltimore Eagles 팀은 인기 투수인 David Evans와 계약할 수 없었다. 이것은 그가 충분히 높은 급여를 제안받지 못했기 때문이다. 만약 그 팀의 소유주가 더 후한 제안을 했었다면, Evans는 Eagles 팀에 합류했을 것이다.

어휘 **unable** adj. ~할 수 없는  **sign** v. 계약하다  **pitcher** n. 투수  **generous** adj. 후한, 관대한

## 30 가정법 과거           정답 (c)

해설 보기와 빈칸 문장의 If를 통해 가정법 문제임을 알 수 있으므로, 가정법 공식의 동사 부분을 파악한다. if절에 과거 동사 (were)가 있으므로, 주절에는 이와 짝을 이루어 가정법 과거를 만드는 'would(조동사 과거형) + 동사원형'이 와야 한다. 따라서 (c) would request가 정답이다.

해석 David가 지난달에 산 선풍기가 갑자기 작동을 멈췄다. 불행히도, 그가 그것을 샀던 상점은 구매 이후 2주 내에만 반품을 허용한다. 만약 그 상점의 정책이 그렇게 엄격하지 않다면, David는 환불을 요구할 것이다.

어휘 **return** n. 반품  **strict** adj. 엄격한  **refund** n. 환불

## 31 가정법 과거           정답 (d)

해설 보기와 빈칸 문장의 If를 통해 가정법 문제임을 알 수 있으므로, 가정법 공식의 동사 부분을 파악한다. 주절에 'would(조동사 과거형) + 동사원형' 형태의 would advertise가 있으므로, if절에는 이와 짝을 이루어 가정법 과거를 만드는 과거 동사가 와야 한다. 따라서 (d) were가 정답이다.

해석 펜실베이니아 대학에는 외국인 학생이 거의 없다. 대학 대변인은 이 상황을 해결하기 위한 조치가 취해지고 있다고 주장하지만, 아직 진행된 것은 아무것도 없다. 만약 그 대학이 교환학생을 유치하는 것에 관해 진지하다면, 그것은 다른 나라에서 광고할 것이다.

어휘 **spokesperson** n. 대변인  **address** v. 해결하다  **advertise** v. 광고하다, 알리다

**32** 가정법 과거완료  정답 (a)

해설 보기와 빈칸 문장의 If를 통해 가정법 문제임을 알 수 있으므로, 가정법 공식의 동사 부분을 파악한다. if절에 'had p.p.' 형태의 had ordered가 있으므로, 주절에는 이와 짝을 이루어 가정법 과거완료를 만드는 'could(조동사 과거형) + have p.p.'가 와야 한다. 따라서 (a) could have saved가 정답이다.

해석 Ann은 Greenfield 백화점에서 어제 새 소파를 샀다. 하지만, 같은 제품이 온라인 가구점에서 40퍼센트 더 싸게 제공되고 있다. 만약 그녀가 거기에서 소파를 주문했었다면, 그녀는 많은 돈을 절약할 수 있었을 것이다.

어휘 offer v. 제공하다  save v. 절약하다

**33** 가정법 과거완료  정답 (d)

해설 보기와 빈칸 문장의 도치 구문을 통해 가정법 문제임을 알 수 있으므로, 가정법 공식의 동사 부분을 파악한다. if가 생략되어 도치된 절에 'had p.p.' 형태의 had ~ had가 있으므로, 주절에는 이와 짝을 이루어 가정법 과거완료를 만드는 'would(조동사 과거형) + have p.p.'가 와야 한다. 따라서 (d) would not have occurred가 정답이다. 참고로 'had the king had a son'은 'if the king had had a son'으로 바꿔 쓸 수 있다.

해석 장미 전쟁은 15세기의 영국 시민 전쟁이었다. 그것은 계승자가 없었던 헨리 1세의 죽음이 원인이었다. 그 대립은 왕에게 아들이 있었다면 발생하지 않았을 것이다.

어휘 result from phr. ~이 원인이다  heir n. 계승자, 상속자  conflict n. 대립, 갈등  occur v. 발생하다

**34** 가정법 과거완료  정답 (c)

해설 보기와 빈칸 문장의 If를 통해 가정법 문제임을 알 수 있으므로, 가정법 공식의 동사 부분을 파악한다. if절에 'had p.p.' 형태의 had written이 있으므로, 주절에는 이와 짝을 이루어 가정법 과거완료를 만드는 'would(조동사 과거형) + have p.p.'가 와야 한다. 따라서 (c) would not have forgotten이 정답이다.

해석 Peter는 그의 정기 검진을 위해 목요일에 치과를 방문하기로 되어 있었다. 하지만, 그는 그것을 잊어버렸고, 일정을 변경해야 했다. 만약 그가 자신의 예약을 적어두었더라면, 그는 그것을 잊어버리지 않았을 것이다.

어휘 be supposed to phr. ~하기로 되어 있다  dentist n. 치과  checkup n. 검진  slip one's mind phr. 잊어버리다  reschedule v. 일정을 변경하다

**35** 가정법 과거  정답 (b)

해설 보기와 빈칸 문장의 If를 통해 가정법 문제임을 알 수 있으므로, 가정법 공식의 동사 부분을 파악한다. if절에 과거 동사(were approved)가 있으므로, 주절에는 이와 짝을 이루어 가정법 과거를 만드는 'would(조동사 과거형) + 동사원형'이 와야 한다. 따라서 (b) would qualify가 정답이다.

해석 정부는 저소득층 학생들을 위한 장학금 제도를 제안했다. 하지만, 비평가들은 혜택을 받게 될 많은 수의 학생으로 인해 이 계획이 비현실적이라고 주장한다. 만약 그 제도가 승인된다면, 50만 명이 넘는 학생들이 경제적 지원의 자격을 갖출 것이다.

어휘 grant n. 장학금  low-income adj. 저소득층의  impractical adj. 비현실적인  benefit v. 혜택을 받다  qualify v. 자격을 갖추다

**36** 가정법 과거완료  정답 (d)

해설 보기와 빈칸 문장의 if를 통해 가정법 문제임을 알 수 있으므로, 가정법 공식의 동사 부분을 파악한다. 주절에 'would(조동사 과거형) + have p.p.' 형태의 would have been이 있으므로, if절에는 이와 짝을 이루어 가정법 과거완료를 만드는 'had p.p.'가 와야 한다. 따라서 (d) had not been이 정답이다.

해석 Solar 기술사는 현재 20개국에서 발전소를 열었다. 그 회사는 태양열의 상대적으로 낮은 가격으로부터 이익을 얻었다. Solar 기술사는 만약 화석 연료가 비싸지 않았었다면 이러한 성장을 달성할 수 없었을 것이다.

어휘 power plant phr. 발전소  comparatively adv. 상대적으로  solar power phr. 태양열  fossil fuel phr. 화석 연료

# Chapter 3 조동사

## 출제공식 09 조동사 should / must
p.68

**연습문제**

1 (a)　　2 (d)　　3 (b)　　4 (d)　　5 (c)
6 (d)

**지텔프 실전문제**

7 (c)　　8 (a)

1　학생들은 기숙사 방에 대한 그들의 신청서를 12월 15일까지 제출해야 한다.

2　새로운 법은 차량이 운행 중일 때 모든 승객들이 안전띠를 착용해야 한다고 서술한다.

3　Amy는 월 스트리트에서 수년간 일해왔으므로, 그녀는 지금쯤 많은 돈을 벌고 있음에 틀림없다.

4　Cyan 주식회사는 투자자들로부터 추가 자금을 얻어야 하며 그렇지 않으면 폐업해야 할 것이다.

5　교통부의 방침은 지하철을 타는 사람들이 임신한 여성들에게 그들의 자리를 양보해야 한다는 것이다.

6　만약 Olivia가 또 다른 도서관 책을 대출하기를 원한다면, 그녀는 기한이 지난 책들을 반납하고 연체료를 내야 한다.

7
해설　보기를 통해 조동사 문제임을 알 수 있으므로, 첫 문장부터 읽으며 문맥을 파악한다. 문맥상 Max가 곧 그만둘 것이라는 소문을 들은 것을 아무에게도 말하지 않아야 한다는 의미가 되어야 자연스러우므로, '~해야 한다'를 뜻하면서 당위성을 나타내는 조동사 (c) should가 정답이다.

　　오답분석
　　(a) would는 과거의 불규칙한 습관이나 현재 사실의 반대, (b) could는 가능성/능력, (d) might는 약한 추측을 나타내어 문맥에 적합하지 않으므로 오답이다.

해석　나는 Max가 곧 그만둘 것이라는 소문을 직장에서 들었다. 내가 들은 것을 아무에게도 말하지 않아야 한다는 것을 알지만, 나는 이 비밀을 공유하고 싶어서 못 견디겠다!

8
해설　보기를 통해 조동사 문제임을 알 수 있으므로, 첫 문장부터 읽으며 문맥을 파악한다. 문맥상 기억이 지속되려면 기억은 한 개가 넘는 신경 세포에 의해 부호화되어야 한다는 의미가 되어야 자연스러우므로, '~해야 한다'를 뜻하면서 의무를 나타내는 조동사 (a) must가 정답이다.

　　오답분석
　　(b) may와 (d) might는 약한 추측, (c) could는 가능성/능력을 나타내어 문맥에 적합하지 않으므로 오답이다.

해석　연구원들은 신경 세포의 무리가 함께 작용할 때 기억이 형성된다는 것을 알아냈다. 이것은 왜 어떤 기억들이 다른 기억들보다 더 오래 지속되는지를 설명한다. 기억이 지속되려면, 그것은 한 개가 넘는 신경 세포에 의해 부호화되어야 한다.

## 출제공식 10 조동사 can / could
p.70

**연습문제**

1 (b)　　2 (b)　　3 (d)　　4 (a)　　5 (b)
6 (c)

**지텔프 실전문제**

7 (a)　　8 (d)

1　세금은 인상될 필요가 없는데 이는 정부가 이미 모든 비용을 지불할 수 있기 때문이다.

2　20년 전에 Mr. Thompson이 회사를 시작했을 때, 그는 지금 버는 것보다 훨씬 더 많은 돈을 벌 수 있었다.

3　1광년은 365.25일에 빛이 이동할 수 있는 거리에 해당하는 천문학적 측정 단위이다.

4　Brandon은 파티에서 Jake의 새 여자친구를 만날 수 있다고 생각했지만, 그가 그곳에 도착했을 때 그녀는 이미 떠났었다.

5　Pullman 교수의 설명에 따르면, 학생들은 에세이 과제에 대해 어떤 주제든 선택할 수 있다.

6　Victor Leon의 계약이 6월 14일에 만료되기 때문에, 그 날

이후로 그는 처벌받지 않고 다른 축구팀과 얼마든지 계약할 수 있다.

**7**

해설 보기를 통해 조동사 문제임을 알 수 있으므로, 첫 문장부터 읽으며 문맥을 파악한다. 문맥상 Jill은 스스로 스웨터를 수선할 수 있다고 생각했다는 의미가 되어야 자연스러우므로, '~할 수 있었다'를 뜻하면서 능력을 나타내는 조동사 (a) could가 정답이다.

오답분석

(c) can도 가능성/능력을 나타내기는 하지만, 앞의 절에 과거 동사 thought가 있어 시제가 일치하지 않으므로 오답이다. (b) will은 미래/예정, (d) shall은 명령/지시를 나타내어 문맥에 적합하지 않으므로 오답이다.

해석 Jill은 그녀가 구매한 스웨터가 찢어져 있다는 것을 알아차렸다. 유감스럽게도, 상점은 그것을 교환하기 위해 영수증을 요구했고, 그녀는 영수증을 버렸다. 그녀는 스스로 스웨터를 수선할 수 있다고 생각했지만, 그러자 그것은 상태가 한층 더 나빠 보였다.

**8**

해설 보기를 통해 조동사 문제임을 알 수 있으므로, 첫 문장부터 읽으며 문맥을 파악한다. 문맥상 Josie Adams가 더 큰 건물을 합리적인 가격에 매입할 수 있기 위해 인근 지역을 탐색하기 시작했다는 의미가 되어야 자연스러우므로, '~할 수 있다'를 뜻하면서 가능성을 나타내는 조동사 (d) can이 정답이다. 참고로, so that은 '~하기 위해'라는 뜻으로 조동사 can과 자주 함께 쓰인다.

오답분석

(a) would는 과거의 불규칙한 습관이나 현재 사실의 반대, (b) will은 미래/예정, (c) might는 약한 추측을 나타내어 문맥에 적합하지 않으므로 오답이다.

해석 Westside 조제 식품 판매점의 소유주인 Josie Adams는 확장을 고려하고 있다. 그녀는 더 큰 건물을 합리적인 가격에 매입할 수 있기 위해 인근 지역을 탐색하기 시작했다.

---

(출제공식) **11** 조동사 will / would                    p.72

**연습문제**

1 (c)    2 (b)    3 (d)    4 (a)    5 (c)

6 (d)

**지텔프 실전문제**

7 (d)        8 (c)

---

**1** Wilkins 교수는 기말시험이 예정된 대로 6월 15일에 있을 것이라고 확정했다.

**2** Neal과 Denise는 그들의 10주년 결혼기념일을 다음 주에 쿠바 여행으로 축하할 것이다.

**3** 시장은 새로운 지하철 노선이 다음 달에 확실히 개통될 것이라고 발표했다.

**4** 과학자들에 따르면, 만약 우리가 농업으로부터의 탄소 배출을 제한하고자 한다면 앞으로 사람들은 반드시 더 적은 고기를 먹어야 할 것이다.

**5** Kara는 자신이 빌렸던 책들을 오늘 오후에 갖다 놓을 것이라고 약속했다.

**6** 안내서는 Harborview 호텔이 늦어도 크리스마스에는 다시 문을 열 것이라고 말한다.

**7**

해설 보기를 통해 조동사 문제임을 알 수 있으므로, 첫 문장부터 읽으며 문맥을 파악한다. 문맥상 Jake가 공연 후에 Carly를 정문에서 만날 것이라고 말했다는 의미가 되어야 자연스러우므로, '~할 것이었다'를 뜻하면서 과거 시점에서 본 미래를 나타내는 조동사 (d) would가 정답이다.

오답분석

(b) will도 미래/예정을 나타내기는 하지만, 앞의 절에 과거 동사 told가 있어 시제가 일치하지 않으므로 오답이다. (a) can은 가능성/능력, (c) might는 약한 추측을 나타내어 문맥에 적합하지 않으므로 오답이다.

해석 Carly는 Jake가 공연 후에 그녀를 만나지 않았던 것이 속상하다. 그는 정문에서 그녀를 만날 것이라고 말했지만, 그는 결코 나타나지 않았다.

**8**

해설 보기를 통해 조동사 문제임을 알 수 있으므로, 첫 문장부터 읽으며 문맥을 파악한다. 문맥상 BTX TV가 새로운 정책을 시행하지 않을 것이라고 말한다는 의미가 되어야 자연스러우므로, '~할 것이다'를 뜻하면서 의지를 나타내는 조동사 (c) will이 정답이다.

오답분석

(a) might와 (b) may는 약한 추측, (d) should는 의무/당위성을 나타내어 문맥에 적합하지 않으므로 오답이다.

해석 BTX TV가 채널의 광고 수를 늘릴 것이라는 공고 이래로, 많은 사람들이 그 방송국을 비판해왔다. 이에 대응하여, 방송국은 계획을 변경하여 이제 그 새로운 정책을 시행하지 않을 것이라고 말한다.

> **오답분석**
>
> (a) should와 (d) ought to는 의무/당위성, (c) must는 의무를 나타내어 문맥에 적합하지 않으므로 오답이다.

해석    미국에 있는 화산인 세인트헬렌스산은 1980년에 폭발했다. 이 사건은 57명의 사상자와 10억 달러의 가치가 넘는 피해를 야기했다. 이 화산은 다시 폭발할지도 모른다는 우려가 있다.

## (12) 조동사 may / might    p.74

**연습문제**

**1** (d)    **2** (b)    **3** (a)    **4** (c)    **5** (d)

**6** (c)

**지텔프 실전문제**

**7** (b)    **8** (b)

---

**1**    Blackstone 출판사의 대표는 Hillside 도서 박람회에 참석<u>할지도 모르지만</u>, 아직 아무도 확실히 알지는 못한다.

**2**    교통부 장관은 그의 자전거 공유 정책이 더 넓은 홍보 활동이 있으면 더 효과적<u>일지도 모른다</u>고 추측한다.

**3**    Myers 교수는 그의 몇몇 학생들이 그들의 역사 과제를 인터넷에서 <u>베꼈을지도 모른다</u>고 생각한다.

**4**    Brighton 산업의 최고 경영자는 직원들이 여름에 반소매 셔츠를 입<u>어도 되고</u>, 아니면 보통의 사무 복장을 계속 유지<u>해도 된다</u>고 말했다.

**5**    Brandy는 이번 여름에 로마로 여행<u>할지도 모르지만</u>, 그녀의 휴가 요청은 아직 관리자에 의해 승인되지 않았다.

**6**    Bellingham 지역 문화 회관은 시 정부가 이를 막고자 함에도 불구하고, 부족한 자금으로 인해 문을 <u>닫을지도 모른다</u>.

**7**

해설    보기를 통해 조동사 문제임을 알 수 있으므로, 첫 문장부터 읽으며 문맥을 파악한다. 문맥상 Milton은 금전적 제의를 받아들일지도 모른다는 의미가 되어야 자연스러우므로, '~할지도 모른다'를 뜻하면서 약한 추측을 나타내는 조동사 (b) may가 정답이다.

> **오답분석**
>
> (a) shall은 명령/지시, (c) will은 미래/예정, (d) must는 의무를 나타내어 문맥에 적합하지 않으므로 오답이다.

해석    Milton은 그가 팔고자 하는 집에 대한 금전적 제의를 받았고, 그것을 받아들일지도 모른다. 하지만, 그는 두 명의 또 다른 잠재 고객이 있기 때문에, 최종 결정을 내리기 전에 며칠 더 기다려볼 것이다.

**8**

해설    보기를 통해 조동사 문제임을 알 수 있으므로, 첫 문장부터 읽으며 문맥을 파악한다. 문맥상 세인트헬렌스산이 다시 폭발할지도 모른다는 우려가 있다는 의미가 되어야 자연스러우므로, '~할지도 모른다'를 뜻하면서 약한 추측을 나타내는 조동

## (13) 조동사 should 생략    p.76

**연습문제**

**1** (d)    **2** (d)    **3** (a)    **4** (b)    **5** (c)

**6** (d)

**지텔프 실전문제**

**7** (b)    **8** (d)

---

\* 주장·요구·명령·제안의 표현 단서는 해석에 초록색으로 표시되어 있습니다.

**1**    코치는 하키 골키퍼가 토요일 아침마다 체육관에서 <u>시간을 보내야 한다</u>고 주장한다(insists).

**2**    호텔 손님들이 사진이 부착된 신분증을 <u>보여주는</u> 것은 필수적이다(essential).

**3**    부패 의혹에 대한 반응으로, 시위자들은 대통령이 정권에서 즉각 <u>사임하라</u>고 요구했다(demanded).

**4**    Greg의 강한 바람(desire)은 그의 부모님이 그가 본가로부터 이사 나오는 것을 <u>그저 허락하는</u> 것이다.

**5**    Hartwell 사의 회계사는 각 부서장이 경영비를 줄이는 방법을 <u>찾도록</u> 권장한다(recommends).

**6**    자문 위원은 그의 보고서에 그 도시가 모든 주요한 공원에 자전거 도로를 <u>건설해야 한다</u>고 제안했다(proposed).

**7**

해설    보기와 빈칸 문장의 that절을 통해 조동사 should 생략 문제임을 알 수 있으므로, 빈칸 주변에서 단서를 파악한다. 주절에 제안을 나타내는 동사 suggest가 있으므로 that절에는 '(should +) 동사원형'이 와야 한다. 따라서 동사원형 (b) not lift가 정답이다.

해석    Ryan은 운동하는 중에 당했던 허리 부상에 관해 의사와 상담했다. 의사는 Ryan에게 당분간 그 어떤 무거운 것도 <u>들어올리지 말라</u>고 제안했다.

**8**

해설 보기와 빈칸 문장의 that절을 통해 조동사 should 생략 문제임을 알 수 있으므로, 빈칸 주변에서 단서를 파악한다. 주절에 주장을 나타내는 형용사 best가 있으므로 that절에는 '(should +) 동사원형'이 와야 한다. 따라서 동사원형 (d) remain이 정답이다.

해석 1969년에, NASA는 최초의 성공적인 달 착륙을 완수했다. 세 명의 우주 비행사들이 이 임무에 참여했지만, 오직 두 명만이 달 표면에 갔다. NASA의 기술자들은 문제가 있을 경우에 대비하여 한 명은 우주선 안에 남아 있는 것이 가장 좋다고 생각했다.

# HACKERS TEST

| | | | | |
|---|---|---|---|---|
| 01 (b) | 02 (d) | 03 (a) | 04 (d) | 05 (c) |
| 06 (c) | 07 (a) | 08 (d) | 09 (b) | 10 (c) |
| 11 (c) | 12 (a) | 13 (d) | 14 (d) | 15 (a) |
| 16 (a) | 17 (a) | 18 (d) | 19 (c) | 20 (d) |
| 21 (c) | 22 (d) | 23 (b) | 24 (b) | 25 (b) |
| 26 (a) | 27 (d) | 28 (d) | 29 (b) | 30 (d) |
| 31 (d) | 32 (d) | 33 (d) | 34 (a) | 35 (b) |
| 36 (c) | | | | |

## 01 조동사 must                정답 (b)

해설 보기를 통해 조동사 문제임을 알 수 있으므로, 첫 문장부터 읽으며 문맥을 파악한다. 문맥상 소비자들은 자신의 가방을 가져가야 한다는 의미가 되어야 자연스러우므로, '~해야 한다'를 뜻하면서 의무를 나타내는 조동사 (b) must가 정답이다.

오답분석
(a) might은 약한 추측, (c) would는 과거의 불규칙한 습관이나 현재 사실의 반대, (d) could는 가능성/능력을 나타내어 문맥에 적합하지 않으므로 오답이다.

해석 환경을 보호하기 위해, 정부는 상점들이 비닐봉지를 사용하는 것을 금지했다. 새로운 법에 따르면, 소비자들은 그들의 구입품을 가져가기 위해 자신의 가방을 가져가야 한다.

어휘 environment n. 환경   prohibit v. 금지하다
plastic bag phr. 비닐봉지   customer n. 소비자, 고객
bring v. 가져가다, 가져오다   purchase n. 구입품, 구입

## 02 조동사 may                정답 (d)

해설 보기를 통해 조동사 문제임을 알 수 있으므로, 첫 문장부터 읽

으며 문맥을 파악한다. 문맥상 학생들은 보충 강의에 참석해야 할지도 모르지만 최종 결정은 아직 내려지지 않았다는 의미가 되어야 자연스러우므로, '~할지도 모른다'를 뜻하면서 약한 추측을 나타내는 조동사 (d) may가 정답이다.

오답분석
(a) will은 미래/예정, (b) should는 의무/당위성, (c) can은 가능성/능력을 나타내어 문맥에 적합하지 않으므로 오답이다.

해석 캠퍼스 화재로 인해, 금요일에 네브래스카 대학의 모든 강의가 취소되었다. 책임 관리자인 Ms. Wilkins는 학생들이 보충 강의에 참석해야 할지도 모르지만, 최종 결정은 아직 내려지지 않았다고 말했다.

어휘 cancel v. 취소하다   administrator n. 관리자, 행정인
attend v. 참석하다   makeup n. 보충   decision n. 결정, 판단

## 03 조동사 can                정답 (a)

해설 보기를 통해 조동사 문제임을 알 수 있으므로, 첫 문장부터 읽으며 문맥을 파악한다. 문맥상 팬들은 Bruce Williams가 다가오는 시즌에서도 경기를 계속할 수 있을지 확신하지 못한다는 의미가 되어야 자연스러우므로, '~할 수 있다'를 뜻하면서 능력을 나타내는 조동사 (a) can이 정답이다.

오답분석
(b) may는 약한 추측, (c) must는 의무, (d) would는 과거의 불규칙한 습관이나 현재 사실의 반대를 나타내어 문맥에 적합하지 않으므로 오답이다.

해석 Bruce Williams는 작년에 남부 야구 리그에서 최고의 선수였다. 하지만, 팬들은 그가 최근의 부상 때문에 다가오는 시즌에서도 경기를 계속할 수 있을지 확신하지 못한다.

어휘 continue v. 계속하다   upcoming adj. 다가오는   injury n. 부상

## 04 조동사 should 생략                정답 (d)

해설 보기와 빈칸 문장의 that절을 통해 조동사 should 생략 문제임을 알 수 있으므로, 빈칸 주변에서 단서를 파악한다. 주절에 제안을 나타내는 동사 suggest가 있으므로 that절에는 '(should +) 동사원형'이 와야 한다. 따라서 동사원형 (d) go가 정답이다.

해석 Jane은 최근에 그녀가 동네에 있는 새 이탈리아 식당에서 저녁을 먹었고, 그 음식은 그녀가 이제껏 먹어봤던 최고의 것들 중 하나였다고 Simon에게 말했다. 그녀는 그가 그의 가족들과 그곳에 가 봐야 한다고 제안했다.

## 05 조동사 should 생략                정답 (c)

해설 보기와 빈칸 문장의 that절을 통해 조동사 should 생략 문제임을 알 수 있으므로, 빈칸 주변에서 단서를 파악한다. 주

절에 주장을 나타내는 형용사 important가 있으므로 that절에는 '(should +) 동사원형'이 와야 한다. 따라서 동사원형 (c) not include가 정답이다.

해석 　강철을 만들기 위해서, 쇠는 높은 온도까지 가열된 다음 적은 양의 탄소가 추가된다. 그 강철이 견고하기 위해서는, 쇠가 불순물을 함유하지 않아야 하는 것이 중요하다.

어휘 　steel n. 강철　iron n. 쇠, 철　heat v. 가열하다　amount n. 양
carbon n. 탄소　impurity n. 불순물　include v. 함유하다

## 06 조동사 should　　　　　　　　　　　　　　정답 (c)

해설 　보기를 통해 조동사 문제임을 알 수 있으므로, 첫 문장부터 읽으며 문맥을 파악한다. 문맥상 Pacific 건설사가 프로젝트에 고려되기를 원한다면 6월 23일까지 입찰가를 제출해야 한다는 의미가 되어야 자연스러우므로, '~해야 한다'를 뜻하면서 의무를 나타내는 조동사 (c) should가 정답이다.

오답분석
(a) shall은 명령/지시, (b) might는 약한 추측, (d) would는 과거의 불규칙한 습관이나 현재 사실의 반대를 나타내어 문맥에 적합하지 않으므로 오답이다.

해석 　Pacific 건설사는 샌프란시스코에 새 경기장을 짓는 것에 관심이 있다. 만약 그것이 그 프로젝트에 고려되기를 원한다면, 그것은 지역 의회의 마감일인 6월 23일까지 입찰가를 제출해야 한다.

어휘 　arena n. 경기장　consider v. 고려하다　bid n. 입찰가
local adj. 지역의　council n. 의회

## 07 조동사 should 생략　　　　　　　　　　　정답 (a)

해설 　보기와 빈칸 문장의 that절을 통해 조동사 should 생략 문제임을 알 수 있으므로, 빈칸 주변에서 단서를 파악한다. 주절에 요구를 나타내는 동사 ask가 있으므로 that절에는 '(should +) 동사원형'이 와야 한다. 따라서 동사원형 (a) stop이 정답이다.

해석 　여행 단체의 한 구성원이 모든 그림들의 사진을 찍고 있었다. 여행 가이드는 박물관 안에서 카메라가 사용되는 것은 허용되지 않기 때문에 그가 그렇게 하는 것을 멈출 것을 요청했다.

## 08 조동사 should 생략　　　　　　　　　　　정답 (d)

해설 　보기와 빈칸 문장의 that절을 통해 조동사 should 생략 문제임을 알 수 있으므로, 빈칸 주변에서 단서를 파악한다. 주절에 주장을 나타내는 형용사 necessary가 있으므로 that절에는 '(should +) 동사원형'이 와야 한다. 따라서 동사원형 (d) take가 정답이다.

해석 　홍수는 매년 미시시피강 인근 지역에 상당한 파괴를 야기한다. 정부는 향후 홍수가 그 지역의 집과 기업체들에 피해를 야

기하는 것을 막기 위해 즉각적인 조치를 취해야 하는 것이 필수적이다.

어휘 　flooding n. 홍수　significant adj. 상당한
destruction n. 파괴　surrounding adj. 인근의, 둘러싼
immediate adj. 즉각적인　take action phr. 조치를 취하다

## 09 조동사 should 생략　　　　　　　　　　　정답 (b)

해설 　보기와 빈칸 문장의 that절을 통해 조동사 should 생략 문제임을 알 수 있으므로, 빈칸 주변에서 단서를 파악한다. 주절에 제안을 나타내는 동사 propose가 있으므로 that절에는 '(should +) 동사원형'이 와야 한다. 따라서 동사원형 (b) open이 정답이다.

해석 　Seaward 주식회사의 최고 경영자인 Blake Utter는 내년에 그것의 사업체를 아시아로 확장하기를 원한다. 그는 회사가 베이징, 서울, 홍콩, 그리고 도쿄에 지사를 개업해야 한다고 제안한다.

어휘 　operation n. 사업체　branch office phr. 지사, 지부

## 10 조동사 must　　　　　　　　　　　　　　정답 (c)

해설 　보기를 통해 조동사 문제임을 알 수 있으므로, 첫 문장부터 읽으며 문맥을 파악한다. 문맥상 운전 면허를 갱신해야 한다는 의미가 되어야 자연스러우므로, '~해야 한다'를 뜻하면서 의무를 나타내는 조동사 (c) must가 정답이다.

오답분석
(a) would는 과거의 불규칙한 습관이나 현재 사실의 반대, (b) might는 약한 추측, (d) could는 가능성/능력을 나타내어 문맥에 적합하지 않으므로 오답이다.

해석 　나는 교통부로부터 나의 운전 면허가 5월 3일에 만료된다는 통지를 받았다. 나는 그 다음 날 운전해서 출근할 필요가 있어서 그날 전에 그것을 갱신해야 한다.

어휘 　notice n. 통지　Department of Transportation phr. 교통부
driver's license phr. 운전 면허　expire v. 만료되다
renew v. 갱신하다

## 11 조동사 should 생략　　　　　　　　　　　정답 (c)

해설 　보기와 빈칸 문장의 that절을 통해 조동사 should 생략 문제임을 알 수 있으므로, 빈칸 주변에서 단서를 파악한다. 주절에 요구를 나타내는 동사 request가 있으므로 that절에는 '(should +) 동사원형'이 와야 한다. 따라서 동사원형 (c) call이 정답이다.

해석 　Coastal Tower 아파트 단지의 일부 주민들은 엘리베이터가 너무 오랫동안 고장나 있는 것에 대해 불평해왔다. 그들은 그것을 고치기 위해 건물 관리자가 최대한 빨리 기사를 불러야 한다고 요구했다.

어휘 complex n. (건물) 단지  out of order phr. 고장난
technician n. 기사, 기술자

## 12 조동사 could
정답 (a)

해설 보기를 통해 조동사 문제임을 알 수 있으므로, 첫 문장부터 읽으며 문맥을 파악한다. 문맥상 그 행사는 9월 11일에 개최될 수도 있지만 날짜는 아직 확정되지 않았다는 의미가 되어야 자연스러우므로, '~할 수도 있다'를 뜻하면서 추측을 나타내는 조동사 (a) could가 정답이다.

오답분석
(b) will은 미래/예정, (c) must는 의무, (d) ought to는 의무/당위성을 나타내어 문맥에 적합하지 않으므로 오답이다.

해석 시의회는 지역 예술가들과 음악가들을 장려하기 위한 축제를 열고자 계획하고 있다. 그 행사는 9월 11일에 개최될 수도 있지만, 의회가 장소의 이용 가능성을 확인해야 하므로 날짜는 아직 확정되지 않았다.

어휘 hold v. 열다, 개최하다  promote v. 장려하다, 홍보하다
take place phr. 개최되다  finalize v. 확정하다
confirm v. 확인하다  availability n. 이용 가능성  venue n. 장소

## 13 조동사 should 생략
정답 (d)

해설 보기와 빈칸 문장의 that절을 통해 조동사 should 생략 문제임을 알 수 있으므로, 빈칸 주변에서 단서를 파악한다. 주절에 제안을 나타내는 동사 recommend가 있으므로 that절에는 '(should +) 동사원형'이 와야 한다. 따라서 동사원형 (d) be consumed가 정답이다.

해석 칼슘은 유제품에서 발견되는 광물이며 그것은 건강한 뼈와 치아에 중요하다. 그 까닭에, 영양학자들은 이 영양소의 1000밀리그램이 매일 성인들에 의해 섭취되어야 한다고 권장한다.

어휘 calcium n. 칼슘  mineral n. 광물  dairy product phr. 유제품
bone n. 뼈  nutritionist n. 영양학자  nutrient n. 영양소
consume v. 섭취하다, 소비하다

## 14 조동사 should 생략
정답 (d)

해설 보기와 빈칸 문장의 that절을 통해 조동사 should 생략 문제임을 알 수 있으므로, 빈칸 주변에서 단서를 파악한다. 주절에 주장을 나타내는 동사 insist가 있으므로 that절에는 '(should +) 동사원형'이 와야 한다. 따라서 동사원형 (d) pay가 정답이다.

해석 내 친구가 어제 나의 새 노트북 컴퓨터로 게임을 하다가 그것을 고장 냈다. 나는 그가 수리 비용을 지불해야 한다고 주장하지만 그는 거부하고 있다.

어휘 break v. 고장 내다, 망가뜨리다  repair n. 수리  fee n. 비용
refuse v. 거부하다  pay v. 지불하다

## 15 조동사 will
정답 (a)

해설 보기를 통해 조동사 문제임을 알 수 있으므로, 첫 문장부터 읽으며 문맥을 파악한다. 문맥상 일정에 따르면 구조물에 관한 작업은 늦어도 8월 31일까지는 완료될 것이라는 의미가 되어야 자연스러우므로, '~할 것이다'를 뜻하면서 예정을 나타내는 조동사 (a) will이 정답이다.

오답분석
(b) might와 (d) may는 약한 추측, (c) could는 가능성/능력을 나타내어 문맥에 적합하지 않으므로 오답이다.

해설 지난 주의 붕괴 이후, Evans 시장은 시 근로자들에게 베이브리지를 여름 말까지 보수할 것을 지시했다. 일정에 따르면, 그 구조물에 관한 작업은 늦어도 8월 31일까지는 완료될 것이다.

어휘 collapse n. 붕괴  order v. 지시하다  structure n. 구조물
complete v. 완료하다  at the latest phr. 늦어도

## 16 조동사 can
정답 (a)

해설 보기를 통해 조동사 문제임을 알 수 있으므로, 첫 문장부터 읽으며 문맥을 파악한다. 문맥상 Brandon은 이미 피아노와 바이올린 둘 다 곧잘 연주할 수 있다는 의미가 되어야 자연스러우므로, '~할 수 있다'를 뜻하면서 능력을 나타내는 조동사 (a) can이 정답이다.

오답분석
(b) should는 의무/당위성, (c) may는 약한 추측, (d) will은 미래/예정을 나타내어 문맥에 적합하지 않으므로 오답이다.

해석 Brandon은 겨우 12살이지만, 그는 재능 있는 음악가이다. 그는 이미 피아노와 바이올린 둘 다 곧잘 연주할 수 있으며, 다음 달에는 기타를 배우기 시작할 계획이다.

어휘 talented adj. 재능 있는, 재주가 있는  learn v. 배우다, 학습하다

## 17 조동사 would
정답 (a)

해설 보기를 통해 조동사 문제임을 알 수 있으므로, 첫 문장부터 읽으며 문맥을 파악한다. 문맥상 Danielle은 원래 국립 미술관에 갈 것이라고 말했다는 의미가 되어야 자연스러우므로, '~할 것이었다'를 뜻하면서 과거 시점에서 본 미래를 나타내는 조동사 (a) would가 정답이다.

오답분석
(b) shall은 명령/지시, (c) must는 의무, (d) can은 가능성/능력을 나타내어 문맥에 적합하지 않으므로 오답이다.

해석 Danielle은 지난주 토요일에 그녀의 친구 Michael과 함께 자연사 박물관을 방문했다. 그녀는 원래 국립 미술관에 갈 것이라고 말했지만, 안타깝게도 그 시설은 주말에 보수 공사로 인해 폐쇄되었다.

어휘  museum n. 박물관  originally adv. 원래, 본래
facility n. 시설, 기관  renovation n. 보수 공사, 수리

## 18 조동사 can 　　　　　　　　　　　　　　정답 (d)

해설  보기를 통해 조동사 문제임을 알 수 있으므로, 첫 문장부터
읽으며 문맥을 파악한다. 문맥상 Heartwood 법률상담소는
자격을 갖춘 후보자들을 찾을 수 있기 위해 채용 업체와 함께
일할 것이라는 의미가 되어야 자연스러우므로, '~할 수 있다'
를 뜻하면서 가능성을 나타내는 조동사 (d) can이 정답이다.
참고로, so that은 '~하기 위해'라는 뜻으로 조동사 can과
자주 함께 쓰인다.

　　오답분석
　　(a) should는 의무/당위성, (b) would는 과거의 불규칙한
　　습관이나 현재 사실의 반대, (c) must는 의무를 나타내어 문
　　맥에 적합하지 않으므로 오답이다.

해석  Heartwood 법률상담소는 세법에 관한 전문가를 고용하는
것을 고려하고 있다. 그 회사는 그 직책에 자격을 갖춘 후보자
들을 찾을 수 있기 위해 채용 업체와 함께 일할 것이다.

어휘  look to phr. ~을 고려하다  hire v. 고용하다  specialist n. 전문가
recruitment n. 채용  qualified adj. 자격을 갖춘
candidate n. 후보자

## 19 조동사 should 생략 　　　　　　　　　　정답 (c)

해설  보기와 빈칸 문장의 that절을 통해 조동사 should 생략 문
제임을 알 수 있으므로, 빈칸 주변에서 단서를 파악한다. 주절
에 요구를 나타내는 동사 demand가 있으므로 that절에는
'(should +) 동사원형'이 와야 한다. 따라서 동사원형 (c)
update가 정답이다.

해석  국립 공원 관리청의 웹사이트는 야영지 위치 및 요금과 관련
하여 부정확한 정보를 포함하고 있다. 일부 시민 구성원들은
이러한 오류를 없애기 위해 누군가가 그것을 업데이트해야 한
다고 요구했다.

어휘  inaccurate adj. 부정확한  campsite n. 야영지  location n. 위치
remove v. 삭제하다  inaccuracy n. 오류, 부정확

## 20 조동사 must 　　　　　　　　　　　　　정답 (d)

해설  보기를 통해 조동사 문제임을 알 수 있으므로, 첫 문장부터 읽
으며 문맥을 파악한다. 문맥상 물은 항상 25도와 27도 사이
여야 하며 그렇지 않으면 열대어들이 급속히 멸종될 것이라
는 의미가 되어야 자연스러우므로, '~해야 한다'를 뜻하면서
의무를 나타내는 조동사 (d) must가 정답이다.

　　오답분석
　　(a) would는 과거의 불규칙한 습관이나 현재 사실의 반대,
　　(b) can은 가능성/능력, (c) might는 약한 추측을 나타내어

문맥에 적합하지 않으므로 오답이다.

해석  열대어들은 수온의 변화에 매우 민감하며 차가운 물에서는 살
아남을 수 없다. 대부분의 종들에게, 물은 항상 25도와 27도
사이여야 하며 그렇지 않으면 그것들은 급속히 멸종될 것이다.

어휘  tropical adj. 열대의  sensitive adj. 민감한  survive v. 살아남다
species n. (생물) 종  rapidly adv. 급속히  die out phr. 멸종되다

## 21 조동사 should 생략 　　　　　　　　　　정답 (c)

해설  보기와 빈칸 문장의 that절을 통해 조동사 should 생략 문
제임을 알 수 있으므로, 빈칸 주변에서 단서를 파악한다. 주절
에 제안을 나타내는 동사 suggest가 있으므로 that절에는
'(should +) 동사원형'이 와야 한다. 따라서 동사원형 (c)
just wait가 정답이다.

해석  Elena는 그녀의 아들 Michael의 좋지 않은 성적에 대해 걱
정했고 그가 왜 힘들어하고 있는지 알아보기 위해 그의 선
생님들에게 전화하고 싶었다. 하지만 그녀의 남편은 그녀가
Michael의 진척에 대해 그의 모든 선생님들과 이야기하기 위
해 학부모회 모임까지 그냥 기다리는 것을 제안했다.

어휘  grade n. 성적  see v. 알아보다, 이해하다  struggle v. 힘겨워하다
PTA(Parent-Teacher Association) n. 학부모회
progress n. 진척, 경위, 과정

## 22 조동사 will 　　　　　　　　　　　　　　정답 (d)

해설  보기를 통해 조동사 문제임을 알 수 있으므로, 첫 문장부터
읽으며 문맥을 파악한다. 문맥상 Brighton 금융사가 추가의
회계사들을 고용할 것이라는 의미가 되어야 자연스러우므로,
'~할 것이다'를 뜻하면서 예정을 나타내는 조동사 (d) will이
정답이다.

　　오답분석
　　(a) might와 (c) may는 약한 추측, (b) could는 가능성/능
　　력을 나타내어 문맥에 적합하지 않으므로 오답이다.

해석  Brighton 금융사는 최근 몇몇 새 고객들을 맡게 되었다. 따
라서, 그 회사는 추가의 회계사들을 고용할 것이다. 이러한 공
석에 대한 광고는 이미 온라인에 게시되었다.

어휘  financial adj. 금융의  take on phr. 맡다  client n. 고객, 의뢰인
advertisement n. 광고  post v. 게시하다

## 23 조동사 should 생략 　　　　　　　　　　정답 (b)

해설  보기와 빈칸 문장의 that절을 통해 조동사 should 생략 문
제임을 알 수 있으므로, 빈칸 주변에서 단서를 파악한다. 주
절에 제안을 나타내는 동사 advise가 있으므로 that절에는
'(should +) 동사원형'이 와야 한다. 따라서 동사원형 (b)
try가 정답이다.

해석  Wendy는 그녀의 대학 전공을 선택하는 것에 어려움을 겪고

있었다. 그녀가 이것을 그녀의 친구에게 말했을 때, 그는 그녀가 최종 결정을 내리기 전에 다양한 강좌들을 <u>접해보아야 한다</u>고 조언했다.

어휘 | choose v. 선택하다  major n. 전공  mention v. 말하다, 언급하다
a variety of phr. 다양한  course n. 강좌  final adj. 최종의

## 24 조동사 will 　　　　　　　　　　　　　정답 (b)

해설 | 보기를 통해 조동사 문제임을 알 수 있으므로, 첫 문장부터 읽으며 문맥을 파악한다. 문맥상 모든 제품들이 상당한 할인가로 제공될 예정이라는 의미가 되어야 자연스러우므로, '~할 예정이다'를 뜻하면서 예정을 나타내는 조동사 (b) will이 정답이다.

오답분석
(a) should는 의무/당위성, (c) can은 가능성/능력, (d) might는 약한 추측을 나타내어 문맥에 적합하지 않으므로 오답이다.

해석 | Green 슈퍼마켓은 5주년을 기념하기 위해 다음 주에 할인 판매를 진행할 것이다. 오늘 배부된 전단지는 가게의 모든 제품들이 상당한 할인가로 제공될 예정이라는 것을 보여준다.

어휘 | celebrate v. 기념하다  anniversary n. 주년, 기념일
flyer n. 전단지  distribute v. 배부하다  offer v. 제공하다

## 25 조동사 should 생략 　　　　　　　　　정답 (b)

해설 | 보기와 빈칸 문장의 that절을 통해 조동사 should 생략 문제임을 알 수 있으므로, 빈칸 주변에서 단서를 파악한다. 주절에 주장을 나타내는 형용사 mandatory가 있으므로 that절에는 '(should +) 동사원형'이 와야 한다. 따라서 동사원형 (b) request가 정답이다.

해석 | Parkview 아파트는 거주자나 손님이 아닌 사람이 건물의 주차 시설을 이용하는 것에 대한 세입자들의 불만에 대응하여 새로운 규칙을 도입했다. 새 정책에 따라, 각각의 방문객은 임시 주차권을 <u>요청하는</u> 것이 의무적이다.

어휘 | implement v. (새로운 것을) 도입하다, 시행하다
complaint n. 불만, 불평  tenant n. 세입자, 임차인
resident n. 거주자, 주민  facility n. 시설, 기관
policy n. 정책, 방침  mandatory adj. 의무적인, 법에 정해진
temporary adj. 임시의, 일시적인

## 26 조동사 should 생략 　　　　　　　　　정답 (a)

해설 | 보기와 빈칸 문장의 that절을 통해 조동사 should 생략 문제임을 알 수 있으므로, 빈칸 주변에서 단서를 파악한다. 주절에 제안을 나타내는 동사 advise가 있으므로 that절에는 '(should +) 동사원형'이 와야 한다. 따라서 동사원형 (a) practice가 정답이다.

해석 | Brenda는 최근에 대형 마케팅 회사의 인사부 관리직에 지원

했다. 그녀는 면접에 대해 매우 긴장했다. 그녀의 오빠는 그녀가 질문 받을 것 같은 문제들에 대답하는 것을 <u>연습해야 한다</u>고 조언했다.

어휘 | apply for phr. ~에 지원하다  personnel n. 인사부
likely adj. ~할 것 같은

## 27 조동사 might 　　　　　　　　　　　　정답 (d)

해설 | 보기를 통해 조동사 문제임을 알 수 있으므로, 첫 문장부터 읽으며 문맥을 파악한다. 문맥상 터키어 강좌가 다음 학기에 제공되지 않을지도 모른다는 의미가 되어야 자연스러우므로, '~하지 않을지도 모른다'를 뜻하면서 약한 추측을 나타내는 조동사 (d) might not이 정답이다.

오답분석
(a) will not은 미래/예정, (b) must not은 의무, (c) should not은 의무/당위성을 나타내어 문맥에 적합하지 않으므로 오답이다.

해석 | 오크밸리 대학은 터키어 강좌를 중단하는 것을 고려하고 있다. 하지만, 그것은 이 과목에 대한 학생들의 관심도를 먼저 측정할 필요가 있다. 그 강좌들은 그들의 흥미에 따라 다음 학기에 제공되지 <u>않을지도 모른다</u>.

어휘 | cut v. 중단하다  determine v. 측정하다, 알아내다  level n. 정도
depending on phr. ~에 따라

## 28 조동사 should 　　　　　　　　　　　정답 (d)

해설 | 보기를 통해 조동사 문제임을 알 수 있으므로, 첫 문장부터 읽으며 문맥을 파악한다. 문맥상 피해를 입은 환자들의 친척들은 관계자들이 이러한 약물이 승인되는 것을 막았어야 했다고 주장한다는 의미가 되어야 자연스럽다. 따라서 'have + p.p.'와 결합해 '~했어야 했다'라는 의미의 후회/유감을 나타내는 조동사 (d) should가 정답이다.

오답분석
(b) might는 'have + p.p.'와 결합해 '~했을지도 모른다'라는 의미의 불확실한 추측을 나타내어 문맥에 적합하지 않으므로 오답이다.
(c) must는 'have + p.p.'와 결합해 '~했음에 틀림없다'라는 의미의 강한 확신을 나타내어 문맥에 적합하지 않으므로 오답이다.

해석 | 새로운 유형의 한 항바이러스성 약물이 심각한 혈전을 일으키는 것으로 밝혀졌다. 피해를 입은 환자들의 친척들은 관계자들이 이러한 약물이 승인되는 것을 <u>막았어야 했다</u>고 주장한다. 정부는 그것들이 모든 정규 임상 실험을 통과했다고 주장한다.

어휘 | antiviral adj. 항바이러스성의  severe adj. 심각한
blood clot phr. 혈전(혈관 속에서 피가 굳어서 된 핏덩이)
argue v. 주장하다, 언쟁하다  authority n. 관계자, 당국

claim v. 주장하다   laboratory test phr. 임상 실험

## 29 조동사 can                                정답 (b)

해설   보기를 통해 조동사 문제임을 알 수 있으므로, 첫 문장부터 읽으며 문맥을 파악한다. 문맥상 이 회원들은 이제 추가 비용 없이 매달 최대 6개의 에어로빅 수업에 참여할 수 있다는 의미가 되어야 자연스러우므로, '~할 수 있다'를 뜻하면서 가능성을 나타내는 조동사 (b) can이 정답이다.

오답분석

(a) will은 미래/예정, (c) must는 의무, (d) should는 의무/당위성을 나타내어 문맥에 적합하지 않으므로 오답이다.

해석   Core 피트니스 센터의 경영진은 연간 회원권을 보유한 개인들에게 추가적인 서비스를 제공하기로 결정했다. 이 회원들은 이제 추가 비용 없이 매달 최대 6개의 에어로빅 수업에 참여할 수 있다.

어휘   management n. 경영진, 관리   provide v. 제공하다, 주다
additional adj. 추가적인   individual n. 개인
annual adj. 연간의, 한 해의   participate v. 참여하다
aerobics n. 에어로빅   charge n. (상품·서비스의) 비용, 요금

## 30 조동사 should 생략                       정답 (d)

해설   보기와 빈칸 문장의 that절을 통해 조동사 should 생략 문제임을 알 수 있으므로, 빈칸 주변에서 단서를 파악한다. 주절에 요구를 나타내는 명사 desire가 있으므로 that절에는 '(should +) 동사원형'이 와야 한다. 따라서 동사원형 (d) attend가 정답이다.

해석   Beth의 아버지는 변호사로서 일하며 30년이 넘는 시간을 보내왔다. 그의 바람은 Beth가 법학 전문 대학원에 다닌 후 그의 뒤를 잇는 것이다. 하지만, Beth는 건물을 설계하는 것에 흥미가 있기 때문에, 그녀는 아마 건축학을 공부할 것이다.

어휘   lawyer n. 변호사   follow in one's footsteps phr. ~의 뒤를 잇다
architecture n. 건축학

## 31 조동사 could                            정답 (d)
[고난도]

해설   보기를 통해 조동사 문제임을 알 수 있으므로, 첫 문장부터 읽으며 문맥을 파악한다. 문맥상 증권 거래소는 원래 증권 중개인들이 주식을 사고 팔 수 있었던 장소였다는 의미가 되어야 자연스러우므로, '~할 수 있었다'를 뜻하면서 가능성을 나타내는 조동사 (d) could가 정답이다.

오답분석

(c) can도 가능성을 나타내기는 하지만, 앞의 절에 과거 동사 was가 있어 시제가 일치하지 않으므로 오답이다. (a) must는 의무, (b) shall은 명령/지시를 나타내어 문맥에 적합하지 않으므로 오답이다.

해석   오늘날 대부분의 증권 거래는 매우 전산화되어 있다. 이것은 실물 증권 거래를 대체로 시대에 뒤지게 만들었다. 증권 거래소는 원래 증권 중개인들이 주식을 사고 팔 수 있었던 장소였지만, 그것은 이제 주로 온라인상에서 행해진다.

어휘   stock n. 증권   computerize v. 전산화하다
physical adj. 실물의, 물질의   irrelevant adj. 시대에 뒤진, 무의미한
stock exchange phr. 증권 거래소   originally adv. 원래
broker n. 중개인   share n. 주식

## 32 조동사 should 생략                       정답 (c)

해설   보기와 빈칸 문장의 that절을 통해 조동사 should 생략 문제임을 알 수 있으므로, 빈칸 주변에서 단서를 파악한다. 주절에 주장을 나타내는 동사 urge가 있으므로 that절에는 '(should +) 동사원형'이 와야 한다. 따라서 동사원형 (c) use가 정답이다.

해석   불법적으로 주차된 차량들은 위험 요인인데 이는 그것들이 화재와 같은 비상 사태 중에 소방차와 구급차가 건물에 가까이 접근하는 것을 막기 때문이다. 시 행정부는 운전자들이 지정된 주차 공간만 사용해야 한다고 강조한다.

어휘   illegally adv. 불법적으로   park v. 주차하다   hazard n. 위험 요인
prevent v. 막다   emergency n. 비상 사태
administration n. 행정부   urge v. 강조하다, 촉구하다
designated adj. 지정된

## 33 조동사 should 생략                       정답 (d)

해설   보기와 빈칸 문장의 that절을 통해 조동사 should 생략 문제임을 알 수 있으므로, 빈칸 주변에서 단서를 파악한다. 주절에 요구를 나타내는 동사 require가 있으므로 that절에는 '(should +) 동사원형'이 와야 한다. 따라서 동사원형 (d) perform이 정답이다.

해석   징병제란 시민들의 군대로의 의무적인 입대이다. 정부는 특정한 나이대에 속하는 사람은 누구든지 병역을 수행해야 한다고 요구한다. 보통, 이것은 18세에서 30세 사이의 남성에 한정된다.

어휘   conscription n. 징병제   mandatory adj. 의무적인
enlistment n. 입대, 모병   armed forces phr. 군대
belong to phr. ~에 속하다   military service phr. 병역
restricted adj. 한정된   perform v. 수행하다

## 34 조동사 should                            정답 (a)

해설   보기를 통해 조동사 문제임을 알 수 있으므로, 첫 문장부터 읽으며 문맥을 파악한다. 문맥상 지원서는 배경이나 사회적 지위에 대한 어떠한 정보도 포함하지 않아야 한다는 의미가 되어야 자연스러우므로, '~해야 한다'를 뜻하면서 의무를 나타내는 조동사 (a) should가 정답이다.

해석    Belleview 대학은 그들의 입학 요건을 바꾸었다. 이것은 모든 지원서가 확실히 동일한 방식으로 다루어지게 하기 위해 행해졌다. 이제부터, 지원서는 배경이나 사회적 지위에 대한 어떠한 정보도 포함하지 않아야 한다.

어휘    **admission** n. 입학   **requirement** n. 요건
**ensure** v. 확실히 ~하게 하다   **application** n. 지원서
**treat** v. 다루다   **social** adj. 사회적인   **status** n. 지위

## 35   조동사 should 생략       정답 (b)

해설    보기와 빈칸 문장의 that절을 통해 조동사 should 생략 문제임을 알 수 있으므로, 빈칸 주변에서 단서를 파악한다. 주절에 명령을 나타내는 동사 order가 있으므로 that절에는 '(should +) 동사원형'이 와야 한다. 따라서 동사원형 (b) fix가 정답이다.

해석    그가 일하는 가게의 바닥을 청소하던 중에, Patrick은 사고를 냈다. 그는 새 장난감들의 진열로 뒷걸음질쳤고 그것들을 전부 엎어버렸다. 관리자는 그가 당장 진열을 바로잡아야 한다고 지시했다.

어휘    **accident** n. 사고   **backwards** adv. 뒤로   **display** n. 진열
**knock over** phr. 엎다   **fix** v. 바로잡다, 고치다

## 36   조동사 might       정답 (c)

해설    보기를 통해 조동사 문제임을 알 수 있으므로, 첫 문장부터 읽으며 문맥을 파악한다. 문맥상 Amanda Price가 대통령 선거를 아마 이길 것이지만 투표 전까지 아직 갈 길이 멀다는 의미가 되어야 자연스러우므로, '아마 ~일 것이다'를 뜻하면서 약한 추측을 나타내는 조동사 (c) might가 정답이다.

해석    몇몇 최신 여론 조사는 Amanda Price가 그녀의 경쟁자인 Neal Sawyer보다 유권자들에게 더 인기 있다는 것을 보여준다. 그녀는 대통령 선거를 아마 이길 것이지만, 투표 전까지 아직 갈 길이 멀다.

어휘    **poll** n. 여론 조사   **voter** n. 유권자   **opponent** n. 경쟁자, 상대
**presidential election** phr. 대통령 선거   **vote** n. 투표

## 출제공식 14 동명사를 목적어로 취하는 동사 p.88

### 연습문제

**1** (d)　　**2** (d)　　**3** (c)　　**4** (a)　　**5** (c)

**6** (b)

### 지텔프 실전문제

**7** (b)　　**8** (d)

* 동명사를 목적어로 취하는 동사는 해석에 초록색으로 표시되어 있습니다.

**1**　시장은 작업자들이 7월 25일까지 새 다리를 건설하는 것을 끝낼(finish) 것이라고 발표했다.

**2**　Wilson 전자는 새로운 공장을 위한 장비에 너무 많은 돈을 쓰는 것을 피해야(avoid) 한다.

**3**　그 의학 연구는 관절염을 앓고 있는 환자들에게 새로운 약물을 실험하는 것을 포함한다(involves).

**4**　Frank는 만약 당신이 언젠가 뉴욕시를 방문한다면 Park 호텔에 묵는 것을 추천한다(recommends).

**5**　Harris 교수는 그가 학기말 리포트의 기한을 일주일 연장하는 것을 고려할(consider) 것이라고 말했다.

**6**　World 놀이공원을 방문하는 많은 사람들은 롤러코스터를 타는 것을 즐긴다(enjoy).

**7**

해설　보기를 통해 준동사 문제임을 알 수 있으므로, 빈칸 주변에서 단서를 파악한다. 빈칸 앞 동사 stop은 동명사를 목적어로 취하므로, 동명사 (b) driving이 정답이다.

오답분석

(d) having driven도 동명사이기는 하지만, 완료동명사(having driven)로 쓰일 경우 '멈추는' 시점보다 '운전하는' 시점이 앞선다는 것을 나타내는데, 지문의 내용은 불필요하게 운전하는 일반적인 행위를 멈추어야 한다는 의미이므로 문맥에 적합하지 않아 오답이다. 참고로 지텔프 문법 영역에서는 대부분의 경우 완료동명사가 정답으로 출제되지 않는다.

해석　대기 오염은 도로 위 많은 수의 차량으로 인해 여러 도시에서

흔한 문제이다. 사람들은 만약 대기 질이 개선되기를 원한다면 불필요하게 운전하는 것을 멈추어야 한다.

**8**

해설　보기를 통해 준동사 문제임을 알 수 있으므로, 빈칸 주변에서 단서를 파악한다. 빈칸 앞 동사 keep은 동명사를 목적어로 취하므로, 동명사 (d) saving이 정답이다.

오답분석

(c) having saved도 동명사이기는 하지만, 완료동명사(having saved)로 쓰일 경우 '계속하는' 시점보다 '저축하는' 시점이 앞선다는 것을 나타내므로 문맥에 적합하지 않아 오답이다.

해석　Mark는 유럽을 두루 여행하기 위해 3개월의 휴가를 가지기로 결심했다. 하지만, 그는 그 여행을 위한 충분한 자금을 가지고 있지 않다. 그의 꿈을 현실로 만들기 위해, 그는 돈을 저축하는 것을 계속해야 한다.

## 출제공식 15 to 부정사를 목적어/목적격 보어로 취하는 동사 p.90

### 연습문제

**1** (c)　　**2** (a)　　**3** (d)　　**4** (a)　　**5** (b)

**6** (d)

### 지텔프 실전문제

**7** (d)　　**8** (c)

* to 부정사를 목적어/목적격 보어로 취하는 동사는 해석에 초록색으로 표시되어 있습니다.

**1**　Seattle Vipers 팀의 코치는 팀을 위한 추가 연습 일정을 잡기로 결정했다(decided).

**2**　의사들은 사람들이 적어도 2년에 한 번은 건강 검진을 받을 것을 권장한다(encourage).

**3**　Raymond는 친구들과 영화를 보기를 원하지만(wants), 그는 그보다 가족 저녁 식사에 참석해야 한다.

**4**　정부는 등록금을 지불하는 데 어려움을 겪고 있는 학생들에게 재정 지원을 제공할 것을 약속했다(promised).

**5** Mr. Wright는 그의 친구에게 주말에 함께 골프를 한 게임 <u>칠 것</u>을 요청했다(asked).

**6** 흡연이 상당한 건강 위험 요인인 만큼, 정부는 모든 공공장소에서 그것을 <u>금지할</u> 필요가 있다(needs).

**7**

해설 보기를 통해 준동사 문제임을 알 수 있으므로, 빈칸 주변에서 단서를 파악한다. 빈칸 앞 동사 hope는 to 부정사를 목적어로 취하므로, to 부정사 (d) to work가 정답이다.

[오답분석]

(c) to have worked도 to 부정사이기는 하지만, 완료부정사(to have worked)로 쓰일 경우 '바라는' 시점보다 '일하는' 시점이 앞선다는 것을 나타내므로 문맥에 적합하지 않아 오답이다. 참고로 지텔프 문법 영역에서는 대부분의 경우 완료부정사가 정답으로 출제되지 않는다.

해석 Denise는 최근에 Southeast 대학에 입학했고 마케팅 강의를 듣고 있다. 그녀는 졸업한 후에 뉴욕에 있는 주요 광고 회사에서 <u>일하기를</u> 바란다.

**8**

해설 보기를 통해 준동사 문제임을 알 수 있으므로, 빈칸 주변에서 단서를 파악한다. 빈칸 앞 동사 require는 'require + 목적어 + 목적격 보어'의 형태로 쓰이며, to 부정사를 목적격 보어로 취하여 '그녀의 비서가 도와줄 것을 요구했다'라는 의미를 나타낸다. 따라서 to 부정사 (c) to help가 정답이다.

해석 SX 주식회사의 최고 경영자인 Ms. Lee는 다음 주에 시애틀에서 있을 기술 학회에 참석할 것이다. 그녀는 오늘 아침 일찍 그녀의 비서가 그 행사 기간 동안의 호텔 방을 예약하는 것을 <u>도와줄 것</u>을 요구했다.

---

> **출제공식**
> **16** 동명사와 to 부정사 모두를 목적어로 취하는 동사
> p.92

**연습문제**

**1** (c)     **2** (d)     **3** (a)     **4** (b)     **5** (a)

**6** (d)

**지텔프 실전문제**

**7** (b)     **8** (d)

---

\* 동명사/to 부정사를 목적어로 취하는 동사는 해석에 초록색으로 표시되어 있습니다.

**1** Phoenix의 주민들은 도심 주차 공간 부족에 대해 <u>불평하기</u> 시작했다(began).

**2** Bella는 항상 그녀의 에세이를 마감일 전에 잘 <u>제출하는 것</u>을 기억하는데(remembers), 이는 그녀가 막바지까지 미뤄두는 것을 싫어하기 때문이다.

**3** Lighthouse 서점은 다음 달에 아주 다양한 잡지들을 <u>판매하기</u> 시작할(start) 것이다.

**4** 나는 10살 때 부에노스아이레스로 여행했던 <u>것</u>을 절대 잊지(forget) 않을 것이다.

**5** 여행자들이 무료 공항 셔틀 버스를 <u>이용하는 것</u>을 매우 좋아해서(love), 시 정부는 이 서비스를 확장했다.

**6** Ms. Branson은 절대 오후 6시 이후에 회의를 잡지 않는데 이는 그녀가 저녁에 <u>일하는 것</u>을 싫어하기(hates) 때문이다.

**7**

해설 보기를 통해 준동사 문제임을 알 수 있으므로, 빈칸 주변에서 단서를 파악한다. 빈칸 앞 동사 endure는 동명사와 to 부정사 모두를 목적어로 취하는데, 두 경우 모두 의미에 차이가 없다. 보기에 to 부정사는 제시되지 않았으므로, 동명사 (b) working out이 정답이다.

[오답분석]

(a) to have worked out과 (c) having worked out은 to 부정사와 동명사이기는 하지만, 완료형으로 쓰일 경우 '견디는' 시점보다 '운동하는' 시점이 앞선다는 것을 나타내므로 문맥에 적합하지 않아 오답이다.

해석 Ronny는 역기를 들고 집에 있는 기구에서 운동하는 데 매일 아침 적어도 1시간을 보낸다. 그는 다른 사람들과 함께 <u>운동하는 것</u>을 견딜 수 없어서 체육관에 가는 것은 피한다.

**8**

해설 보기를 통해 준동사 문제임을 알 수 있으므로, 빈칸 주변에서 단서를 파악한다. 빈칸 앞 동사 regret은 동명사와 to 부정사 모두를 목적어로 취하므로, 문맥을 파악하여 정답을 선택해야 한다. 문맥상 경기를 위해 훈련하는 데 너무 적은 시간을 보낸 것을 후회한다는 의미가 되어야 자연스러우므로, 동사 regret과 함께 쓰일 때 '~한 것을 후회하다'라는 의미를 나타내는 동명사 (d) spending이 정답이다.

[오답분석]

(a) to spend는 동사 regret과 함께 쓰일 때 '~하게 되어 유감이다'라는 의미를 나타내어, 문맥에서 경기를 위해 훈련하는 데 너무 적은 시간을 보내게 되어 유감이라는 어색한 의미가 되므로 오답이다.

해석 Dale은 근육 경련으로 인해 뉴욕 마라톤을 완주할 수 없었다. 그는 경기를 위해 훈련하는 데 너무 적은 시간을 <u>보낸 것</u>을 후회한다.

**17 to 부정사의 다양한 역할** p.94

**연습문제**

1 (d)　　2 (c)　　3 (a)　　4 (d)　　5 (d)

6 (b)

**지텔프 실전문제**

7 (b)　　8 (a)

---

\* to 부정사의 역할 관련 단서는 해석에 초록색으로 표시되어 있습니다.

**1** 수업으로 가는 길에, Thompson 교수는(Professor Thompson) 한 학생과 <u>이야기하기 위해</u> 몇 분간 멈췄다 (stopped).

**2** Mr. Paxton은(Mr. paxton) 부점장 자리를 위한 지원자를 <u>면접하기 위해</u> 준비되었다(is ready).

**3** Brad는(Brad) 예전의 대학 친구를 <u>찾아가기 위해</u> 다음 주에 로스앤젤레스에 갈 것이다(will go).

**4** 공공 도서관은(The public library) 지역 주민들이 그것의 서비스를 이용하도록 <u>장려하기 위해</u> 평일 운영 시간을(its hours) 연장했다(has extended).

**5** Emily는 그녀의 친구들과 미술관에 갈 수 없었는데 이는 그녀가 <u>해야 할</u> 업무가(work) 조금 있었기 때문이다.

**6** Horch 주식회사는(Horch Incorporated) 더 좋은 자격을 갖춘 지원자들을 <u>끌기 위해</u> 초봉과 복리 후생 제도를(its starting salary and benefits package) 개선했다(has improved).

**7**

해설　보기를 통해 준동사 문제임을 알 수 있으므로, 빈칸 주변에서 단서를 파악한다. 빈칸 앞에 주어(Governments), 동사 (must address), 목적어(this problem)가 갖춰진 완전한 절이 있으므로, 빈칸 이하는 문장의 필수 성분이 아닌 수식어구이다. 따라서 목적을 나타내며 수식어구를 이끌 수 있는 to 부정사 (b) to ensure가 정답이다.

해석　상승하는 주택 가격은 전 세계적으로 많은 도시에서 문제이다. 정부들은 주민들이 살기에 가격이 적당한 장소를 찾을 <u>수 있도록 하기 위해</u> 이 문제를 고심해야 한다.

**8**

해설　보기를 통해 준동사 문제임을 알 수 있으므로, 빈칸 주변에서 단서를 파악한다. 빈칸 앞에 주어(probes), 동사(were launched)가 갖춰진 완전한 절이 있으므로, 빈칸 이하는 문

장의 필수 성분이 아닌 수식어구이다. 따라서 목적을 나타내며 수식어구를 이끌 수 있는 to 부정사 (a) to study가 정답이다.

오답분석

(d) to have studied도 to 부정사이기는 하지만, 완료부정사(to have studied)로 쓰일 경우 '발사되는' 시점보다 '연구하는' 시점이 앞선다는 것을 나타내므로 문맥에 적합하지 않아 오답이다.

해석　핼리 혜성의 기록된 관측은 기원전 240년까지 거슬러 올라간다. 근대까지, 과학자들은 이 혜성의 구조에 대해 확신이 없었다. 하지만, 1986년에, 몇몇 우주 탐사선이 그 혜성을 <u>연구하기 위해</u> 발사되었으며, 그것의 근접 촬영 사진들을 연구원들에게 제공했다.

---

 **18 동명사의 다양한 역할** p.96

**연습문제**

1 (d)　　2 (b)　　3 (c)　　4 (a)　　5 (d)

6 (b)

**지텔프 실전문제**

7 (d)　　8 (c)

---

\* 동명사의 역할 관련 단서는 해석에 초록색으로 표시되어 있습니다.

**1** <u>수영하는 것은</u> 신체를 강화하고 칼로리를 태우기 때문에 운동의 가장 좋은 형태 중 하나이다(is).

**2** Gerald는 책이 든 무거운 박스들을 수납장으로 <u>옮기는 것</u>으로 인해(from) 지쳤다.

**3** 해외로 <u>확장하는 것은</u> Gramhall 유한 회사가 다음 5년 동안 매출을 25퍼센트 증대시킬 수 있게 할 것이다(will enable).

**4** 양당의 정치인들은 왜 정부가 국가의 쇠퇴한 기반 시설을 <u>개선하는 것</u>을 위한(for) 예산을 삭감했는지 묻고 있다.

**5** <u>여행하는 것은</u> 늘 Martha의 열망이 되어 왔고(has ~ been), 그녀는 지금까지 23개국을 방문했다.

**6** 규칙적으로 <u>연습하는 것은</u> 전문 하키 선수들이 경기를 잘 하기 위해 필요한 기량을 발달시키는 데 도움이 된다(helps).

**7**

해설　보기를 통해 준동사 문제임을 알 수 있으므로, 빈칸 주변에서

---

단서를 파악한다. 빈칸 앞에 전치사 against가 있으므로, 빈칸은 전치사의 목적어 자리이다. 전치사는 목적어로 명사를 취하므로, 보기 중 가장 적합한 동명사 (d) dropping이 정답이다.

[오답분석]

(a) having dropped도 동명사이기는 하지만, 완료동명사 (having dropped)로 쓰일 경우 '조치를 취하지 않은' 시점 보다 '버리는' 시점이 앞선다는 것을 나타내는데, 지문의 내용은 쓰레기를 버리는 일반적인 행위에 맞선 투쟁에서 충분한 조치를 취하지 않았다는 의미이므로 문맥에 적합하지 않아 오답이다.

해석 도시는 여전히 쓰레기 문제를 가지고 있으며, 특히 주요 도로 근처에서 그러하다. 쓰레기 투기를 금지하는 법들이 있기는 하지만, 경찰은 그것들을 거의 집행하지 않는다. 정부는 거리에 쓰레기를 버리는 것에 맞선 투쟁에서 충분한 조치를 분명히 취하지 않았다.

**8**

해설 보기를 통해 준동사 문제임을 알 수 있으므로, 빈칸 주변에서 단서를 파악한다. 빈칸 문장 동사 would reduce의 주체가 되는 주어가 없으므로, 빈칸은 주어 자리이다. 주어 역할을 하는 것은 명사이므로, 보기 중 가장 적합한 동명사 (c) Renting이 정답이다.

[오답분석]

(d) to 부정사도 명사 역할을 할 수 있기 때문에 주어 자리에 올 수 있다. 그러나 주어 역할로 더 일반적으로 사용되어 자연스러운 것은 동명사이므로 to 부정사는 오답이다. 참고로 지텔프 문법 영역에서는 대부분의 경우 주어 자리에 to 부정사가 정답으로 출제되지 않는다.

해석 Mark는 교외에 있는 그의 집에서부터 사무실로 운전해 가기까지 약 1시간이 걸린다. 도심 아파트에 세를 내는 것은 그가 통근하는 데 매일 쓰는 시간을 줄여줄 것이다.

---

## 출제공식 (19) 준동사의 관용적 표현  p.98

**연습문제**

1 (c)    2 (d)    3 (a)    4 (d)    5 (b)

6 (a)

**지텔프 실전문제**

7 (c)        8 (a)

\* 준동사의 관용적 표현 단서는 해석에 초록색으로 표시되어 있습니다.

**1** Shanghai Cosmetics 사와 협력함으로써, Beauty Tone

---

사는 중국 시장으로 진입할 수 있을(be able) 것이다.

**2** 사람들은 정직하고 믿음직한 인상을 주는 후보자들에 투표하는 경향이 있다(tend).

**3** Matthew는 다음 주말에 그의 몇몇 친구들과 산으로 하이킹하러 갈(will go) 것이다.

**4** Mr. Smith는 그가 회사로부터 돈을 횡령했었다는 사실이 밝혀진 후 사임할 수밖에 없었다(had no choice but).

**5** 그 공간은 생물학 세미나에 참석한 모든 학생들을 수용하기에는 너무 작았다(too small).

**6** 극지방의 만년설이 계속 녹으면 전 세계 해수면이 상승하기 쉽다(be likely).

**7**

해설 보기를 통해 준동사 문제임을 알 수 있으므로, 빈칸 주변에서 단서를 파악한다. 빈칸 앞 동사 help는 'cannot help -ing'의 형태로 쓰여 '~하지 않을 수 없다'라는 관용적 의미를 나타낸다. 따라서 동명사 (c) feeling이 정답이다.

해석 지난 주말에, Noah는 그의 차가 긁혔다는 것을 알아챘다. 불행히도, 그 손상을 일으킨 누군가는 쪽지를 남기지 않았고, 그래서 그는 직접 수리에 대한 비용을 지불해야 할 것이다. Noah는 그 상황에 대해 좌절감을 느끼지 않을 수 없다.

**8**

해설 보기를 통해 준동사 문제임을 알 수 있으므로, 빈칸 주변에서 단서를 파악한다. 빈칸 앞 형용사 willing은 'be willing to'의 형태로 쓰여 '기꺼이 ~하다'라는 관용적 의미를 나타낸다. 따라서 to 부정사 (a) to reduce가 정답이다.

해석 Chicago Bobcats 팀은 이전 해들에 비해 올해 홈경기에 더 적은 팬들을 끌어모았다. 구단주는 관중 수를 끌어올리기 위해 표 가격을 기꺼이 낮추고자 한다.

| | | | | |
|---|---|---|---|---|
| **01** (d) | **02** (c) | **03** (d) | **04** (d) | **05** (a) |
| **06** (c) | **07** (b) | **08** (a) | **09** (b) | **10** (a) |
| **11** (b) | **12** (d) | **13** (c) | **14** (b) | **15** (d) |
| **16** (b) | **17** (d) | **18** (c) | **19** (a) | **20** (d) |
| **21** (c) | **22** (d) | **23** (a) | **24** (d) | **25** (d) |
| **26** (a) | **27** (c) | **28** (d) | **29** (b) | **30** (b) |
| **31** (d) | **32** (d) | **33** (a) | **34** (a) | **35** (d) |
| **36** (b) | | | | |

**01** 동명사를 목적어로 취하는 동사    정답 (d)

해설 보기를 통해 준동사 문제임을 알 수 있으므로, 빈칸 주변에서 단서를 파악한다. 빈칸 앞 동사 prohibit은 동명사를 목적어로 취하므로, 동명사 (d) bringing이 정답이다.

해석 많은 주민들이 도시의 공원을 뛰어다니는 공격적인 개들에 대해 항의해왔다. 그 결과, 정부는 이제 모든 공원에 목줄을 하지 않은 반려 동물들을 데려오는 것을 금지하며, 이는 문제를 상당히 약화했다.

어휘 aggressive adj. 공격적인 prohibit v. 금지하다
unleashed adj. 목줄을 하지 않은 reduce v. 약화하다

**02** to 부정사를 목적어로 취하는 동사    정답 (c)

해설 보기를 통해 준동사 문제임을 알 수 있으므로, 빈칸 주변에서 단서를 파악한다. 빈칸 앞 동사 offer는 to 부정사를 목적어로 취하므로, to 부정사 (c) to review가 정답이다.

해석 Mr. West는 그가 썼던 판매 보고서가 몇몇 사실 관계 오류를 포함할 수도 있어서 불안하다. 다행히도, 그의 동료인 Ms. Brown이 그가 보고서를 관리자에게 제출하기 전에 검토할 것을 자청했다.

어휘 concerned adj. 불안한, 걱정하는 contain v. 포함하다
factual adj. 사실 관계의, 사실적인 offer v. 자청하다, 제안하다
supervisor n. 관리자, 감독관 review v. 검토하다

**03** to 부정사의 부사 역할    정답 (d)

해설 보기를 통해 준동사 문제임을 알 수 있으므로, 빈칸 주변에서 단서를 파악한다. 빈칸 앞에 주어(He), 동사(has decided)가 갖춰진 완전한 절이 있으므로, 빈칸 이하는 문장의 필수 성분이 아닌 수식어구이다. 따라서 목적을 나타내며 수식어구를 이끌 수 있는 to 부정사 (d) to improve가 정답이다.

**오답분석**

(c) to have improved도 to 부정사이기는 하지만, 완료부정사(to have improved)로 쓰일 경우 '결심하는' 시점보다 '향상시키는' 시점이 앞선다는 것을 나타내므로 문맥에 적합하지 않아 오답이다. 참고로 지텔프 문법 영역에서는 대부분의 경우 완료부정사가 정답으로 출제되지 않는다.

해석 Brandon은 몇 년 동안 프랑스어를 공부해오고 있는 중이지만, 그는 여전히 그것을 잘 구사하지 못한다. 그는 그 언어에 대한 지식을 향상시키기 위해 프랑스에서 3개월 동안 살기로 결심했다.

어휘 decide v. 결심하다, 결정하다 knowledge n. 지식
language n. 언어 improve v. 향상시키다

**04** 동명사를 목적어로 취하는 동사    정답 (d)

해설 보기를 통해 준동사 문제임을 알 수 있으므로, 빈칸 주변에서 단서를 파악한다. 빈칸 앞 동사 anticipate는 동명사를 목적어로 취하므로, 동명사 (d) gathering이 정답이다.

**오답분석**

(b) having gathered도 동명사이기는 하지만, 완료동명사(having gathered)로 쓰일 경우 '예상하는' 시점보다 '수집하는' 시점이 앞선다는 것을 나타내는데, 지문의 내용은 2029년에 소행성이 우리 행성 근처를 지나갈 때 그것의 궤도에 대한 더 많은 정보를 수집할 것을 예상한다는 의미이므로 문맥에 적합하지 않아 오답이다. 참고로 지텔프 문법 영역에서는 대부분의 경우 완료동명사가 정답으로 출제되지 않는다.

해석 과학자들은 Apophis라고 불리는 300미터 폭의 소행성이 2068년에 지구를 강타할지도 모른다고 믿고 있다. 그들은 2029년에 그것(소행성)이 우리 행성 근처를 지나갈 때 그것의 궤도에 대한 더 많은 정보를 수집할 것으로 예상하는데, 이는 그들이 그것이 제기할 위험을 더 잘 알아내는 것을 가능하게 할 것이다.

어휘 asteroid n. 소행성 strike v. 강타하다, 부딪치다
anticipate v. 예상하다 trajectory n. 궤도 planet n. 행성
allow v. 가능하게 하다 determine v. 알아내다, 밝히다
pose v. (위협·문제 등을) 제기하다 gather v. 수집하다, 모으다

**05** 동명사를 목적어로 취하는 동사    정답 (a)

해설 보기를 통해 준동사 문제임을 알 수 있으므로, 빈칸 주변에서 단서를 파악한다. 빈칸 앞 동사 quit은 동명사를 목적어로 취하므로, 동명사 (a) socializing이 정답이다.

**오답분석**

(b) having socialized도 동명사이기는 하지만, 완료동명사(having socialized)로 쓰일 경우 '중단하는' 시점보다 친구들과 '어울리는' 시점이 앞선다는 것을 나타내는데, 지문의 내용은 주말에 친구들과 어울리는 미래의 행위를 중단할

것을 제안한다는 의미이므로 문맥에 적합하지 않아 오답이다.

해석 Neal은 그의 대학교 2학기 성적이 얼마나 나빴는지 충격을 받았다. 그의 아버지는 그가 주말에 친구들과 <u>어울리는 것을</u> 중단하고 대신 공부에 집중할 것을 제안했다.

어휘 **shock** v. 충격을 주다 **semester** n. 학기 **quit** v. 중단하다
**focus** v. 집중하다 **socialize** v. 어울리다, 사귀다

## 06 동명사를 목적어로 취하는 동사 정답 (c)

해설 보기를 통해 준동사 문제임을 알 수 있으므로, 빈칸 주변에서 단서를 파악한다. 빈칸 앞 동사 recommend는 동명사를 목적어로 취하므로, 동명사 (c) booking이 정답이다.

오답분석
(a) having booked도 동명사이기는 하지만, 완료동명사(having booked)로 쓰일 경우 '추천하는' 시점보다 '예약하는' 시점이 앞선다는 것을 나타내므로 문맥에 적합하지 않아 오답이다.

해석 Dillon과 Carla는 지난 달 멕시코에서의 그들의 휴가 동안 머물렀던 리조트에 매우 감탄했다. 그들은 만약 내가 언젠가 그 나라로 여행한다면 그곳에 방을 <u>예약할 것을</u> 추천했다.

어휘 **impressed** adj. 감탄하는, 감명받은 **book** v. 예약하다

## 07 to 부정사를 목적격 보어로 취하는 동사 정답 (b)

해설 보기를 통해 준동사 문제임을 알 수 있으므로, 빈칸 주변에서 단서를 파악한다. 빈칸 앞 동사 encourage는 'encourage + 목적어 + 목적격 보어'의 형태로 쓰이며, to 부정사를 목적격 보어로 취하여 '그의 친구들이 운동하기를 권장한다'라는 의미를 나타낸다. 따라서 to 부정사 (b) to exercise가 정답이다.

해석 Ethan은 사람들이 그들의 건강을 유지하기 위해 신체적으로 활동적이어야 한다고 굳게 믿는데, 이는 운동이 질병의 위험을 줄인다고 알려져 있기 때문이다. 그는 그의 친구들이 자전거를 타러 가거나 스포츠를 함으로써 규칙적으로 <u>운동하기를</u> 권장한다.

어휘 **firmly** adv. 굳게, 단호하게 **physically** adv. 신체적으로
**maintain** v. 유지하다 **lessen** v. 줄이다 **illness** n. 질병

## 08 to 부정사의 부사 역할 정답 (a)

해설 보기를 통해 준동사 문제임을 알 수 있으므로, 빈칸 주변에서 단서를 파악한다. 빈칸 앞에 주어(The mayor), 동사(will meet)가 갖춰진 완전한 절이 있으므로, 빈칸 이하는 문장의 필수 성분이 아닌 수식어구이다. 따라서 목적을 나타내며 수식어구를 이끌 수 있는 to 부정사 (a) to discuss가 정답이다.

해석 Green Earth는, 환경을 보호하는 것에 전념하는 단체인데,

시 정부가 플라스틱 폐기물을 줄이기를 원한다. 시장은 그 문제를 <u>논의하기 위해</u> 다음 주에 이 집단의 구성원들과 <u>만날 것</u>이다.

어휘 **organization** n. 단체, 조직 **devoted to** phr. ~에 전념하는
**protect** v. 보호하다 **waste** n. 폐기물 **discuss** v. 논의하다

## 09 동명사를 목적어로 취하는 동사 정답 (b)

해설 보기를 통해 준동사 문제임을 알 수 있으므로, 빈칸 주변에서 단서를 파악한다. 빈칸 앞 동사 risk는 동명사를 목적어로 취하므로, 동명사 (b) releasing이 정답이다.

해석 Tyson 산업은 추가 실험을 수행하기 위해 최신 에어컨 모델의 출시를 연기하기로 결정했다. 그 회사는 성능 문제가 있는 제품을 <u>출시하는</u> 위험을 무릅쓰고 싶어 하지 않는다.

어휘 **delay** v. 연기하다 **launch** n. 출시 **further** adj. 추가의
**risk** v. ~의 위험을 무릅쓰다 **performance** n. 성능, 수행
**release** v. 출시하다, 공개하다

## 10 동명사를 목적어로 취하는 동사 정답 (a)

해설 보기를 통해 준동사 문제임을 알 수 있으므로, 빈칸 주변에서 단서를 파악한다. 빈칸 앞 동사 keep은 동명사를 목적어로 취하므로, 동명사 (a) using이 정답이다.

오답분석
(c) having used도 동명사이기는 하지만, 완료동명사(having used)로 쓰일 경우 '계속하는' 시점보다 '이용하는' 시점이 앞선다는 것을 나타내므로 문맥에 적합하지 않아 오답이다.

해석 차량 소유와 관련된 모든 비용을 계산한 후, Beth는 차를 갖는 것은 너무 비싸다고 결론 내렸다. 따라서, 그녀는 출퇴근하기 위해 대중교통 수단을 <u>이용하는 것을</u> 계속할 것이다.

어휘 **calculate** v. 계산하다, 산출하다
**associated with** phr. ~와 관련된 **own** v. 소유하다
**vehicle** n. 차량, 탈것 **commute** v. 출퇴근하다, 통근하다

## 11 동명사를 목적어로 취하는 동사 정답 (b)

해설 보기를 통해 준동사 문제임을 알 수 있으므로, 빈칸 주변에서 단서를 파악한다. 빈칸 앞 동사 tolerate는 동명사를 목적어로 취하므로, 동명사 (b) coexisting이 정답이다.

오답분석
(c) having coexisted도 동명사이기는 하지만, 완료동명사(having coexisted)로 쓰일 경우 '용인하는' 시점보다 '공존하는' 시점이 앞선다는 것을 나타내는데, 지문의 내용은 개인들이 그들과 다른 타인들과 공존하는 일반적인 행위를 용인한다는 의미이므로 문맥에 적합하지 않아 오답이다.

해석 140개 이상의 언어를 사용하는 200개의 뚜렷이 다른 민족

집단을 가진 토론토는 세계에서 가장 다문화적인 도시 중 하나이다. 그 결과, 이 도시의 개인들은 그들과 다른 타인들과 공존하는 것을 용인할 수 있어야 한다.

어휘   **multicultural** adj. 다문화적인  **distinct** adj. 뚜렷이 다른
**ethnic** adj. 민족의  **tolerate** v. 용인하다, 참다
**coexist** v. 공존하다

## 12  to 부정사를 목적어로 취하는 동사   정답 (d)

해설   보기를 통해 준동사 문제임을 알 수 있으므로, 빈칸 주변에서 단서를 파악한다. 빈칸 앞 동사 make sure는 to 부정사를 목적어로 취하므로, to 부정사 (d) to send가 정답이다.

해석   Jackson은 그가 요금을 내는 것을 잊었기 때문에 그의 아파트에서 인터넷 서비스가 끊겼을 때 불쾌하면서도 놀랐다. 훗날 이것을 방지하기 위해, 그는 요구된 일자까지 그의 납입금을 보내는 것을 확실히 할 것이다.

어휘   **unpleasantly** adv. 불쾌하게  **disconnect** v. (연결 등을) 끊다
**pay a bill** phr. 요금을 내다  **make sure** phr. ~을 확실히 하다
**payment** n. 납입금

## 13  동명사를 목적어로 취하는 동사   정답 (c)

해설   보기를 통해 준동사 문제임을 알 수 있으므로, 빈칸 주변에서 단서를 파악한다. 빈칸 앞 동사 stop은 동명사를 목적어로 취하므로, 동명사 (c) leaving이 정답이다.

오답분석

(d) having left도 동명사이기는 하지만, 완료동명사 (having left)로 쓰일 경우 '멈추는' 시점보다 '그대로 두는' 시점이 앞선다는 것을 나타내는데, 지문의 내용은 오래된 음식을 냉장고에 그대로 두는 미래의 행위를 하지 말아달라는 의미이므로 문맥에 적합하지 않아 오답이다.

해석   Pullman Accounting사의 여러 직원들은 휴게실 냉장고에 음식을 넣을 공간이 없다고 불평했다. 이 문제를 해결하기 위해, 사무실 관리자는 모든 직원에게 오래된 음식을 냉장고에 그대로 두지 말라고 요청했다.

어휘   **complain** v. 불평하다  **room** n. 빈 공간, 자리
**break room** phr. 휴게실  **fridge** n. 냉장고
**supervisor** n. 관리자, 감독관  **leave** v. 그대로 두다

## 14  동명사를 목적어로 취하는 동사   정답 (b)

해설   보기를 통해 준동사 문제임을 알 수 있으므로, 빈칸 주변에서 단서를 파악한다. 빈칸 앞 동사 mind는 동명사를 목적어로 취하므로, 동명사 (b) working이 정답이다.

오답분석

(d) having worked도 동명사이기는 하지만, 완료동명사 (having worked)로 쓰일 경우 '언짢아하지 않은' 시점보다

'근무하는' 시점이 앞선다는 것을 나타내는데, 지문의 내용은 추가로 근무하는 일반적인 행위를 언짢아하지 않는다는 의미이므로 문맥에 적합하지 않아 오답이다.

해석   Chloe는 다음 주에 스키 여행을 가려고 준비했었지만, 그녀는 토요일에 출근을 해야 하기 때문에 취소했다. 하지만, 그녀는 추가로 근무하는 것을 언짢아하지 않는데 이는 그녀가 그녀의 프로젝트가 회사에 중요하다는 것을 알기 때문이다.

어휘   **arrange** v. 준비하다  **mind** v. 언짢아하다, 꺼리다
**work overtime** phr. 추가로 근무하다

## 15  동명사를 목적어로 취하는 동사   정답 (d)

해설   보기를 통해 준동사 문제임을 알 수 있으므로, 빈칸 주변에서 단서를 파악한다. 빈칸 앞 동사 advocate는 동명사를 목적어로 취하므로, 동명사 (d) building이 정답이다.

오답분석

(c) having built도 동명사이기는 하지만, 완료동명사 (having built)로 쓰일 경우 '지지하는' 시점보다 '짓는' 시점이 앞선다는 것을 나타내므로 문맥에 적합하지 않아 오답이다.

해석   Brett Fraser는 시의회에 선출되기 위해 애쓰고 있다. 그의 캠페인은 빈곤과 관련된 문제들을 다루는 것에 초점을 두고 있으며, 그는 어려움에 처한 사람들을 위한 가격이 알맞은 주택을 짓는 것을 지지한다.

어휘   **elect** v. 선출하다  **focused on** phr. ~에 초점을 둔
**address** v. 다루다  **related to** phr. ~과 관련된
**poverty** n. 빈곤  **advocate** v. 지지하다, 옹호하다
**affordable** adj. 가격이 알맞은  **in need** phr. 어려움에 처한

## 16  to 부정사의 부사 역할   정답 (b)

해설   보기를 통해 준동사 문제임을 알 수 있으므로, 빈칸 주변에서 단서를 파악한다. 빈칸 앞에 주어(he), 동사(will go)가 갖춰진 완전한 절이 있으므로, 빈칸 이하는 문장의 필수 성분이 아닌 수식어구이다. 따라서 목적을 나타내며 수식어구를 이끌 수 있는 to 부정사 (b) to study가 정답이다.

오답분석

(d) to have studied도 to 부정사이기는 하지만, 완료부정사(to have studied)로 쓰일 경우 '가는' 시점보다 '공부하는' 시점이 앞선다는 것을 나타내므로 문맥에 적합하지 않아 오답이다.

해석   다음 주부터, Carl은 그의 대학 수업에서 기말시험을 치르기 시작할 것이다. 그때까지, 그는 그의 모든 필기를 다시 읽고 몇몇 연습 시험을 쳐봄으로써 다가오는 시험에 대비하기 위한 공부를 하기 위해 매일 도서관에 갈 것이다.

어휘   **upcoming** adj. 다가오는  **reread** v. 다시 읽다
**note** n. 필기, 메모

**17** 동명사의 관용적 표현 　　　　　　　　정답 (d)

해설　보기를 통해 준동사 문제임을 알 수 있으므로, 빈칸 주변에서 단서를 파악한다. 빈칸 앞 동사 help는 'cannot help -ing'의 형태로 쓰여 '~하지 않을 수 없다'라는 관용적 의미를 나타낸다. 따라서 동명사 (d) celebrating이 정답이다.

해석　25년 만에 처음으로, St. Louis Stars 팀이 전국 하키 대회에서 우승했다. 그 팀의 팬들은 밤새 도심 지역에서 파티를 함으로써 이 역사적인 승리를 기념하지 않을 수 없었다.

어휘　historic adj. 역사적인　victory n. 승리　celebrate v. 기념하다

**18** 동명사를 목적어로 취하는 동사 　　　　　정답 (c)

해설　보기를 통해 준동사 문제임을 알 수 있으므로, 빈칸 주변에서 단서를 파악한다. 빈칸 앞 동사 involve는 동명사를 목적어로 취하므로, 동명사 (c) spraying이 정답이다.

해석　유기농 식품은 점점 더 인기 있어지고 있는데 이는 사람들이 일부 농부들이 벌레로부터 작물을 보호하는 방법에 대해 염려하기 때문이다. 이 절차는 주로 해로운 살충제를 과일과 채소에 살포하는 것을 수반하는데, 이는 주변 생태계를 훼손하고 다른 생물들에게 피해를 야기할 수 있다.

어휘　organic adj. 유기농의　increasingly adv. 점점 더
concerned adj. 염려하는　crop n. 작물　insect n. 벌레, 곤충
process n. 절차　involve v. 수반하다, 포함하다
harmful adj. 해로운　pesticide n. 살충제
ecosystem n. 생태계　harm n. 피해　creature n. 생물
spray v. 살포하다

**19** to 부정사의 부사 역할 　　　　　　　　정답 (a)

해설　보기를 통해 준동사 문제임을 알 수 있으므로, 빈칸 주변에서 단서를 파악한다. 빈칸 앞에 주어(She), 동사(met)가 갖춰진 완전한 절이 있으므로, 빈칸 이하는 문장의 필수 성분이 아닌 수식어구이다. 따라서 목적을 나타내며 수식어구를 이끌 수 있는 to 부정사 (a) to sign이 정답이다.

오답분석

(d) to have signed도 to 부정사이기는 하지만, 완료부정사(to have signed)로 쓰일 경우 '만나는' 시점보다 '체결하는' 시점이 앞선다는 것을 나타내므로 문맥에 적합하지 않아 오답이다.

해석　Eileen은 직장까지의 긴 통근으로 어려움을 겪어오던 중이었다. 하지만 그녀는 마침내 그녀의 예산 내에 있고 그녀의 직장에 가까운 임치할 만한 아파트를 찾았다. 그녀는 어제 임대 계약을 체결하기 위해 그 가구의 주인과 만났다.

어휘　struggle v. 어려움을 겪다, 고군분투하다　commute n. 통근
rent v. 임치하다, 세를 들다　budget n. 예산　unit n. 가구, 단위
lease agreement phr. 임대 계약　sign v. 체결하다, 서명하다

**20** 동명사를 목적어로 취하는 동사 　　　　　정답 (d)

해설　보기를 통해 준동사 문제임을 알 수 있으므로, 빈칸 주변에서 단서를 파악한다. 빈칸 앞 동사 suggest는 동명사를 목적어로 취하므로, 동명사 (d) enrolling이 정답이다.

오답분석

(a) having enrolled도 동명사이기는 하지만, 완료동명사(having enrolled)로 쓰일 경우 '제안하는' 시점보다 '등록하는' 시점이 앞선다는 것을 나타내므로 문맥에 적합하지 않아 오답이다.

해석　나의 아버지는 악기를 연주하는 것을 배우는 것이 아이에게 긍정적인 영향을 미칠 것이라고 생각한다. 그는 나의 딸 Sara가 충분히 크면 피아노 수업에 등록시키기를 제안했다.

어휘　musical instrument phr. 악기　positive adj. 긍정적인
have an effect on phr. ~에 영향을 미치다　enroll v. 등록시키다

**21** 동명사의 전치사의 목적어 역할 　　　　　정답 (c)

해설　보기를 통해 준동사 문제임을 알 수 있으므로, 빈칸 주변에서 단서를 파악한다. 빈칸 앞에 전치사 to가 있으므로, 빈칸은 전치사의 목적어 자리이다. 전치사는 목적어로 명사를 취하므로, 보기 중 가장 적합한 동명사 (c) competing이 정답이다.

오답분석

(a) having competed도 동명사이기는 하지만, 완료동명사(having competed)로 쓰일 경우 '기대하는' 시점보다 '참가하는' 시점이 앞선다는 것을 나타내므로 문맥에 적합하지 않아 오답이다.

해석　Mandy Peale은 체조 코치와 함께 지난 2년에 걸쳐 매일 수 시간씩 훈련해왔다. 그녀는 자신의 기량을 평가하기 위해 내년에 올림픽에 참가하는 것에 대해 기대하고 있다.

어휘　gymnastics n. 체조　look forward to phr. ~에 대해 기대하다
measure v. 평가하다　compete v. (시합 등에) 참가하다, 경쟁하다

**22** 동명사를 목적어로 취하는 동사 　　　　　정답 (d)

해설　보기를 통해 준동사 문제임을 알 수 있으므로, 빈칸 주변에서 단서를 파악한다. 빈칸 앞 동사 postpone은 동명사를 목적어로 취하므로, 동명사 (d) opening이 정답이다.

오답분석

(b) having opened도 동명사이기는 하지만, 완료동명사(having opened)로 쓰일 경우 '연기하는' 시점보다 '개관하는' 시점이 앞선다는 것을 나타내므로 문맥에 적합하지 않아 오답이다.

해석　Victoria 지역 문화 회관은 5월 12일에 운영을 시작하기로 예정되어 있었지만, 안전 점검은 그 새로운 건물의 소방용 스프

링클러 설비의 문제를 드러냈다. 정부는 그 문제가 조정될 때까지 그 센터를 개관하는 것을 연기할 것이다.

어휘 **safety** n. 안전 **inspection** n. 점검 **reveal** v. 드러내다
**postpone** v. 연기하다 **correct** v. 조정하다, 바로잡다

**23** to 부정사의 진주어 역할       정답 (a)

해설 보기를 통해 준동사 문제임을 알 수 있으므로, 빈칸 주변에서 단서를 파악한다. 빈칸 문장의 주어 자리에 가주어 It이 있고 문맥상 후각을 사용하는 것이 필수적이라는 의미가 되어야 자연스러우므로, 빈칸에는 동사 is의 진주어 '사용하는 것'이 와야 한다. 따라서 보기 중 진주어 자리에 가장 적합한 to 부정사 (a) to use가 정답이다.

오답분석
(b) 동명사도 주어 역할을 할 수 있지만, 가주어 it의 진주어 자리에는 적합하지 않으므로 오답이다.

해석 코끼리의 코는 냄새를 감지하고 식별할 수 있게 하는 수백만 개의 특화된 수용기 세포를 가지고 있다. 매우 발달한 이 후각을 사용하는 것은 코끼리들이 상당히 먼 거리에 있는 물의 위치를 찾아내는 데 필수적이다.

어휘 **specialized** adj. 특화된 **receptor** n. 수용기(자극에 대하여 반응하는 감각 기관) **cell** n. 세포 **detect** v. 감지하다
**identify** v. 식별하다 **scent** n. 냄새 **developed** adj. 발달한
**locate** v. ~의 위치를 찾아내다 **distance** n. 거리

**24** 동명사와 to 부정사 모두를 목적어로 취하는 동사   정답 (d)

해설 보기를 통해 준동사 문제임을 알 수 있으므로, 빈칸 주변에서 단서를 파악한다. 빈칸 앞 동사 begin은 동명사와 to 부정사 모두를 목적어로 취하는데, 두 경우 모두 의미에 차이가 없다. 보기에 to 부정사는 제시되지 않았으므로, 동명사 (d) hiring이 정답이다.

오답분석
(b) having hired와 (c) to have hired는 동명사와 to 부정사이기는 하지만, 완료형으로 쓰일 경우 '시작하는' 시점보다 '고용하는' 시점이 앞선다는 것을 나타내므로 문맥에 적합하지 않아 오답이다.

해석 Gramhall 주식회사는 더욱 현대적인 외양을 주기 위해 그것의 기업 로고를 새롭게 할 계획이다. 그 회사의 이사는 그들이 선택할 수 있는 많고 다양한 로고들을 만들기 위해 그 프로젝트에 그래픽 디자이너를 고용하기 시작할 것이다.

어휘 **intend** v. 계획하다 **corporate** adj. 기업의
**modern** adj. 현대적인 **appearance** n. 외양 **director** n. 이사
**choose** v. 선택하다

**25** 동명사를 목적어로 취하는 동사       정답 (d)

해설 보기를 통해 준동사 문제임을 알 수 있으므로, 빈칸 주변에서

단서를 파악한다. 빈칸 앞 동사 finish는 동명사를 목적어로 취하므로, 동명사 (d) shopping이 정답이다.

해석 Kenny는 그의 저녁 파티를 위해 필요한 몇 가지 재료를 사기 위해 슈퍼마켓에 갔다. 소고기, 당근, 감자, 와인, 아이스크림, 그리고 케이크가 그것이다. 그는 쇼핑하는 것을 끝낸 후에, 집에 가서 식사를 준비하기 시작했다.

어휘 **get** v. 사다, 얻다 **prepare** v. 준비하다 **meal** n. 식사

**26** to 부정사의 관용적 표현       정답 (a)

해설 보기를 통해 준동사 문제임을 알 수 있으므로, 빈칸 주변에서 단서를 파악한다. 빈칸 앞 동사 tend는 'tend to'의 형태로 쓰여 '~하는 경향이 있다'라는 관용적 의미를 나타낸다. 따라서 to 부정사 (a) to eat이 정답이다.

해석 Black Hills 대학은 구내식당의 운영 시간을 연장하는 것을 검토하고 있다. 그 이유는 학생들이 공부를 마친 후 늦은 밤에 식사하는 경향이 있기 때문이다. 구내식당이 오후 8시에 문을 닫아서, 그들은 교외에서 음식을 사야 한다.

어휘 **examine** v. 검토하다 **extend** v. 연장하다 **cafeteria** n. 구내식당
**operation** n. 운영 **off-campus** adv. 교외에서

**27** 동명사를 목적어로 취하는 동사       정답 (c)

해설 보기를 통해 준동사 문제임을 알 수 있으므로, 빈칸 주변에서 단서를 파악한다. 빈칸 앞 동사 avoid는 동명사를 목적어로 취하므로, 동명사 (c) encountering이 정답이다.

오답분석
(b) having encountered도 동명사이기는 하지만, 완료동명사(having encountered)로 쓰일 경우 '피하는' 시점보다 '맞닥뜨리는' 시점이 앞선다는 것을 나타내므로 문맥에 적합하지 않아 오답이다.

해석 야생에 있는 동물들은 다양한 방어 기술을 이용한다. 카멜레온과 문어와 같은 몇몇은 위장술을 사용한다. 이러한 생물들은 그들의 겉모습을 주변 환경에 녹아들도록 바꿈으로써 천적들을 맞닥뜨리는 것을 피할 수 있다.

어휘 **defensive** adj. 방어의 **technique** n. 기술
**camouflage** n. 위장술 **predator** n. 천적
**appearance** n. 겉모습 **blend into** phr. ~에 녹아들다
**surroundings** n. 주변 환경 **encounter** v. 맞닥뜨리다, 마주치다

**28** to 부정사를 목적어로 취하는 동사       정답 (d)

해설 보기를 통해 준동사 문제임을 알 수 있으므로, 빈칸 주변에서 단서를 파악한다. 빈칸 앞 동사 intend는 to 부정사를 목적어로 취하므로, to 부정사 (d) to discuss가 정답이다.

해석 포틀랜드 주민들은 추가적인 자전거 도로가 건설되어야 한다고 요구해왔다. 그들은 도로나 인도 위에서 (자전거를) 타는

것은 자전거 타는 사람에게 위험하다고 주장한다. Reynolds 시장은 다음 시의회 회의에서 이 문제를 논의하는 것을 의도하고 있다.

어휘 request v. 요구하다, 요청하다  additional adj. 추가적인
lane n. 도로, 길  construct v. 건설하다  argue v. 주장하다
hazardous adj. 위험한  cyclist n. 자전거 타는 사람
sidewalk n. 인도, 보도  intend v. 의도하다
council n. (지방 자치 단체의) 의회

## 29 동명사를 목적어로 취하는 동사                     정답 (b)

해설 보기를 통해 준동사 문제임을 알 수 있으므로, 빈칸 주변에서 단서를 파악한다. 빈칸 앞 동사 consider는 동명사를 목적어로 취하므로, 동명사 (b) putting off가 정답이다.

오답분석
(a) having put off도 동명사이기는 하지만, 완료동명사 (having put off)로 쓰일 경우 '숙고하는' 시점보다 '미루는' 시점이 앞선다는 것을 나타내므로 문맥에 적합하지 않아 오답이다.

해석 Mr. Baxter는 그의 사직서를 이미 제출했다. 그런데도, 최고 경영자는 그에게 후임자가 구해질 때까지 계속 남아 있을 것을 요청했다. Mr. Baxter는 그의 사직을 미루는 것을 숙고할 것이며 다음 주에 그의 결정을 최고 경영자에게 알릴 것이다.

어휘 submit v. 제출하다  resignation n. 사직
replacement n. 후임자, 대체  notify v. 알리다
put off phr. 미루다

## 30 to 부정사의 부사 역할                     정답 (b)

해설 보기를 통해 준동사 문제임을 알 수 있으므로, 빈칸 주변에서 단서를 파악한다. 빈칸 앞에 주어(parents), 동사(have formed), 목적어(groups)가 갖춰진 완전한 절이 있으므로, 빈칸 이하는 문장의 필수 성분이 아닌 수식어구이다. 따라서 목적을 나타내며 수식어구를 이끌 수 있는 to 부정사 (b) to share가 정답이다.

해석 많은 부모들은 증가하는 자녀 교육 비용에 대해 걱정한다. 개인 교습, 특별 수업, 그리고 학습 자료들을 위한 금액들이 쌓이기도 한다. 이것이 일부 부모들이 저렴한 교육 자원에 대한 정보를 공유하기 위해 집단을 형성했던 이유이다.

어휘 education n. 교육  fee n. 금액  private adj. 개인의
tutoring n. 교습  material n. 자료
add up phr. 쌓이다, 합산되다  form v. 형성하다
inexpensive adj. 저렴한  resource n. 자원  share v. 공유하다

## 31 동명사를 목적어로 취하는 동사                     정답 (d)

해설 보기를 통해 준동사 문제임을 알 수 있으므로, 빈칸 주변에서 단서를 파악한다. 빈칸 앞 동사 enjoy는 동명사를 목적어로

취하므로, 동명사 (d) playing이 정답이다.

오답분석
(a) having played도 동명사이기는 하지만, 완료동명사 (having played)로 쓰일 경우 '즐기는' 시점보다 '축구를 하는' 시점이 앞선다는 것을 나타내는데, 지문의 내용은 축구를 하는 일반적인 행위를 즐긴다는 의미이므로 문맥에 적합하지 않아 오답이다.

해석 그의 연례 건강 검진 동안, Peter의 의사는 그에게 운동을 더 많이 하라고 말했다. 의사는 조깅을 시작할 것을 제안했지만, 이것은 Peter의 마음에 들지 않았다. 그가 축구를 하는 것을 즐기기 때문에, 그는 주말에 친구들과 이것을 할 것이다.

어휘 annual adj. 연례의  medical checkup phr. 건강 검진
take up phr. 시작하다  appeal to phr. ~의 마음에 들다

## 32 to 부정사를 목적격 보어로 취하는 동사                     정답 (d)

해설 보기를 통해 준동사 문제임을 알 수 있으므로, 빈칸 주변에서 단서를 파악한다. 빈칸 앞 동사 allow는 'allow + 목적어 + 목적격 보어'의 형태로 쓰이며, to 부정사를 목적격 보어로 취하여 '직원 구성원들이 가질 수 있게 한다'라는 의미를 나타낸다. 따라서 to 부정사 (d) to take가 정답이다.

해석 Mirror 기술사의 직원들은 점심 식사를 위해 주어지는 시간이 부족하다고 불평해왔다. 그 결과, 경영진은 정책을 바꾸었다. 그 회사는 이제 직원 구성원들이 매일 점심 식사에 30분의 추가 시간을 가질 수 있게 한다.

어휘 employee n. 직원  complain v. 불평하다
insufficient adj. 부족한  management n. 경영진

## 33 동명사의 주어 역할                     정답 (a)

해설 보기를 통해 준동사 문제임을 알 수 있으므로, 빈칸 주변에서 단서를 파악한다. 빈칸 문장 동사 enables의 주체가 되는 주어가 없으므로, 빈칸은 주어 자리이다. 주어 역할을 하는 것은 명사이므로, 보기 중 가장 적합한 동명사 (a) Reading이 정답이다.

오답분석
(b) to 부정사도 명사 역할을 할 수 있기 때문에 주어 자리에 올 수 있다. 그러나 주어 역할로 더 일반적으로 사용되어 자연스러운 것은 동명사이므로 to 부정사는 오답이다. 참고로 지텔프 문법 영역에서는 대부분의 경우 주어 자리에 to 부정사가 정답으로 출제되지 않는다.

해석 재정적인 문제 때문에, Terry는 그녀가 사는 동네를 자주 떠날 수 없다. 그녀는 가능한 한 많은 책을 읽음으로써 그것을 대신한다. 책을 읽는 것은 그녀가 어딘가 가지 않고도 인생의 새로운 양식을 배울 수 있게 해준다.

어휘 make up for phr. ~을 대신하다, 보충하다

**34** 동명사를 목적어로 취하는 동사 정답 (a)

해설 보기를 통해 준동사 문제임을 알 수 있으므로, 빈칸 주변에서 단서를 파악한다. 빈칸 앞 동사 admit은 동명사를 목적어로 취하므로, 동명사 (a) copying이 정답이다.

해석 Lily의 역사학 교수는 그녀의 시험 결과를 논의하고 싶어 했다. 보아하니, 그녀의 답은 수업에서 그녀의 옆에 앉는 Lyle의 것들과 동일했다. 결국, Lily는 시험 동안 그녀의 학우의 답들을 베낀 것을 인정했다.

어휘 **result** n. 결과 **apparently** adv. 보아하니, 명백히
**response** n. 답, 응답 **identical** adj. 동일한
**eventually** adv. 결국 **admit** v. 인정하다, 시인하다

**35** to 부정사의 형용사 역할 정답 (d)

해설 보기를 통해 준동사 문제임을 알 수 있으므로, 빈칸 주변에서 단서를 파악한다. 빈칸 앞에 명사(car)가 있고 문맥상 '예산 내에서 구매할 자동차'라는 의미가 되어야 자연스러우므로, 빈칸은 명사를 수식하는 형용사의 자리이다. 따라서 명사를 꾸며주는 형용사적 수식어구를 이끌 수 있는 to 부정사 (d) to buy가 정답이다.

해석 Zoe는 차로 1시간 떨어져 있는 치과에 일자리를 제안받았다. 이것은 그녀가 적당한 값의 자동차를 찾아야 한다는 것을 의미했다. 몇 시간 동안 온라인에서 찾아본 후에, Zoe는 그녀의 예산 내에서 구매할 자동차를 찾았다.

어휘 **away** adv. 떨어져 **reasonably** adv. 적당히, 합리적으로
**search** v. 찾아보다, 검색하다 **budget** n. 예산

**36** 동명사를 목적어로 취하는 동사 정답 (b)

해설 보기를 통해 준동사 문제임을 알 수 있으므로, 빈칸 주변에서 단서를 파악한다. 빈칸 앞 동사 resist는 동명사를 목적어로 취하므로, 동명사 (b) driving이 정답이다.

오답분석
(d) having driven도 동명사이기는 하지만, 완료동명사 (having driven)로 쓰일 경우 '저지하는' 시점보다 '운전하는' 시점이 앞선다는 것을 나타내는데, 지문의 내용은 운전하는 일반적인 행위를 저지한다는 의미이므로 문맥에 적합하지 않아 오답이다.

해석 시 정부는 더 많은 사람들이 대중교통을 이용하기를 원한다. 그것은 사람들이 직장으로 운전하는 것을 저지하고 그 대신 지하철을 타라고 말하는 홍보 캠페인을 시작했다. 만약 그것이 성공적이면, 교통 체증은 덜 심각한 문제가 될 것이다.

어휘 **public transportation** phr. 대중교통 **promotional** adj. 홍보의
**resist** v. 저지하다, 반대하다 **traffic congestion** phr. 교통 체증

# Chapter 5 연결어

## 출제공식 20 접속사 / 전치사
p.110

### 연습문제

1 (a)  2 (b)  3 (c)  4 (b)  5 (b)

6 (d)

### 지텔프 실전문제

7 (c)  8 (d)

**1** Martin은 외국어를 배우고 싶었다. 그는 특히 그의 중국인 상사와 의사소통할 수 있도록 중국어를 배우고 싶었다.

**2** 결혼식 날 며칠 전에 농구를 하다 팔이 부러졌음에도 불구하고, Gabriel은 여전히 계획된 대로 결혼식을 진행하고 싶어했다.

**3** 6세 미만의 어린이가 유아용 카시트 없이 차량을 타고 이동하는 것은 불법이다. 택시, 버스, 그리고 화물차는 이 법에서 면제되지만, 아이들은 그러한 차량에 타고 있는 동안 안전띠를 착용해야 한다.

**4** Michael은 그의 이웃이 내는 소음 때문에 잘 때 귀마개를 착용한다.

**5** FVC 휴대폰은 출시 이래로 날개 돋친 듯 팔려왔다. 대부분의 상점들은 매진이지만, 제조사는 그것들이 준비되면 곧 더 많은 휴대폰을 출시하기로 약속했다.

**6** Maxi 사의 운영을 분석하고 있었던 자문 위원은 그 회사가 수익성이 있긴 하지만, 아직 그것이 나아갈 수 있는 많은 분야들이 있다고 말했다.

**7**

해설 보기를 통해 연결어 문제임을 알 수 있으므로, 첫 문장부터 읽으며 문맥을 파악한다. 빈칸 뒤에 its popularity라는 명사구가 있으므로 빈칸은 전치사 자리이고, 문맥상 현재 학생들에게 제공되고 있는 할인된 환승권의 인기에도 불구하고 예산 문제로 인해 그 프로그램이 취소될 것이라는 의미가 되어야 자연스럽다. 따라서 '~에도 불구하고'라는 의미의 양보를 나타내는 전치사 (c) despite가 정답이다.

오답분석
(a) rather than은 '~보다는', (b) but은 '~ 외에'라는 의미로, 문맥에 적합하지 않아 오답이다. (d) so는 '그래서'라는 의미의 접속사로, 전치사 자리에 위치할 수 없으며 문맥에도 적합하지 않아 오답이다.

해석 Louisburg 대학은 현재 모든 학생들에게 할인된 환승권을 제공하고 있다. 그러나 안타깝게도, 그것의 인기에도 불구하고 예산 문제로 인해 그 프로그램은 취소될 것이다.

**8**

해설 보기를 통해 연결어 문제임을 알 수 있으므로, 첫 문장부터 읽으며 문맥을 파악한다. 문맥상 여동생이 런던에 온 후에 나와 함께 살도록 이사 왔다는 의미가 되어야 자연스럽다. 따라서 '~후에'라는 의미의 시간을 나타내는 부사절 접속사 (d) after가 정답이다.

오답분석
(a) before는 '~전에', (b) until은 '~할 때까지', (c) no matter how는 '아무리 ~하더라도'라는 의미로, 문맥에 적합하지 않아 오답이다.

해석 나는 런던으로 이사갔을 때, 집을 매우 그리워하게 되었다. 나는 가족이 보고 싶었고 그 도시에서 외로움을 느꼈다. 다행스럽게도, 나의 여동생이 런던에 온 후에 나와 함께 살도록 이사 왔고, 나는 훨씬 더 마음이 편안했다.

## 출제공식 21 접속부사
p.112

### 연습문제

1 (a)  2 (b)  3 (a)  4 (c)  5 (d)

6 (b)

### 지텔프 실전문제

7 (c)  8 (b)

**1** 시카고 불스 팀은 1990년대 내내 NBA의 우세한 팀이었다. 그러나, 마이클 조던이 은퇴하자마자 그들의 몰락은 급격했다.

**2** 회사의 최고 경영자는 우리의 마케팅 전략이 개선될 수 있는 많은 방안의 개요를 설명했다. 예를 들어, 그녀는 우리의 상품 몇 개를 무료로 나누어주는 것을 제안했다.

**3** 매우 장시간 일했기 때문에, Matt는 그의 친구들을 만날 시간이 거의 없었다. 실제로, 그는 수개월 동안 어느 누구와도 어울리지 않았다.

**4** 연구들은 불평등이 정신 질환의 원인 중 하나라는 것을 보여준다. 게다가, 불평등의 감소는 정신 질환을 완화하는 데 의학적 치료보다 더욱 효과적일 수 있다.

**5** Margaret은 두 명의 자녀가 있는데, 그들은 나날이 키도 몸집도 자라고 있다. 따라서, 그녀는 더 큰 공간으로 이사하기로 결정했다.

**6** 연구원들은 야생에서 길러지지 않은 나비는 이주하는 방법을 모른다는 것을 알아냈다. 예를 들어, 연구실에서 자란 모나크 나비는 겨울에 남쪽으로 날아가지 않는다.

**7**

해설　보기와 빈칸 뒤의 콤마를 통해 접속부사 문제임을 알 수 있으므로, 첫 문장부터 읽으며 문맥을 파악한다. 문맥상 Johnny의 새 고양이는 익숙하지 않은 환경에 겁먹고 숨어 지내다가, 마침내 그 고양이는 충분히 안정되었다는 의미가 되어야 자연스럽다. 따라서 '마침내'라는 의미의 결론을 나타내는 접속부사 (c) Eventually가 정답이다.

　　오답분석
　　(a) In the first place는 '우선', (b) Besides는 '게다가', (d) Consequently는 '따라서'라는 의미로, 문맥에 적합하지 않아 오답이다.

해석　Johnny의 새 고양이는 익숙하지 않은 환경에 겁먹었고 아파트에서 몇 주 동안 숨어 지냈다. 마침내, 그 고양이는 Johnny의 소파에, 그리고 심지어 그의 무릎 위에까지 와서 앉을 만큼 충분히 안정되었다.

**8**

해설　보기와 빈칸 뒤의 콤마를 통해 접속부사 문제임을 알 수 있으므로, 첫 문장부터 읽으며 문맥을 파악한다. 문맥상 부모들은 자녀가 가정에서 독립해 나가면 상실한 기분을 느끼고, 다시 말해서 부모들은 자녀가 없으면 삶이 의미가 없다고 느낀다는 의미가 되어야 자연스럽다. 따라서 '다시 말해서'라는 의미의 강조를 나타내는 접속부사 (b) In other words가 정답이다.

　　오답분석
　　(a) On the contrary는 '그와는 반대로', (c) Presently는 '현재', (d) In the meantime은 '그 동안에'라는 의미로, 문맥에 적합하지 않아 오답이다.

해석　부모들은 그들의 자녀가 가정에서 독립해 나가면 흔히 상실한 기분을 느낀다. 다시 말해서, 부모들은 돌볼 자녀가 없으면 그들의 삶이 의미가 없다고 느낀다.

---

## HACKERS TEST
p.114

| | | | | |
|---|---|---|---|---|
| **01** (a) | **02** (a) | **03** (d) | **04** (a) | **05** (b) |
| **06** (a) | **07** (d) | **08** (c) | **09** (c) | **10** (b) |
| **11** (d) | **12** (b) | **13** (c) | **14** (b) | **15** (a) |
| **16** (b) | **17** (d) | **18** (a) | **19** (c) | **20** (a) |
| **21** (d) | **22** (b) | **23** (c) | **24** (c) | |

**01** 접속부사　　　　　　　　　　　　　　　정답 (a)

해설　보기와 빈칸 뒤의 콤마를 통해 접속부사 문제임을 알 수 있으므로, 첫 문장부터 읽으며 문맥을 파악한다. 문맥상 영국이 세계에서 스마트폰 보유자의 가장 높은 비율을 가지고 있고, 그러나 중국이 가장 많은 수의 스마트폰 보유자를 가진다는 의미가 되어야 자연스럽다. 따라서 '그러나'라는 의미의 대조를 나타내는 접속부사 (a) However가 정답이다.

　　오답분석
　　(b) Therefore는 '따라서', (c) Accordingly는 '그에 따라', (d) Besides는 '게다가'라는 의미로, 문맥에 적합하지 않아 오답이다.

해석　한 연구는 영국이 세계에서 스마트폰 보유자의 가장 높은 비율을 가지고 있어, 인구의 82.2퍼센트가 기기를 소유하고 있다는 것을 보여주었다. 그러나, 중국이 가장 많은 수의 스마트폰 보유자를 가지며, 이는 7억 8천만 명이 넘는다.

어휘　proportion n. 비율　population n. 인구　own v. 소유하다

**02** 부사절 접속사　　　　　　　　　　　　정답 (a)

해설　보기를 통해 연결어 문제임을 알 수 있으므로, 첫 문장부터 읽으며 문맥을 파악한다. 문맥상 T-Mart 사의 현재 전략은 남아 있는 가게에서 직원을 줄일 수 있도록 온라인 판매에 집중하는 것이라는 의미가 되어야 자연스럽다. 따라서 '~할 수 있도록'이라는 의미의 결과를 나타내는 부사절 접속사 (a) so that이 정답이다.

　　오답분석
　　(b) though와 (d) although는 '~이긴 하지만', (c) even if는 '~하더라도'라는 의미로, 문맥에 적합하지 않아 오답이다.

해석　전국적으로 200개 지점을 폐쇄하고 제조와 마케팅에서의 비용을 삭감한 것에도 불구하고, T-Mart 사는 여전히 파산에서 벗어나기 위해 애쓰고 있다. 그것의 현재 전략은 남아 있는 가게에서 직원을 줄일 수 있도록 온라인 판매에 집중하는 것이다.

어휘　branch n. 지점　manufacturing n. 제조　struggle v. 애쓰다　escape v. 벗어나다　bankruptcy n. 파산　strategy n. 전략

focus on phr. ~에 집중하다  retail n. 판매, 소매
remaining adj. 남아 있는

## 03 접속부사　　　　　　　　　　　정답 (d)

해설　보기와 빈칸 뒤의 콤마를 통해 접속부사 문제임을 알 수 있으므로, 첫 문장부터 읽으며 문맥을 파악한다. 문맥상 대부분의 의사들은 사람은 하루에 최소 7시간은 자야 한다고 권고하며, 어쨌든 건강을 유지하기 위해서는 충분한 휴식을 취하는 것이 필수적이라는 의미가 되어야 자연스럽다. 따라서 '어쨌든'이라는 의미의 결과를 나타내는 접속부사 (d) After all이 정답이다.

　오답분석

(a) Nevertheless는 '그럼에도 불구하고', (b) In contrast는 '그에 반해서', (c) Similarly는 '비슷하게'라는 의미로, 문맥에 적합하지 않아 오답이다.

해석　대부분의 의사들은 사람은 하루에 최소 7시간은 자야 한다고 권고한다. 어쨌든, 신체적 그리고 정신적 건강을 유지하기 위해서는 충분한 휴식을 취하는 것이 필수적이다.

어휘　recommend v. 권고하다, 추천하다  sufficient adj. 충분한
maintain v. 유지하다, 지키다

## 04 부사절 접속사　　　　　　　　　정답 (a)

해설　보기를 통해 연결어 문제임을 알 수 있으므로, 첫 문장부터 읽으며 문맥을 파악한다. 문맥상 일부 정치인들은 너무 많은 이민자들이 오는 것을 걱정하기 때문에 이민자들을 거부하는 것으로 보인다는 의미가 되어야 자연스럽다. 따라서 '~이기 때문에'라는 의미의 이유를 나타내는 부사절 접속사 (a) because가 정답이다.

　오답분석

(b) before는 '~전에', (c) although는 '~이긴 하지만', (d) until은 '~할 때까지'라는 의미로, 문맥에 적합하지 않아 오답이다.

해석　출생률이 떨어지고 인구가 고령화됨에 따라, 많은 사람들은 왜 노동력을 확충하는 수단으로 이민을 수용하지 않는지 묻고 있다. 근본적으로, 일부 정치인들은 너무 많은 이민자들이 오는 것을 걱정하기 때문에 여전히 이민자들을 거부하는 것으로 보인다.

어휘　birth rate phr. 출생률  drop v. 떨어지다  population n. 인구
age v. 고령화되다, 늙다  embrace v. 수용하다, 포용하다
immigration n. 이민  mean n. 수단
expand v. 확충하다, 확장하다  workforce n. 노동력
ultimately adv. 근본적으로  reject v. 거부하다

## 05 접속부사　　　　　　　　　　　정답 (b)

해설　보기와 빈칸 뒤의 콤마를 통해 접속부사 문제임을 알 수 있으

므로, 첫 문장부터 읽으며 문맥을 파악한다. 문맥상 학생들은 대학이 구내식당을 폐점하는 것이 불만스럽고, 그럼에도 불구하고 그 대학은 구내식당을 닫기로 결정을 내렸다는 의미가 되어야 자연스럽다. 따라서 '그럼에도 불구하고'라는 의미의 양보를 나타내는 접속부사 (b) Nevertheless가 정답이다.

　오답분석

(a) Furthermore는 '더욱이', (c) Finally는 '마침내', (d) At length는 '상세히'라는 의미로, 문맥에 적합하지 않아 오답이다.

해석　학생들은 대학이 싸고 간편한 식사 선택권을 늘 제공해왔던 구내식당을 폐점하는 것이 불만스럽다. 그럼에도 불구하고, 그 대학은 그것이 수년간 손해를 보고 있다고 주장하며 구내식당을 닫기로 결정을 내렸다.

어휘　close down phr. 폐점하다, 닫다  cafeteria n. 구내식당
convenient adj. 간편한, 편리한  dining n. 식사
claim v. 주장하다  lose money phr. 손해를 보다

## 06 부사절 접속사　　　　　　　　　정답 (a)

해설　보기를 통해 연결어 문제임을 알 수 있으므로, 첫 문장부터 읽으며 문맥을 파악한다. 문맥상 연구들은 자전거 전용 도로가 복잡한 도로에 추가되면 곧 안전성이 향상된다는 것을 보여주었다는 의미가 되어야 자연스럽다. 따라서 '~하면 곧'이라는 의미의 시간을 나타내는 부사절 접속사 (a) as soon as가 정답이다.

　오답분석

(b) before는 '~전에', (c) whether는 '~인지', (d) in case는 '~한 경우에 대비하여'라는 의미로, 문맥에 적합하지 않아 오답이다.

해석　많은 사람들은 자전거 전용 도로가 도로를 덜 안전하게 만든다고 생각한다. 하지만, 연구들은 자전거 전용 도로가 실제로는 복잡한 도로에 추가되면 곧 안전성이 향상된다는 것을 보여주었는데, 부분적으로는 자전거 타는 사람들의 증가 때문에 자동차 운전자들이 더 조심스럽게 운전하는 것 때문이다.

어휘　bike lane phr. 자전거 전용 도로  safety n. 안전성
actually adv. 실제로  busy adj. 복잡한  partly adv. 부분적으로
motorist n. 자동차 운전자  increase n. 증가

## 07 접속부사　　　　　　　　　　　정답 (d)

해설　보기와 빈칸 뒤의 콤마를 통해 접속부사 문제임을 알 수 있으므로, 첫 문장부터 읽으며 문맥을 파악한다. 문맥상 Karen은 그녀의 고양이가 집에서부터 달아났다고 확신했지만 그녀가 잘못 생각했고, 사실은 그 고양이는 그저 벽장 안에서 자고 있었다는 의미가 되어야 자연스럽다. 따라서 '사실은'이라는 의미의 강조를 나타내는 접속부사 (d) In fact가 정답이다.

**오답분석**

(a) All in all은 '대체로', (b) Then은 '그다음에', (c) Moreover는 '게다가'라는 의미로, 문맥에 적합하지 않아 오답이다.

해석 Karen은 그녀의 고양이가 집에서부터 달아났다고 확신했지만, 그녀가 잘못 생각했다. 사실은, 그 고양이는 그저 벽장 안에서 자고 있었고, Karen은 이를 발견하고 안도했다.

어휘 certain adj. 확신하는 mistaken adj. 잘못 생각한 closet n. 벽장 relieved adj. 안도하는

## 08 부사절 접속사 정답 (c)

해설 보기를 통해 연결어 문제임을 알 수 있으므로, 첫 문장부터 읽으며 문맥을 파악한다. 문맥상 파킨슨병이 정신 질환임에도 불구하고 그것이 복부 장기에 의해 방출된 단백질에서 온다는 의미가 되어야 자연스럽다. 따라서 '~에도 불구하고'라는 의미의 양보를 나타내는 부사절 접속사 (c) even though가 정답이다.

**오답분석**

(a) so that은 '~할 수 있도록', (b) as soon as는 '~하면 곧', (d) as far as는 '~하는 한'이라는 의미로, 문맥에 적합하지 않아 오답이다.

해석 한 새로운 연구는 파킨슨병이 실제로는 뇌가 아니라 오히려 내장에서 시작될지도 모른다는 것을 보여주었다. 이 연구는 파킨슨병이 정신 질환임에도 불구하고, 그것이 복부 장기에 의해 방출된 단백질에서 온다는 것을 밝혀냈다.

어휘 Parkinson's disease phr. 파킨슨병 gut n. 내장 reveal v. 밝혀내다 mental adj. 정신의 disorder n. 질환, 장애 protein n. 단백질 release v. 방출하다 stomach n. 복부 organ n. 장기, 기관

## 09 전치사 정답 (c)

해설 보기를 통해 연결어 문제임을 알 수 있으므로, 첫 문장부터 읽으며 문맥을 파악한다. 빈칸 뒤에 her injury라는 명사구가 있으므로 빈칸은 전치사 자리이고, 문맥상 부상에도 불구하고 그만두지 않고 어떻게든 금메달을 따냈다는 의미가 되어야 자연스럽다. 따라서 '~에도 불구하고'라는 의미의 양보를 나타내는 전치사 (c) in spite of가 정답이다.

**오답분석**

(a) although는 '~이긴 하지만'이라는 의미의 접속사로, 전치사 자리에 위치할 수 없으므로 오답이다. (b) aside from은 '~ 외에는', (d) with는 '~와 함께'라는 의미로, 문맥에 적합하지 않아 오답이다.

해석 1996년 올림픽 기간 동안, 미국의 체조 선수인 Kerri Strug는 대회 초반 라운드에서 발목을 삐었다. 그러나, 그녀는 부상에도 불구하고 그만두지 않고 어떻게든 금메달을 따냈다.

어휘 gymnast n. 체조 선수 sprain v. 삐다, 접질리다 ankle n. 발목 competition n. 대회, 시합 quit v. 그만두다, 중단하다 manage v. 어떻게든 해내다 injury n. 부상

## 10 접속부사 정답 (b)

해설 보기와 빈칸 뒤의 콤마를 통해 접속부사 문제임을 알 수 있으므로, 첫 문장부터 읽으며 문맥을 파악한다. 문맥상 Ellie는 너무 나이들기 전에 여행을 하고 싶었으며, 한편으로는 그녀는 휴식을 취하는 것이 경력에 타격을 줄 수도 있다고 생각했다는 의미가 되어야 자연스럽다. 따라서 '한편으로는'이라는 의미의 대조를 나타내는 접속부사 (b) On the other hand가 정답이다.

**오답분석**

(a) Otherwise는 '그렇지 않으면', (c) As a result는 '그 결과', (d) In conclusion은 '결론적으로'라는 의미로, 문맥에 적합하지 않아 오답이다.

해석 Ellie는 그녀가 일을 그만두어야 할지 계속해야 할지 확신이 없었다. 그녀는 일에서 벗어날 시간이 필요하다고 느꼈으며 너무 나이들기 전에 여행을 하고 싶었다. 한편으로는, 그녀는 휴식을 취하는 것이 그녀의 경력에 타격을 줄 수도 있다고 생각했다.

어휘 quit v. 그만두다 stick with phr. ~을 계속하다 take a break phr. 휴식을 취하다 hurt v. 타격을 주다

## 11 부사절 접속사 정답 (d)

해설 보기를 통해 연결어 문제임을 알 수 있으므로, 첫 문장부터 읽으며 문맥을 파악한다. 문맥상 Maxwell은 회사를 시장에서 우세한 것으로 만들고 전 세계로 확장한 사람이었기 때문에 그가 최고 경영자 자리에서 물러나면 회사에서 섭섭해 할 것이라는 의미가 되어야 자연스럽다. 따라서 '~이기 때문에'라는 의미의 이유를 나타내는 부사절 접속사 (d) since가 정답이다.

**오답분석**

(a) while은 '~하는 동안', (b) unless는 '~이 아니라면'이라는 의미로, 문맥에 적합하지 않아 오답이다. (c) hence는 '그러므로'라는 의미의 접속부사로, 부사절 접속사 자리에 위치할 수 없으므로 오답이다.

해석 Rind 개발사는 Sam Maxwell이 최고 경영자 자리에서 물러날 것이라고 발표했다. Maxwell은 그 회사를 시장에서 우세한 것으로 만들고 전 세계로 확장한 사람이었기 때문에 회사에서 섭섭해 할 것이다.

어휘 step down phr. 물러나다 dominant adj. 우세한 across the globe phr. 전 세계로

## 12 등위 접속사                                         정답 (b)

해설 보기를 통해 연결어 문제임을 알 수 있으므로, 첫 문장부터 읽으며 문맥을 파악한다. 문맥상 평범한 미국인이 졸업 시 3만 달러 이상의 빚을 지는 상황이 많은 논란을 불러일으켰고, 그래서 정부는 모든 학자금 대출을 탕감해주는 것을 고려하고 있다는 의미가 되어야 자연스럽다. 따라서 '그래서'라는 의미의 결과를 나타내는 등위 접속사 (b) so가 정답이다.

오답분석
(a) at last는 '마침내', (d) on the contrary는 '그와는 반대로'라는 의미의 접속부사로, 등위 접속사 자리에 위치할 수 없으므로 오답이다. (c) yet은 '그렇지만'이라는 의미로, 문맥에 적합하지 않아 오답이다.

해석 많은 미국인들은 대학 교육비를 지불하기 위해 큰 액수의 돈을 빌린다. 실제로, 평범한 미국인은 졸업 시 3만 달러 이상의 빚을 진다. 이러한 상황은 많은 논란을 불러일으켰고, 그래서 정부는 모든 학자금 대출을 탕감해주는 것을 고려하고 있다.

어휘 borrow v. 빌리다  average adj. 평범한, 일반적인
owe v. (돈을) 빚지다  generate v. 불러일으키다, 만들어 내다
controversy n. 논란  consider v. 고려하다
forgive v. (빚을) 탕감하다  student loan phr. 학자금 대출

## 13 접속부사                                         정답 (c)

해설 보기와 빈칸 뒤의 콤마를 통해 접속부사 문제임을 알 수 있으므로, 첫 문장부터 읽으며 문맥을 파악한다. 문맥상 우는 것이 억눌린 감정을 배출하기 때문에 건강에 좋을 수 있고, 게다가 우는 것은 신체가 심박수를 조절할 수 있게 해준다는 의미가 되어야 자연스럽다. 따라서 '게다가'라는 의미의 첨가를 나타내는 접속부사 (c) Moreover가 정답이다.

오답분석
(a) Subsequently는 '그 후에', (b) After all은 '결국', (d) By contrast는 '그에 반해서'라는 의미로, 문맥에 적합하지 않아 오답이다.

해석 한 연구는 우는 것이 억눌린 감정을 배출하기 때문에, 건강에 좋을 수 있다는 것을 밝혀냈다. 게다가, 우는 것은 신체가 심박수를 조절할 수 있게 해주는데, 이것이 역설적으로 사람들로 하여금 안정된 호흡을 유지하게 하기 때문이다.

어휘 pent-up adj. 억눌린  emotion n. 감정  regulate v. 조절하다
heart rate phr. 심박수  paradoxically adv. 역설적으로
maintain v. 유지하다  stable adj. 안정된  breathing n. 호흡

## 14 부사절 접속사                                         정답 (b)

해설 보기를 통해 연결어 문제임을 알 수 있으므로, 첫 문장부터 읽으며 문맥을 파악한다. 문맥상 파티가 재미있을 것 같긴 하지만 그들은 우선 아파트 전체를 정리해야 한다는 의미가 되어야 자연스럽다. 따라서 '~이긴 하지만'이라는 의미의 양보를

나타내는 부사절 접속사 (b) while이 정답이다.

오답분석
(a) as는 '~이기 때문에', (c) if는 '만약 ~이라면', (d) unless는 '만약 ~이 아니라면'이라는 의미로, 문맥에 적합하지 않아 오답이다.

해석 그들의 새로운 아파트를 만끽하기를 열망하며, Mark는 Jennifer에게 그들이 이사 들어가자마자 하우스 파티를 열 것을 제안했다. 그녀는 파티가 재미있을 것 같긴 하지만, 그들은 우선 아파트 전체를 정리해야 한다고 말했다.

어휘 eager adj. 열망하는  enjoy v. 만끽하다, 즐기다
throw a party phr. 파티를 열다  sorted adj. 정리된

## 15 접속부사                                         정답 (a)

해설 보기와 빈칸 뒤의 콤마를 통해 접속부사 문제임을 알 수 있으므로, 첫 문장부터 읽으며 문맥을 파악한다. 문맥상 Jillian은 한 달도 더 전에 상사에게 임금 인상을 요청했지만 그는 여전히 대답하지 않았고, 그 동안에 그녀의 동료 몇몇은 해고되었다는 의미가 되어야 자연스럽다. 따라서 '그 동안에'라는 의미의 시간을 나타내는 접속부사 (a) Meanwhile이 정답이다.

오답분석
(b) For instance는 '예를 들어', (c) Likewise는 '비슷하게', (d) Naturally는 '당연히'라는 의미로, 문맥에 적합하지 않아 오답이다.

해석 Jillian은 한 달도 더 전에 그녀의 상사에게 임금 인상을 요청했지만, 그는 여전히 대답하지 않았다. 그 동안에, 그녀의 동료 몇몇은 해고되었고, 이는 그녀가 조금의 돈이라도 더 받을 수 있을지 염려하게 만들었다.

어휘 raise n. (임금) 인상  respond v. 대답하다, 응답하다
fire v. 해고하다  doubt v. 염려하다, 의심하다  receive v. 받다

## 16 부사절 접속사                                         정답 (b)

해설 보기를 통해 연결어 문제임을 알 수 있으므로, 첫 문장부터 읽으며 문맥을 파악한다. 문맥상 Alan은 수년간 공연하지 않았음에도 불구하고 여전히 그의 옛날 곡들을 모두 기억해낼 수 있다는 의미가 되어야 자연스럽다. 따라서 '~에도 불구하고'라는 의미의 양보를 나타내는 부사절 접속사 (b) although가 정답이다.

오답분석
(a) because는 '~이기 때문에', (c) when은 '~할 때'라는 의미로, 문맥에 적합하지 않아 오답이다. (d) in spite of는 '~에도 불구하고'라는 의미의 전치사로, 부사절 접속사 자리에 위치할 수 없으므로 오답이다.

해석 대학 시절, Alan은 가수가 되고자 하는 야망이 있었고, 그의

기타를 마을 곳곳의 클럽에 가지고 다니곤 했다. 이제 중년이 되어, 그는 수년간 어느 누구 앞에서도 공연하지 않았음에도 불구하고 여전히 그의 옛날 곡들을 모두 기억해낼 수 있다.

어휘    ambition n. 야망, 포부   carry v. 가지고 다니다
middle-aged adj. 중년의   perform v. 공연하다

## 17   부사절 접속사      정답 (d)

해설    보기를 통해 연결어 문제임을 알 수 있으므로, 첫 문장부터 읽으며 문맥을 파악한다. 문맥상 보수를 위한 Lions Gate 다리의 폐쇄로 인해 거리가 매우 혼잡한 상황은 일단 작업이 완료되고 다리가 다시 열리면 개선될 것이라는 의미가 되어야 자연스럽다. 따라서 '일단 ~하면'이라는 의미의 조건을 나타내는 부사절 접속사 (d) once가 정답이다.

오답분석

(a) before는 '~하기 전에', (c) though '~이긴 하지만'이라는 의미로, 문맥에 적합하지 않아 오답이다. (b) nonetheless는 '그럼에도 불구하고'라는 의미의 접속부사로, 부사절 접속사 자리에 위치할 수 없으므로 오답이다.

해석    밴쿠버 시내로 이어지는 거리들은 보수를 위한 Lions Gate 다리의 폐쇄로 인해 매우 혼잡하다. 이 상황은 일단 작업이 완료되고 다리가 다시 열리면 개선될 것이다.

어휘    lead v. 이어지다, 통하다   downtown n. 시내, 번화가
congested adj. 혼잡한, 붐비는   closure n. 폐쇄
repair n. 보수, 수리   complete v. 완료하다
reopen v. 다시 열리다, 재개하다

## 18   접속부사      정답 (a)

해설    보기와 빈칸 뒤의 콤마를 통해 접속부사 문제임을 알 수 있으므로, 첫 문장부터 읽으며 문맥을 파악한다. 문맥상 두 개 이상의 언어를 말하는 것이 많은 인지의 이점이 있고, 마지막으로 다중 언어를 말하는 것은 알츠하이머병의 발생 가능성을 낮추는 것도 도울 수 있다는 의미가 되어야 자연스럽다. 따라서 '마지막으로'라는 의미의 결론을 나타내는 접속부사 (a) Finally가 정답이다.

오답분석

(b) But은 '하지만'이라는 의미의 등위 접속사로, 접속부사 자리에 위치할 수 없으므로 오답이다. (c) Unfortunately는 '유감스럽게도', (d) Comparatively는 '비교적'이라는 의미로, 문맥에 적합하지 않아 오답이다.

해석    새로운 연구는 두 개 이상의 언어를 말하는 것이 향상된 기억, 더 나은 문제 해결 능력, 그리고 더 나은 다중 작업 기술을 포함하여 많은 인지의 이점이 있다는 것을 밝혀냈다. 마지막으로, 다중 언어를 말하는 것은 알츠하이머병의 발생 가능성을 낮추는 것도 도울 수 있다.

어휘    cognitive adj. 인지의   benefit n. 이점   solve v. 해결하다

---

ability n. 능력   multiple adj. 다중의   chance n. 가능성

## 19   부사절 접속사      정답 (c)

해설    보기를 통해 연결어 문제임을 알 수 있으므로, 첫 문장부터 읽으며 문맥을 파악한다. 문맥상 Harry는 교수님이 그에게 논문을 끝낼 추가 시간을 주도록 할 수 있는 것이 아니라면 낙제할 것이라는 의미가 되어야 자연스럽다. 따라서 '~이 아니라면'이라는 의미의 조건을 나타내는 부사절 접속사 (c) unless가 정답이다.

오답분석

(a) once는 '일단 ~하면', (b) although는 '~이긴 하지만', (d) until은 '~할 때까지'라는 의미로, 문맥에 적합하지 않아 오답이다.

해석    Harry는 그의 논문을 쓸 시간이 바닥나자 심각한 곤경에 처했다. 그는 연구에 너무 오랜 시간을 썼고 글을 쓸 충분한 시간을 남기지 않았다. 그는 교수님이 그에게 논문을 끝낼 추가 시간을 주도록 할 수 있는 것이 아니라면 낙제할 것이다.

어휘    run out of phr. ~이 바닥나다   thesis n. 논문   fail v. 낙제하다

## 20   접속부사      정답 (a)

해설    보기와 빈칸 뒤의 콤마를 통해 접속부사 문제임을 알 수 있으므로, 첫 문장부터 읽으며 문맥을 파악한다. 문맥상 의사는 항생제를 처방해주었지만 Virginia는 그것들을 복용하지 않기로 결심했고, 게다가 그녀는 차를 마시고 긴 목욕을 한 후 훨씬 더 나아지던 중이었다는 의미가 되어야 자연스럽다. 따라서 '게다가'라는 의미의 첨가를 나타내는 접속부사 (a) Besides가 정답이다.

오답분석

(b) Altogether는 '대체로', (c) Thus는 '따라서', (d) Similarly는 '비슷하게'라는 의미로, 문맥에 적합하지 않아 오답이다.

해석    극심한 기침 때문에, Virginia는 병원에 갔다. 의사가 항생제를 처방해주었지만 Virginia는 너무 많은 약물을 복용하는 것을 좋아하지 않았기 때문에, 그녀는 그것들을 복용하지 않기로 결심했다. 게다가, 그녀는 차를 마시고 긴 목욕을 한 후 훨씬 더 나아지던 중이었다.

어휘    severe adj. 극심한   cough n. 기침   prescribe v. 처방하다
antibiotic n. 항생제

## 21   부사절 접속사      정답 (d)

해설    보기를 통해 연결어 문제임을 알 수 있으므로, 첫 문장부터 읽으며 문맥을 파악한다. 문맥상 일부 사람들은 정부의 법안이 통과하더라도 그 문제가 계속될 것이라고 생각한다는 의미가 되어야 자연스럽다. 따라서 '~하더라도'라는 의미의 양

보를 나타내는 부사절 접속사 (d) even if가 정답이다.

오답분석

(a) whereas는 '~인 반면', (b) as far as는 '~하는 한', (c) in order that은 '~할 수 있도록'이라는 의미로, 문맥에 적합하지 않아 오답이다.

해석 식중독의 발생은 정부가 식품 위생을 보장하는 법을 만들게 했다. 이것은 현재 의회에서 논의되고 있는 중이다. 일부 사람들은 정부의 법안이 통과되더라도, 그 문제가 계속될 것이라고 생각한다.

어휘 food poisoning phr. 식중독  outbreak n. (사고·질병 등의) 발생  prompt v. (어떤 일이 일어나게) 하다  draw up phr. 만들다  ensure v. 보장하다  hygiene n. 위생  debate v. 논의하다  parliament n. 의회

## 22 접속부사        정답 (b)

해설 보기와 빈칸 뒤의 콤마를 통해 접속부사 문제임을 알 수 있으므로, 첫 문장부터 읽으며 문맥을 파악한다. 문맥상 Claire는 일을 즐기기는 했지만 좌절감을 느끼는 특정한 순간들이 있었고, 예를 들어 그녀는 선임 관리자가 사실상 Claire가 완수했던 일에 대한 공을 가로챘을 때 속상했다는 의미가 되어야 자연스럽다. 따라서 '예를 들어'라는 의미의 예시를 나타내는 접속부사 (b) For instance가 정답이다.

오답분석

(a) In other words는 '다시 말해서', (c) Afterward는 '나중에', (d) Accordingly는 '그에 따라'라는 의미로, 문맥에 적합하지 않아 오답이다.

해석 Claire는 그녀의 일을 즐기기는 했지만, 좌절감을 느끼는 특정한 순간들이 있었다. 예를 들어, 그녀는 선임 관리자가 사실상 Claire가 완수했던 일에 대한 공을 가로챘을 때 속상했다.

어휘 certain adj. 특정한  frustrated adj. 좌절한  senior adj. 선임의  take credit for phr. ~의 공을 가로채다  complete v. 완수하다

고난도

## 23 부사절 접속사        정답 (c)

해설 보기를 통해 연결어 문제임을 알 수 있으므로, 첫 문장부터 읽으며 문맥을 파악한다. 문맥상 직원들은 온라인 포털 사이트에 가서 휴가를 기록할 필요가 있을 때 언제든지 날짜를 선택할 수 있다는 의미가 되어야 자연스럽다. 따라서 '~할 때 언제든지'라는 의미의 시간을 나타내는 부사절 접속사 (c) whenever가 정답이다.

오답분석

(a) however는 '그러나'라는 의미의 접속부사로, 부사절 접속사 자리에 위치할 수 없으므로 오답이다. 참고로, however는 '아무리 ~하더라도'라는 의미의 no matter how와 같은 부사절 접속사로 쓰일 수도 있지만 지텔프 문법 영역에서는 대부분의 경우 접속부사로만 출제된다. (b) whatever는 '무

엇이든', (d) even though는 '~에도 불구하고'라는 의미로, 문맥에 적합하지 않아 오답이다.

해석 인사부는 직원들이 온라인으로 휴가를 기록할 수 있게 하는 시스템을 구축했다. 그들은 온라인 포털 사이트에 가서 그들이 휴가를 기록할 필요가 있을 때 언제든지 날짜를 선택할 수 있다. 그들은 며칠 내로 그들의 상사로부터 확인을 받을 것이다.

어휘 HR(Human Resources) department phr. 인사부  set up phr. 구축하다, 세우다  book v. 기록하다, 예약하다  select v. 선택하다  receive v. 받다  confirmation n. 확인

## 24 전치사        정답 (c)

해설 보기를 통해 연결어 문제임을 알 수 있으므로, 첫 문장부터 읽으며 문맥을 파악한다. 빈칸 뒤에 the hazardous road conditions라는 명사구가 있으므로 빈칸은 전치사 자리이고, 문맥상 위험한 도로 상황 때문에 당국은 주민들에게 집에 머무를 것을 권고했다는 의미가 되어야 자연스럽다. 따라서 '~때문에'라는 의미의 이유를 나타내는 전치사 (c) because of가 정답이다.

오답분석

(a) eventually는 '결국', (b) for example은 '예를 들어'라는 의미의 접속부사로, 전치사 자리에 위치할 수 없으므로 오답이다. (d) but은 '~ 외에'라는 의미로, 문맥에 적합하지 않아 오답이다.

해석 보스턴은 주말 동안 극심한 눈보라를 경험했다. 짧은 기간에 60센티미터가 넘는 눈이 내려서, 시 공무원들은 거리를 빨리 청소할 수 없었다. 위험한 도로 상황 때문에 당국은 주민들에게 집에 머무를 것을 권고했다.

어휘 severe adj. 극심한, 심각한  blizzard n. 눈보라  brief adj. 짧은, 잠시 동안의  authorities n. 당국, 관계자  advise v. 권고하다, 충고하다  remain v. 머무르다, 그대로 있다  hazardous adj. 위험한

## Chapter 6 관계사

### 출제공식 22 관계대명사 who
p.122

**연습문제**

| 1 (a) | 2 (b) | 3 (a) | 4 (d) | 5 (c) |

6 (b)

**지텔프 실전문제**

7 (d)　　8 (c)

\* 선행사 단서는 해석에 초록색으로 표시되어 있습니다.

**1** 유럽으로의 여행을 시작하기 전에, Lucas는 그의 남동생(brother)과 점심을 먹었는데, 그는 독일로의 여행에서 최근에 돌아왔다.

**2** 모든 국민들(All citizens) 중 대통령 선거에 투표하고자 하는 사람들은 자신의 이름이 유권자 목록에 확실히 있도록 하기 위해 미리 등록해야 한다.

**3** 미술사 강의를 가르치는 사람인, Wilkins 교수(Professor Wilkins)는 다음 달에 노스이스턴 대학교의 학회에 참석할 것이다.

**4** Jerry가 어젯밤에 만났던 사람인 위층 이웃(The upstairs neighbor)은 한밤중에 많은 소음을 내고 있었다.

**5** 미국의 천문학자였던 사람인, 클라이드 톰보(Clyde Tombaugh)는 1930년 2월 18일에 애리조나 주의 관측소에서 명왕성을 발견했다.

**6** (그들의) 자녀가 학교에 다니는 사람들(People)은 국가의 교육 체제를 개선하고 교사들이 최상의 자질을 갖출 수 있도록 하는 것에 대해 관심이 있다.

**7**

해설　보기를 통해 관계사 문제임을 알 수 있으므로, 선행사 관련 단서를 파악한다. 사람 선행사 the man을 받으면서 보기의 관계절 내에서 동사 found의 주어가 될 수 있는 주격 관계대명사가 필요하므로, (d) who found her wallet이 정답이다.

해석　Dana는 지난 월요일 출근 중에 그녀의 지갑을 잃어버렸다. 다행히도, 그녀의 지갑을 찾은 남자는 그것을 경찰서에 바로

가져다주었고 그녀는 그것을 받으러 갈 수 있었다.

**8**

해설　보기를 통해 관계사 문제임을 알 수 있으므로, 선행사 관련 단서를 파악한다. 사람 선행사 Fiona Adams를 받으면서 콤마(,) 뒤에 올 수 있는 주격 관계대명사가 필요하므로, (c) who is the CEO of the company가 정답이다.

오답분석

(a) 관계대명사 that도 사람 선행사를 받을 수 있지만, 콤마 뒤에 올 수 없으므로 오답이다.

해석　Meyers 제작사는 곧 공개될 몇 편의 영화를 발표하기 위해 이번 주말에 기자 회견을 열 것이다. 그 회사의 최고 경영자인, Fiona Adams가 기자들의 질문에 답할 것이다.

### 출제공식 23 관계대명사 which
p.124

**연습문제**

| 1 (a) | 2 (d) | 3 (a) | 4 (b) | 5 (c) |

6 (d)

**지텔프 실전문제**

7 (c)　　8 (d)

\* 선행사 단서는 해석에 초록색으로 표시되어 있습니다.

**1** Oldstown을 지나는 새로운 우회로(The new bypass)는, Lewis 시장에 의해 제안된 것이었는데, 시의 많은 주민들에 의해 비판을 받았다.

**2** 알베르트 아인슈타인의 일반 상대성 이론(theory)은, 1916년에 발표된 것이었는데, 천문학자들이 우주를 바라보는 시각을 바꾸었다.

**3** Emma의 자동차(car)는, 지난주에 구입된 것이었는데, 토요일에 그녀가 다른 자동차와 충돌했을 때 일어난 사고로 심하게 훼손되었다.

**4** 뉴턴 대학 도서관(Library)은, 2018년에 대학이 완공한 것이었는데, 이제 2층에 14개의 학습실을 가지고 있다.

**5** NT 주식회사의 최신 노트북 컴퓨터(laptop)는, 15인치 모니터를 특징으로 하는 것인데, 출시 이래로 소비자들로부터 매우 긍정적인 반응을 받고 있다.

**6** 최근에 개조된 이 침실 한 개짜리 아파트(apartment)는, 한 달에 1400달러의 비용인 것인데, Tom과 Sheila의 거처를 위한 예산 내에 있다.

**7**

해설 보기를 통해 관계사 문제임을 알 수 있으므로, 선행사 관련 단서를 파악한다. 사물 선행사 contract를 받으면서 콤마(,) 뒤에 올 수 있는 주격 관계대명사가 필요하므로, (c) which ends this year가 정답이다.

오답분석
(b) 관계대명사 that도 사물 선행사를 받을 수 있지만, 콤마 뒤에 올 수 없으므로 오답이다.

해석 Dallas Rangers 팀의 유명한 선수인 Steve Williams는 다음 시즌에 팀과 함께 뛰지 못할 수도 있다. 그의 계약은, 올해 끝나는데, 구단주에 의해 연장되지 않았다.

**8**

해설 보기를 통해 관계사 문제임을 알 수 있으므로, 선행사 관련 단서를 파악한다. 사물 선행사 This facility를 받으면서 콤마(,) 뒤에 올 수 있는 주격 관계대명사가 필요하므로, (d) which opened 30 years ago가 정답이다.

오답분석
(c) 관계대명사 that도 사물 선행사를 받을 수 있지만, 콤마 뒤에 올 수 없으므로 오답이다.

해석 Parson's 전자는 베를린의 외곽에 있는 자사 공장을 폐쇄할 것이라고 발표했다. 이 시설은, 30년 전에 개업했는데, 그 지역의 500명이 넘는 사람들을 고용하고 있다.

---

**출제공식 (24) 관계대명사 that** p.126

연습문제

1 (d)  2 (a)  3 (c)  4 (a)  5 (d)

6 (b)

지텔프 실전문제

7 (d)  8 (c)

---

\* 선행사 단서는 해석에 초록색으로 표시되어 있습니다.

**1** 최신 예산의 일부로, 정부는 저소득층 가정에게 도움이 될 것인 프로그램(programs)에 대한 자금을 인상하는 계획

을 발표했다.

**2** Lee 교수에 의해 할당된 것인 연구 과제(The research project)는 그의 학생들이 완료하는 데 몇 주가 걸릴 것이다.

**3** 어제 Lisa의 집에 도착한 것인 소포(The parcel)는 그녀가 지난주에 가게에서 주문한 옷을 포함한다.

**4** 다음 달 발효되는 것인 정책(The policy)은 직원들이 매년 추가 3일의 병가를 사용할 수 있게 할 것이다.

**5** 고대 세계의 불가사의 중 하나인, 기자의 피라미드는 거대한 건축물(structure)이며 이것은 이집트인들이 4천 년도 더 전에 지었다.

**6** Jacob은 그의 집 근처 공원에서 자라고 있던 것인 꽃(the flowers)의 사진을 찍었다.

**7**

해설 보기를 통해 관계사 문제임을 알 수 있으므로, 선행사 관련 단서를 파악한다. 사물 선행사 The branch를 받으면서 보기의 관계절 내에서 동사 launched의 주어가 될 수 있는 주격 관계대명사가 필요하므로, (d) that launched last month in Shanghai가 정답이다.

해석 미국의 패션 체인점인 Para 패션은 올해 말에 중국에 두 번째 지점을 설립할 계획을 발표했다. 지난달 상하이에 출범했던 지점은 벌써 수천 명의 고객을 유치했다.

**8**

해설 보기를 통해 관계사 문제임을 알 수 있으므로, 선행사 관련 단서를 파악한다. 사물 선행사 a poll을 받으면서 보기의 관계절 내에서 동사 was ~ conducted의 주어가 될 수 있는 주격 관계대명사가 필요하므로, (c) that was recently conducted가 정답이다.

해석 David Johnson은 현재 시의회에 출마하고 있다. 하지만, 그는 선거 전에 그의 선거 운동을 끝내는 것을 고려하고 있다. 이는 그의 상대가 상당한 우세함을 보여주는 최근에 시행되었던 여론 조사 때문이다.

**연습문제**

| 1 (c) | 2 (d) | 3 (d) | 4 (a) | 5 (c) |
| 6 (c) |

**지텔프 실전문제**

| 7 (b) | 8 (c) |

\* 선행사 단서는 해석에 초록색으로 표시되어 있습니다.

**1** 보통 맨체스터 FC의 홈구장인 그 경기장(the stadium)은 축구 경기 결승전이 열릴 곳인데 1만 5천 명의 관중을 위한 좌석을 가지고 있다.

**2** 16세기는 격변의 시기(a period)였는데 많은 유럽 국가들이 전쟁을 치렀던 때였다.

**3** 새천년 이후에 태어난 젊은이들은 아마 인터넷이 없던 때인 시절(a time)을 상상할 수 없을 것이다.

**4** 하트퍼드에 있는 Golden Horn 식당(Restaurant)은, Greg가 내일 그의 친구들을 만날 곳인데, 투스카니의 이탈리아 음식을 전문으로 한다.

**5** Able 회계사의 새로운 지점이 개점될 날의 정확한 날짜 (The exact day)는 아직 정해지지 않았다.

**6** Tara의 사무실이 위치한 곳인, Lyman 건물(Building) 은 6층짜리 주차장이 있으며 쇼핑센터와 다리로 연결되어 있다.

**7**

해설 보기를 통해 관계사 문제임을 알 수 있으므로, 선행사 관련 단서를 파악한다. 장소 선행사 the hotel을 받으면서 보기의 완전한 절을 이끌 수 있는 관계부사가 필요하므로, (b) where the event will be held가 정답이다.

해석 환경 보호 단체 Earth Alliance는 다음 달에 기금 모금 행사를 개최할 계획이다. 행사가 개최될 곳인 그 호텔의 경영진은 무료로 음식을 제공하는 것으로 합의했다.

**8**

해설 보기를 통해 관계사 문제임을 알 수 있으므로, 선행사 관련 단서를 파악한다. 시간 선행사 June 17을 받으면서 보기의 완전한 절을 이끌 수 있는 관계부사가 필요하므로, (c) when Luke's vacation begins가 정답이다.

해석 Luke는 다가오는 여름 방학에 매우 신이 났다. 그는 유럽에서

4개 국가를 방문하며 3주를 보낼 계획이다. Luke의 방학이 시작하는 날인, 6월 17일에 그는 파리로 떠날 것이다.

## HACKERS TEST                    p.130

| 01 (d) | 02 (b) | 03 (d) | 04 (a) | 05 (c) |
|--------|--------|--------|--------|--------|
| 06 (c) | 07 (a) | 08 (a) | 09 (b) | 10 (c) |
| 11 (b) | 12 (d) | 13 (b) | 14 (d) | 15 (a) |
| 16 (b) | 17 (d) | 18 (a) | 19 (c) | 20 (b) |
| 21 (d) | 22 (c) | 23 (d) | 24 (a) | |

**01** 주격 관계대명사 which                    정답 (d)

해설 보기를 통해 관계사 문제임을 알 수 있으므로, 선행사 관련 단서를 파악한다. 사물 선행사 This office complex를 받으면서 콤마(,) 뒤에 올 수 있는 주격 관계대명사가 필요하므로, (d) which is on Center Avenue가 정답이다.

오답분석
(a) 관계대명사 that도 사물 선행사를 받을 수 있지만, 콤마 뒤에 올 수 없으므로 오답이다.

해석 Polson 법률 사무소는 Brighton 건물에 있는 그것의 사무실로부터 Plaza 타워의 새로운 부지로 이사할 것임을 밝혔다. 이 사무 단지는, Center 가에 있는데, 회사의 고객에게 더 편리하게 위치한다.

어휘 **reveal** v. 밝히다   **premises** n. 부지
**conveniently** adv. 편리하게

**02** 주격 관계대명사 who                    정답 (b)

해설 보기를 통해 관계사 문제임을 알 수 있으므로, 선행사 관련 단서를 파악한다. 사람 선행사 The mayor를 받으면서 콤마 (,) 뒤에 올 수 있는 주격 관계대명사가 필요하므로, (b) who was reelected last month가 정답이다.

오답분석
(d) 관계대명사 that도 사람 선행사를 받을 수 있지만, 콤마 뒤에 올 수 없으므로 오답이다.

해석 시는 더 이상 노인을 위한 대중교통 할인 이용권을 제공하지 않을 것이며 그 대신 고령 시민에게 성인 요금을 전액 부과할 것이다. 시장은, 지난 달에 재선되었는데, 그것이 재정적으로 필수적이라고 말하며 그 정책을 옹호했다.

어휘 **elderly** adj. 노인의   **senior** adj. 고령의, 선임의   **fare** n. 요금
**defend** v. 옹호하다   **reelect** v. 재선하다

**03** 주격 관계대명사 that           정답 (d)

해설   보기를 통해 관계사 문제임을 알 수 있으므로, 선행사 관련 단서를 파악한다. 사물 선행사 The team을 받으면서 보기의 관계절 내에서 동사 wins의 주어가 될 수 있는 주격 관계대명사가 필요하므로, (d) that wins the tournament가 정답이다.

해석   디트로이트의 몇몇 최고의 야구팀은 이번 주에 주 결승전에 참가할 것이다. 시합을 이기는 팀은 다음 달 전국 대회에 참가하게 될 것이다.

어휘   participate v. 참가하다   compete v. (시합에) 참가하다, 경쟁하다

**04** 주격 관계대명사 who           정답 (a)

해설   보기를 통해 관계사 문제임을 알 수 있으므로, 선행사 관련 단서를 파악한다. 사람 선행사 the person을 받으면서 보기의 관계절 내에서 동사 was selling의 주어가 될 수 있는 주격 관계대명사가 필요하므로, (a) who was selling the vehicle이 정답이다.

해석   Harold는 그가 어제 구매한 중고차를 싼 값에 산 것에 매우 만족했다. 긴 협상 후에, 차를 팔던 사람은 금액을 500달러 낮춰주는 것에 동의했다.

어휘   purchase v. 구매하다   negotiation n. 협상

**05** 주격 관계대명사 that           정답 (c)

해설   보기를 통해 관계사 문제임을 알 수 있으므로, 선행사 관련 단서를 파악한다. 사물 선행사 the speakers를 받으면서 보기의 관계절 내에서 동사 were delivered의 주어가 될 수 있는 주격 관계대명사가 필요하므로, (c) that were delivered to his house가 정답이다.

해석   Paul은 그의 아파트에서 음악을 연주하기 위해 ST 전자에서 최신 무선 스피커 한 세트를 주문했다. 하지만, 그의 집으로 배송된 그 스피커들은 제대로 작동하지 않아서, 그는 환불을 위해 그것들을 반품했다.

어휘   wireless adj. 무선의   function v. 작동하다   properly adv. 제대로

**06** 주격 관계대명사 which           정답 (c)

해설   보기를 통해 관계사 문제임을 알 수 있으므로, 선행사 관련 단서를 파악한다. 사물 선행사 The monument를 받으면서 콤마(,) 뒤에 올 수 있는 주격 관계대명사가 필요하므로, (c) which attracts over 4 million visitors each year가 정답이다.

오답분석
(d) 관계대명사 that도 사물 선행사를 받을 수 있지만, 콤마

뒤에 올 수 없으므로 오답이다.

해석   자유의 여신상 건립과 그것을 뉴욕항 리버티 섬에 설치하는 것은 1886년에 완료되었다. 이 건축물은, 매년 4백만 명이 넘는 방문객을 끌어모으는데, 미국에서 가장 유명한 관광지 중 하나가 되었다.

어휘   construction n. 건립, 건축   installation n. 설치   monument n. 건축물, 기념비

**07** 소유격 관계대명사 whose           정답 (a)

해설   보기를 통해 관계사 문제임을 알 수 있으므로, 선행사 관련 단서를 파악한다. 사람 선행사 The residents를 받으면서 보기의 관계절 내에서 homes의 소유격 their를 대신할 수 있는 소유격 관계대명사가 필요하므로, (a) whose homes were damaged가 정답이다.

해석   최근 허리케인 Irene의 상륙은 휴스턴의 동부 지역 전체에 광범위한 홍수를 야기했다. 태풍 중에 (그들의) 집이 훼손된 주민들은 정부로부터 그들이 보수하는 데 도움이 될 재정적 지원을 받을 것이다.

어휘   widespread adj. 광범위한   district n. 지역   assistance n. 지원

**08** 주격 관계대명사 which           정답 (a)

해설   보기를 통해 관계사 문제임을 알 수 있으므로, 선행사 관련 단서를 파악한다. 사물 선행사 The event를 받으면서 콤마(,) 뒤에 올 수 있는 주격 관계대명사가 필요하므로, (a) which is entirely sponsored가 정답이다.

오답분석
(b) 관계대명사 that도 사물 선행사를 받을 수 있지만, 콤마 뒤에 올 수 없으므로 오답이다.

해석   Welting 대학은 월요일에 주 강당에서 신입생 오리엔테이션을 개최할 것이다. 이 행사는, 대학에 의해 전적으로 후원받는데, 대학의 서비스와 교내 다양한 동아리들에 대한 지침을 제공할 것이다.

어휘   freshman n. 신입생   sponsor v. 후원하다

**09** 주격 관계대명사 which           정답 (b)

해설   보기를 통해 관계사 문제임을 알 수 있으므로, 선행사 관련 단서를 파악한다. 사물 선행사 The building을 받으면서 콤마(,) 뒤에 올 수 있는 주격 관계대명사가 필요하므로, (b) which was constructed in 1285가 정답이다.

오답분석
(a) 관계대명사 that도 사물 선행사를 받을 수 있지만, 콤마 뒤에 올 수 없으므로 오답이다.

해석   런던 탑은 템스강 유역에 위치한 런던의 상징적인 성이다. 그

건물은, 1285년에 건설되었는데, 시에서 가장 인기 있는 관광 명소 중 하나이다.

어휘 **iconic** adj. 상징적인 **castle** n. 성 **bank** n. 유역, 기슭
**tourist attraction** phr. 관광 명소 **construct** v. 건설하다

## 10 주격 관계대명사 that 정답 (c)

해설 보기를 통해 관계사 문제임을 알 수 있으므로, 선행사 관련 단서를 파악한다. 사물 선행사 The sale을 받으면서 보기의 관계절 내에서 동사 starts의 주어가 될 수 있는 주격 관계대명사가 필요하므로, (c) that starts on Monday next week가 정답이다.

해석 Wilton 백화점은 이번 여름에 침구 코너를 시작으로 몇몇 판촉 행사를 할 것이라고 발표했다. 다음 주 월요일에 시작하는 이 행사는 할인된 리넨 제품을 찾는 많은 고객을 끌어모을 것으로 예상된다.

어휘 **promotional event** phr. 판촉 행사 **bedding** n. 침구

## 11 관계부사 where 정답 (b)

해설 보기를 통해 관계사 문제임을 알 수 있으므로, 선행사 관련 단서를 파악한다. 장소 선행사 The square를 받으면서 보기의 완전한 절을 이끌 수 있는 관계부사가 필요하므로, (b) where the musical event is being held가 정답이다.

해석 Mandy가 가장 좋아하는 밴드인 Radiohead는 토요일 저녁에 마을 광장에서 야외 콘서트를 열 것이며, 그녀는 친구들과 함께 갈 예정이다. 음악 행사가 개최되는 광장은 브라이튼 대학교 건너편에 있다.

어휘 **outdoor** adj. 야외의 **square** n. 광장

## 12 관계부사 when 정답 (c)

해설 보기를 통해 관계사 문제임을 알 수 있으므로, 선행사 관련 단서를 파악한다. 시간 선행사 5 P.M.을 받으면서 보기의 완전한 절을 이끌 수 있는 관계부사가 필요하므로, (c) when the movie was starting이 정답이다.

해석 Kevin은 정체된 도로에 갇혀 영화관에 늦게 도착하는 바람에 영화의 첫 15분을 놓쳤다. Kevin은 영화가 시작하고 있었던 때인, 오후 5시에도 여전히 표를 사기 위해 줄을 서고 있었다.

## 13 목적격 관계대명사 that 정답 (b)

해설 보기를 통해 관계사 문제임을 알 수 있으므로, 선행사 관련 단서를 파악한다. 사물 선행사 ash를 받으면서 보기의 관계절 내에서 동사 ejects의 목적어가 될 수 있는 목적격 관계대명사가 필요하므로, (b) that the volcano ejects가 정답이다.

해석 용암이라고 불리는 녹은 암석은 화산 폭발 동안 인간의 생명에 가장 큰 위협이 되는 것으로 널리 알려져 있다. 그러나, 화산이 분출하는 과열된 재가 훨씬 더 위험하다.

어휘 **molten** adj. 녹은, 용해된 **lava** n. 용암 **threat** n. 위협
**volcanic** adj. 화산의 **eruption** n. 폭발, 분화
**super-heated** adj. 과열된 **ash** n. 재 **volcano** n. 화산
**eject** v. 분출하다, 내뿜다

## 14 주격 관계대명사 that 정답 (d)

해설 보기를 통해 관계사 문제임을 알 수 있으므로, 선행사 관련 단서를 파악한다. 사물 선행사 The flight을 받으면서 보기의 관계절 내에서 동사 departs의 주어가 될 수 있는 주격 관계대명사가 필요하므로, (d) that departs at 8:00 A.M.가 정답이다.

해석 Brett은 기존에 예정되었던 것보다 몇 시간 늦게 댈러스에 도착할 것이다. 오전 8시에 떠나는 항공편이 만석이라서, 그는 오후에 출발하여 오늘 저녁 늦게 도착할 것이다.

어휘 **land** v. (비행기를 타고) 도착하다 **depart** v. 떠나다

## 15 주격 관계대명사 which 정답 (a)

해설 보기를 통해 관계사 문제임을 알 수 있으므로, 선행사 관련 단서를 파악한다. 사물 선행사 The ~ expansion을 받으면서 콤마(,) 뒤에 올 수 있는 주격 관계대명사가 필요하므로, (a) which was approved by all city council members가 정답이다.

오답분석
(b) 관계대명사 that도 사물 선행사를 받을 수 있지만, 콤마 뒤에 올 수 없으므로 오답이다.

해석 Robbins 시장은 도시와 서부의 교외 지역을 이어주는 2개의 새로운 지하철 노선이 지어질 것임을 공식화했다. 지하철 시스템의 연장은, 모든 시 의원들이 찬성했던 것인데, 어림잡아 4천 5백만 달러의 비용이 들 것이다.

어휘 **confirm** v. 공식화하다, 확인하다 **suburban** adj. 교외의
**estimated** adj. 어림잡은, 추측의 **approve** v. 찬성하다, 승인하다

## 16 주격 관계대명사 who 정답 (b)

해설 보기를 통해 관계사 문제임을 알 수 있으므로, 선행사 관련 단서를 파악한다. 사람 선행사 The HR manager를 받으면서 콤마(,) 뒤에 올 수 있는 주격 관계대명사가 필요하므로, (b) who is currently on vacation이 정답이다.

오답분석
(a) 관계대명사 that도 사람 선행사를 받을 수 있지만, 콤마 뒤에 올 수 없으므로 오답이다.

해석 몇몇 직원들은 회사에 추가 근무 시간 정책을 변경하도록 요

청했는데, 그들은 그것이 불공정하다고 주장한다. 인사팀장은, 현재 휴가 중인데, 그녀가 사무실에 복귀하면 그 요청 사항을 검토할 것이다.

어휘 claim v. 주장하다 unfair adj. 불공정한, 부당한

## 17 관계부사 where 　　　　　　　　　　　정답 (d)

해설 보기를 통해 관계사 문제임을 알 수 있으므로, 선행사 관련 단서를 파악한다. 장소 선행사 Elm Park를 받으면서 보기의 완전한 절을 이끌 수 있는 관계부사가 필요하므로, (d) where the picnic will take place가 정답이다.

해석 Dolton Design 사는 직원들과 그들의 가족들을 위한 금요일 야유회를 준비하고 있다. Elm 공원은, 야유회가 개최될 장소인데, 회사 사무실에서 단 두 블록 거리에 있으며 Elm 공원 기차역에서 쉽게 도달할 수 있다.

어휘 accessible adj. 도달할 수 있는 take place phr. 개최되다

## 18 목적격 관계대명사 whom 　　　　　　　정답 (a)

해설 보기를 통해 관계사 문제임을 알 수 있으므로, 선행사 관련 단서를 파악한다. 사람 선행사 Ralph Bunche를 받으면서 보기의 관계절 내에서 동사 selected의 목적어가 될 수 있는 목적격 관계대명사가 필요하므로, (a) whom it selected from among 77 nominees가 정답이다.

해석 1950년, 노벨 위원회는 노벨 평화상 수상자를 발표했을 때 많은 사람들을 놀라게 했다. 그것이 77명의 후보자 중에서 선정한, Ralph Bunche는, 이 상을 받은 최초의 아프리카계 미국인이었다. 외교관으로 일하는 동안, 그는 아랍-이스라엘 분쟁을 종식시키기 위해 노력했다.

어휘 announce v. 발표하다, 알리다 receive v. 받다 award n. 상 diplomat n. 외교관 end v. 끝내다 conflict n. 분쟁, 갈등 select v. 선정하다, 선택하다 nominee n. 후보자, 지명된 사람

## 19 목적격 관계대명사 that 　　　　　　　정답 (c)

해설 보기를 통해 관계사 문제임을 알 수 있으므로, 선행사 관련 단서를 파악한다. 사물 선행사 Any books를 받으면서 보기의 관계절 내에서 동사 damaged의 목적어가 될 수 있는 목적격 관계대명사가 필요하므로, (c) that the water damaged가 정답이다.

[오답분석]
(a) 관계대명사 which도 목적격 관계대명사로 관계절 내에서 목적어 역할을 할 수 있지만, 보기의 관계절에 목적어 them이 생략되어야 하므로 오답이다.

해석 Pacific 대학교의 도서관은 오늘부터 5월 21일까지 폐쇄될 것이다. 수도관이 파열되어 광범위한 범람을 야기했기 때문에 반드시 보수가 이루어져야 한다. 물이 훼손시켰던 책들은

가능한 빠른 시일 내에 교체될 것이다.

어휘 burst n. 파열 extensive adj. 광범위한 flooding n. 범람, 홍수

## 20 주격 관계대명사 who 　　　　　　　　정답 (b)

해설 보기를 통해 관계사 문제임을 알 수 있으므로, 선행사 관련 단서를 파악한다. 사람 선행사 friends를 받으면서 보기의 관계절 내에서 동사 attended의 주어가 될 수 있는 주격 관계대명사가 필요하므로, (b) who attended the lunch-time event가 정답이다.

해석 스스로 음식을 준비하는 대신, Denise는 결혼 기념일 파티를 위해 출장 뷔페를 쓰기로 결정했다. 그녀는 자신의 결정에 매우 만족해했다. 점심 행사에 참석했던 그녀의 친구들은 모두 음식이 훌륭했다고 생각했다.

어휘 caterer n. 출장 뷔페, 연회업자 pleased adj. 만족해하는

## 21 주격 관계대명사 which 　　　　　　　정답 (d)

해설 보기를 통해 관계사 문제임을 알 수 있으므로, 선행사 관련 단서를 파악한다. 사물 선행사 The ~ process를 받으면서 콤마(,) 뒤에 올 수 있는 주격 관계대명사가 필요하므로, (d) which will take approximately six months가 정답이다.

[오답분석]
(a) 관계대명사 that도 사물 선행사를 받을 수 있지만, 콤마 뒤에 올 수 없으므로 오답이다.

해석 Star Motors 사의 최고 경영자인 Deborah Whyte는 내년에 은퇴할 것이다. 회사는 즉시 후임자를 찾기 시작할 것이다. 채용 과정은, 약 6개월이 걸릴 것이며, 인사팀장인 Peter Lee에 의해 관리될 것이다.

어휘 retire v. 은퇴하다 replacement n. 후임자, 대체품 oversee v. 관리하다, 감독하다 approximately adv. 약, 거의

## 22 주격 관계대명사 that 　　　　　　　　정답 (c)

해설 보기를 통해 관계사 문제임을 알 수 있으므로, 선행사 관련 단서를 파악한다. 사물 선행사 The report를 받으면서 보기의 관계절 내에서 동사 includes의 주어가 될 수 있는 주격 관계대명사가 필요하므로, (c) that includes this information이 정답이다.

해석 노동부는 최근 실업률이 사상 최저 수준으로 떨어졌다고 공표했다. 이는 지난 3개월에 걸쳐 약 사십만 개의 새로운 일자리가 창출되었기 때문이다. 이 정보를 포함하는 보고서는 노동부의 웹사이트에서 구할 수 있다.

어휘 declare v. 공표하다 all-time adj. 사상의

**23** 목적격 관계대명사 whom 　　　　　　　　정답 (d)

해설　보기를 통해 관계사 문제임을 알 수 있으므로, 선행사 관련
　　단서를 파악한다. 사람 선행사 The lady를 받으면서 보기의
　　관계절 내에서 동사 helped의 목적어가 될 수 있는 목적격
　　관계대명사가 필요하므로, (d) whom Brad helped with
　　the box가 정답이다.

해석　출근길에, Brad는 그의 이웃이 차량에 무거운 상자를 실으려
　　고 하는 것을 알아챘다. 늦었음에도 불구하고, Brad는 그녀를
　　도와주었다. Brad가 상자를 싣는 것을 도와준 여성은 매우 감
　　사해했다.

어휘　**load** v. (짐을) 싣다　**give a hand** phr. 도와주다
　　**grateful** adj. 감사하는

**24** 목적격 관계대명사 which 　　　　　　　　정답 (a)

해설　보기를 통해 관계사 문제임을 알 수 있으므로, 선행사 관련
　　단서를 파악한다. 사물 선행사 The town of Saint-Pierre
　　를 받으면서 보기의 관계절 내에서 동사 devastated의 목
　　적어가 될 수 있는 목적격 관계대명사가 필요하므로, (a)
　　which the eruption completely devastated가 정답이
　　다. 참고로 동사 devastate는 목적어를 반드시 필요로 하는
　　동사이다.

　　오답분석

　　(c) 관계부사 where 다음에는 완전한 절이 와야 하므로 오
　　답이다.

해석　플레산은 마르티니크 북단에 위치한 화산이다. 1902년 5월 8
　　일에, 그것은 분화하여 약 3만 명의 사람을 죽였다. 생피에르
　　시는, 그 폭발이 완전히 파괴했던 것이었는데, 재건하는 데 수
　　십 년이 걸렸다.

어휘　**erupt** v. 분화하다, 폭발하다　**rebuild** v. 재건하다
　　**devastate** v. 파괴하다

| 1 (b) | 2 (c) | 3 (d) | 4 (a) | 5 (c) |
|-------|-------|-------|-------|-------|
| 6 (d) | 7 (b) | 8 (d) | 9 (c) | 10 (b) |
| 11 (a) | 12 (c) | 13 (d) | 14 (a) | 15 (b) |
| 16 (c) | 17 (a) | 18 (c) | 19 (b) | 20 (a) |
| 21 (d) | 22 (c) | 23 (d) | 24 (b) | 25 (d) |
| 26 (a) | | | | |

## 1  시제  과거진행                                정답 (b)

해설  보기를 통해 시제 문제임을 알 수 있으므로, 시간 표현 관련 단서를 파악한다. 과거진행 시제의 단서로 쓰이는 시간 표현 'when + 과거 동사'(when ~ realized)가 사용되었고, 문맥상 그들이 초를 사는 것을 잊어버렸다는 것을 깨달았을 때 케이크에 아이싱을 올리는 중이었다는 의미가 되어야 자연스럽다. 따라서 과거진행 시제 (b) were putting이 정답이다.

오답분석

(d) 과거 시제는 특정 과거 시점에 한창 진행 중이었던 일을 표현할 수 없으므로 오답이다.

해석  Janis와 Leonard는 딸의 생일 케이크를 만드는 것을 멈추고 상점으로 급히 가야 했다. 그들이 초를 사는 것을 잊어버렸다는 것을 깨달았을 때 그들은 케이크에 아이싱을 올리는 중이었다.

어휘  rush v. 급히 가다, 돌진하다  realize v. 깨닫다  candle n. 초, 양초

## 2  가정법  가정법 과거                             정답 (c)

해설  보기와 빈칸 문장의 If를 통해 가정법 문제임을 알 수 있으므로, 가정법 공식의 동사 부분을 파악한다. if절에 과거 동사 (were selected)가 있으므로, 주절에는 이와 짝을 이루어 가정법 과거를 만드는 'would(조동사 과거형) + 동사원형'이 와야 한다. 따라서 (c) would oppose가 정답이다.

해석  수백 명의 시위자들이 한 인기 있는 공원 옆에 고층 건물을 건설하려는 새로운 계획에 대한 반대 시위를 하기 위해 어제 시청 앞에 모였다. 만약 다른 장소가 선택된다면, 더 적은 사람들이 그 프로젝트에 반대할 것이다.

어휘  protester n. 시위자  gather v. 모이다  city hall phr. 시청
demonstrate against phr. ~에 대한 반대 시위를 하다
proposal n. 계획  construct v. 건설하다
skyscraper n. 고층 건물  oppose v. 반대하다

## 3  조동사  조동사 should 생략                       정답 (d)

해설  보기와 빈칸 문장의 that절을 통해 조동사 should 생략 문제임을 알 수 있으므로, 빈칸 주변에서 단서를 파악한다. 주절에 요구를 나타내는 동사 urge가 있으므로 that절에는 '(should +) 동사원형'이 와야 한다. 따라서 동사원형 (d) find가 정답이다.

해석  Westgate 플라스틱 회사는 심화된 경쟁으로 인해 수익에서의 상당한 감소를 겪고 있다. 그 결과, 최고 경영자는 각 부서장에게 비용을 제한하고 운영비를 줄이는 방법들을 찾아야 한다고 촉구한다.

어휘  significant adj. 상당한  decline n. 감소  profit n. 수익
competition n. 경쟁  department n. 부서  limit v. 제한하다
expense n. 비용  operate v. 운영하다

## 4  준동사  to 부정사의 부사 역할                    정답 (a)

해설  보기를 통해 준동사 문제임을 알 수 있으므로, 빈칸 주변에서 단서를 파악한다. 빈칸 앞에 주어(structure), 동사(was built)가 갖춰진 완전한 절이 있으므로, 빈칸 이하는 문장의 필수 성분이 아닌 수식어구이다. 따라서 목적을 나타내며 수식어구를 이끌 수 있는 to 부정사 (a) to protect가 정답이다.

오답분석

(c) to have protected도 to 부정사이기는 하지만, 완료부정사(to have protected)로 쓰일 경우 '지어지는' 시점보다 '지키는' 시점이 앞선다는 것을 나타내므로 문맥에 적합하지 않아 오답이다. 참고로 지텔프 문법 영역에서는 대부분의 경우 완료부정사가 정답으로 출제되지 않는다.

해석  하드리아누스의 방벽은 북해부터 아일랜드 해까지, 현대 영국을 가로질러 177킬로미터에 달한다. 이 거대한 석조 건축물은 스코틀랜드 종족으로부터 로마 치하의 영토를 지키기 위해 1,800년도 더 전에 지어졌다.

어휘  extend v. (어떤 지점까지) 달하다  modern-day adj. 현대의
massive adj. 거대한  territory n. 영토  tribe n. 종족, 부족

## 5  시제  현재완료진행                             정답 (c)

해설  보기를 통해 시제 문제임을 알 수 있으므로, 시간 표현 관련 단서를 파악한다. 현재완료진행 시제의 단서로 쓰이는 시간 표현 'since + 과거 시점'(Since last Thursday)이 사용되었고, 문맥상 지난 목요일 이래로 지금까지 계속해서 Daniel이 인터넷에서 표를 찾아오는 중이라는 의미가 되어야 자연스럽다. 따라서 현재완료진행 시제 (c) has been looking이 정답이다.

해석 Daniel은 다음 주말 여름 음악 축제에 갈 수 있을 것이라고 생각하지 않는다. 지난 목요일 이래로, 그는 인터넷에서 표를 찾아오는 중이지만, 구할 수 있는 것은 전혀 없는 것으로 보인다.

어휘 **appear** v. ~인 것으로 보이다 **available** adj. 구할 수 있는
**look for** phr. ~을 찾다

## 6 조동사 조동사 must 정답 (d)

해설 보기를 통해 조동사 문제임을 알 수 있으므로, 첫 문장부터 읽으며 문맥을 파악한다. 문맥상 새 의무 정책에 의해 모든 직원들은 매일 하루의 끝에 그들의 업무량을 열거한 일지를 제출해야 한다는 의미가 되어야 자연스러우므로, '~해야 한다'를 뜻하면서 의무를 나타내는 조동사 (d) must가 정답이다.

오답분석
(a) can은 가능성/능력, (b) might는 약한 추측, (c) would는 과거의 불규칙한 습관이나 현재 사실의 반대를 나타내어 문맥에 적합하지 않으므로 오답이다.

해석 Bristol 수입사의 경영진은 효율성을 향상시키기 위해 새 의무 정책을 시행할 것이다. 6월 15일부터 시작하여, 모든 직원들은 매일 하루의 끝에 그들의 업무량을 열거한 일지를 제출해야 한다.

어휘 **importer** n. 수입사 **implement** v. 시행하다
**mandatory** adj. 의무의 **efficiency** n. 효율성
**daily report** phr. 일지 **list** v. 열거하다 **workload** n. 업무량

## 7 가정법 가정법 과거완료 정답 (b)

해설 보기와 빈칸 문장의 If를 통해 가정법 문제임을 알 수 있으므로, 가정법 공식의 동사 부분을 파악한다. if절에 'had p.p.' 형태의 had not received가 있으므로, 주절에는 이와 짝을 이루어 가정법 과거완료를 만드는 'would(조동사 과거형) + have p.p.'가 와야 한다. 따라서 (b) would have taken이 정답이다.

해석 Oliver는 정부로부터의 5천 달러 장학금에 대한 그의 지원서가 승인되었다는 것을 들어서 기뻤다. 만약 그가 이러한 기금을 받지 못했었다면, 그는 대학 등록금을 지불하기 위해 아르바이트를 했을 것이다.

어휘 **application** n. 지원서 **scholarship** n. 장학금
**receive** v. 받다 **fund** n. 기금, 자금 **tuition** n. 등록금

## 8 연결어 접속부사 정답 (d)

해설 보기와 빈칸 뒤의 콤마를 통해 접속부사 문제임을 알 수 있으므로, 첫 문장부터 읽으며 문맥을 파악한다. 문맥상 스쿠버 다이버는 분당 10미터 이하의 속도로 수면으로 헤엄쳐 올라와야 하고, 그렇지 않으면 다이버의 체내 질소 가스가 팽창하여 극심한 고통과 심지어 어쩌면 죽음까지도 야기할 것이라는 의미가 되어야 자연스럽다. 따라서 '그렇지 않으면'이라는 의

미의 대조를 나타내는 접속부사 (d) Otherwise가 정답이다.

오답분석
(a) Likewise는 '비슷하게', (b) Instead는 '대신에', (c) However는 '그러나'라는 의미로, 문맥에 적합하지 않아 오답이다.

해석 스쿠버 다이버는 분당 10미터 이하의 속도로 수면으로 헤엄쳐 올라와야 한다. 그렇지 않으면, 다이버의 체내 질소 가스가 팽창하여, 극심한 고통과 심지어 어쩌면 죽음까지도 야기할 것이다.

어휘 **surface** n. 표면 **rate** n. 속도 **nitrogen** n. 질소
**expand** v. 팽창하다 **extreme** adj. 극심한 **pain** n. 고통
**possibly** adv. 어쩌면, 아마 **death** n. 죽음

## 9 준동사 동명사를 목적어로 취하는 동사 정답 (c)

해설 보기를 통해 준동사 문제임을 알 수 있으므로, 빈칸 주변에서 단서를 파악한다. 빈칸 앞 동사 dread는 동명사를 목적어로 취하므로, 동명사 (c) seeing이 정답이다.

오답분석
(a) having seen도 동명사이기는 하지만, 완료동명사(having seen)로 쓰일 경우 '두려워하는' 시점보다 '보는' 시점이 앞선다는 것을 나타내는데, 지문의 내용은 쥐나 바퀴벌레를 보는 일반적인 행위를 두려워한다는 의미이므로 문맥에 적합하지 않아 오답이다. 참고로 지텔프 문법 영역에서는 대부분의 경우 완료동명사가 정답으로 출제되지 않는다.

해석 대부분의 사람들은 식당이나 호텔에서 쥐나 바퀴벌레를 보는 것을 두려워한다. 다행히도, 시립 보건 위원회가 그 도시의 모든 기업체의 정기적인 위생 검사를 실시한다.

어휘 **dread** v. 두려워하다 **cockroach** n. 바퀴벌레
**municipal** adj. 시립의 **conduct** v. 실시하다
**regular** adj. 정기적인 **inspection** n. 검사, 점검

## 10 시제 현재진행 정답 (b)

해설 보기를 통해 시제 문제임을 알 수 있으므로, 시간 표현 관련 단서를 파악한다. 현재 시간 표현 right now가 사용되었고, 문맥상 그는 친구들과 바로 지금 「기생충」을 보는 중이라는 의미가 되어야 자연스럽다. 따라서 현재진행 시제 (b) is watching이 정답이다.

오답분석
(a) 현재 시제는 반복되는 일이나 습관, 일반적인 사실을 나타내므로, 특정 현재 시점에 한창 진행 중인 일을 표현할 수 없으므로 오답이다.

해석 Ann은 그녀의 남동생에게 전화하기 위해 한두 시간을 기다려야 할 것이다. 그는 그의 친구들과 바로 지금 「기생충」을 보는 중이고, 그래서 그는 전화를 받을 수 없다.

어휘  a couple of  phr. 한두  answer  v. (전화를) 받다, 대답하다

## 11  조동사  조동사 can                      정답 (a)

해설  보기를 통해 조동사 문제임을 알 수 있으므로, 첫 문장부터 읽
으며 문맥을 파악한다. 문맥상 많은 팬들은 Tigers 팀이 다
음 경기를 이길 수 있다고 믿는다는 의미가 되어야 자연스러
우므로, '~할 수 있다'를 뜻하면서 능력을 나타내는 조동사
(a) can이 정답이다.

　오답분석
(b) must는 의무, (c) may는 약한 추측, (d) would는 과거
의 불규칙한 습관이나 현재 사실의 반대를 나타내어 문맥에
적합하지 않으므로 오답이다.

해석  Miami Tigers 팀은 결승전에 출전할 자격을 갖추기 위해 다
음 경기를 이겨야만 한다. 많은 팬들은 Tigers 팀이 이를 할
수 있으며, 그들이 결국 챔피언십 시리즈에서 우승할 것이라
고 믿는다.

어휘  qualify  v. 자격을 갖추다  final  n. 결승전  eventually  adv. 결국

## 12  가정법  가정법 과거완료                    정답 (c)

해설  보기와 빈칸 문장의 If를 통해 가정법 문제임을 알 수 있으
므로, 가정법 공식의 동사 부분을 파악한다. if절에 'had
p.p.' 형태의 had known이 있으므로, 주절에는 이와 짝을
이루어 가정법 과거완료를 만드는 'would(조동사 과거형)
+ have p.p.'가 와야 한다. 따라서 (c) would not have
supported가 정답이다.

해석  Stevens 시장은 새로운 자전거 도로를 설치하려는 계획이 취
소되어야 할 것이라고 발표했다. 만약 그가 그 프로젝트의 견
적가가 그렇게 높다는 것을 알았더라면, 그는 지난 시의회 회
의 동안 그것을 지지하지 않았을 것이다.

어휘  install  v. 설치하다  estimated  adj. 견적의  support  v. 지지하다

## 13  조동사  조동사 should 생략                 정답 (d)

해설  보기와 빈칸 문장의 that절을 통해 조동사 should 생략 문
제임을 알 수 있으므로, 빈칸 주변에서 단서를 파악한다. 주
절에 주장을 나타내는 동사 insist가 있으므로 that절에는
'(should +) 동사원형'이 와야 한다. 따라서 동사원형 (d)
pay가 정답이다.

해석  Myers 전자는 West Coast 제지 회사와 사무용품에 20퍼센
트의 할인을 협상하려고 노력했다. 하지만 그 회사는 Myers
전자가 그것의 모든 상품에 전액을 지불해야 한다고 주장했다.

어휘  negotiate  v. 협상하다  office supplies  phr. 사무용품

## 14  준동사  to 부정사를 목적어로 취하는 동사        정답 (a)

해설  보기를 통해 준동사 문제임을 알 수 있으므로, 빈칸 주변에서
단서를 파악한다. 빈칸 앞 동사 refuse는 to 부정사를 목적
어로 취하므로, to 부정사 (a) to believe가 정답이다.

해석  Beth는 Adam에게 그가 가장 좋아하는 음악 그룹인 The
Famous Blue Raincoats가 다음 달에 그들의 도시에서 공
연할 예정이라고 말했다. 그는 그녀를 믿기를 거부했고 그녀
의 정보가 정확한지를 확인하기 위해 온라인으로 찾아보았다.

어휘  perform  v. 공연하다  refuse  v. 거부하다  confirm  v. 확인하다
accurate  adj. 정확한

## 15  시제  미래진행                          정답 (b)

해설  보기를 통해 시제 문제임을 알 수 있으므로, 시간 표현 관련
단서를 파악한다. 미래진행 시제의 단서로 쓰이는 시간 표현
'by + 미래 시점'(By this time tomorrow)이 사용되었고,
문맥상 내일 이 시간 즈음에는 전국의 유권자들은 투표소가
열리기를 기다리며 서 있는 중일 것이라는 의미가 되어야 자
연스럽다. 따라서 미래진행 시제 (b) will be standing이 정
답이다.

해석  대통령 선거가 24시간이 조금 지나면 공식적으로 시작될 것
이다. 내일 이 시간 즈음에는, 전국의 유권자들은 투표소 밖에
서 그것들이 열리기를 기다리며 서 있는 중일 것이다.

어휘  presidential  adj. 대통령의  election  n. 선거
officially  adv. 공식적으로  polling station  phr. 투표소

## 16  가정법  가정법 과거                        정답 (c)

해설  보기와 빈칸 문장의 if를 통해 가정법 문제임을 알 수 있으므
로, 가정법 공식의 동사 부분을 파악한다. if절에 과거 동사
(applied)가 있으므로, 주절에는 이와 짝을 이루어 가정법
과거를 만드는 'would(조동사 과거형) + 동사원형'이 와야
한다. 따라서 (c) would admit이 정답이다.

해석  Julian은 Vermont 고등학교에서 가장 뛰어난 학생들 중 한
명임에도 불구하고, 대학 학위를 얻고 싶어 하지 않는다. 그러
나, 만약 그가 전국 최고 명문대에 지원한다면, 그 학교는 그
를 받아들일 것이다.

어휘  degree  n. 학위  apply  v. 지원하다  prestigious  adj. 명문의
admit  v. 받아들이다, 입학을 허락하다

## 17  관계사  주격 관계대명사 which               정답 (a)

해설  보기를 통해 관계사 문제임을 알 수 있으므로, 선행사 관련 단
서를 파악한다. 사물 선행사 resort를 받으면서 콤마(,) 뒤에
올 수 있는 주격 관계대명사가 필요하므로, (a) which was
next to a beautiful white sand beach가 정답이다.

participate v. 출전하다, 참가하다　disappointed adj. 실망한

**오답분석**

(c) 관계대명사 that도 사물 선행사를 받을 수 있지만, 콤마 뒤에 올 수 없으므로 오답이다.

해석　휴가 동안, Bill과 Kate는 베트남의 해안에서 약간 벗어난 곳에 있는 섬에서 2주를 보냈다. 그들의 리조트는, 아름다운 백사장 옆에 있었는데, 세 개의 큰 수영장과 고급스러운 온천을 특별히 포함했다.

어휘　off adj. 벗어난　coast n. 해안　feature v. ~을 특별히 포함하다
luxurious adj. 고급스러운

## 18　준동사 동명사의 전치사의 목적어 역할　정답 (c)

해설　보기를 통해 준동사 문제임을 알 수 있으므로, 빈칸 주변에서 단서를 파악한다. 빈칸 앞에 전치사 to가 있으므로, 빈칸은 전치사의 목적어 자리이다. 전치사는 목적어로 명사를 취하므로, 보기 중 가장 적합한 동명사 (c) spending이 정답이다.

**오답분석**

(a) having spent도 동명사이기는 하지만, 완료동명사(having spent)로 쓰일 경우 '반감을 가지는' 시점보다 '쓰는' 시점이 앞선다는 것을 나타내는데, 지문의 내용은 추가 요금을 쓰는 일반적인 행위에 이의를 제기한다는 의미이므로 문맥에 적합하지 않아 오답이다.

해석　Lansdowne 가구 회사는 100달러가 넘는 주문들에 무료 배송을 제공하는 것을 고려하고 있다. 이것은 많은 고객들이 이미 아주 많이 구매한 경우에는 배송을 위한 추가 요금을 쓰는 것에 반감을 가지기 때문이다.

어휘　consider v. 고려하다　shipping n. 배송　order n. 주문
object v. 반감을 가지다, 반대하다　extra n. 추가 요금
purchase v. 구매하다

## 19　시제 과거완료진행　정답 (b)

해설　보기를 통해 시제 문제임을 알 수 있으므로, 시간 표현 관련 단서를 파악한다. 과거완료진행 시제의 단서로 쓰이는 시간 표현 'before + 과거 동사'(Before ~ was announced)가 사용되었고, 문맥상 이것이 발표되었던 시점(과거)의 이전(대과거)부터 그 시점까지 하키 팬들은 그들이 가장 좋아하는 프로 선수들이 출전할 것이라고 바라왔던 중이었다는 의미가 되어야 자연스럽다. 따라서 과거완료진행 시제 (b) had been hoping이 정답이다.

해석　전국 하키 리그 선수들은 2018 동계 올림픽에 출전하는 것이 허용되지 않았는데, 이는 그들이 리그 경기에 참가해야 했기 때문이다. 이것이 발표되었던 전에, 하키 팬들은 그들이 가장 좋아하는 프로 선수들이 출전할 것이라고 바라왔던 중이었다. 많은 사람들은 그 결정에 실망했다.

어휘　permit v. 허용하다　take part in phr. ~에 출전하다, 참가하다

## 20　연결어 부사절 접속사　정답 (a)

해설　보기를 통해 연결어 문제임을 알 수 있으므로, 첫 문장부터 읽으며 문맥을 파악한다. 문맥상 이것이 3년 전에 처음으로 제의되었을 때 자금이 불충분했다는 의미가 되어야 자연스럽다. 따라서 '~할 때'라는 의미의 시간을 나타내는 부사절 접속사 (a) when이 정답이다.

**오답분석**

(b) unless는 '만약 ~이 아니라면', (c) until은 '~할 때까지', (d) although는 '~이긴 하지만'이라는 의미로, 문맥에 적합하지 않아 오답이다.

해석　여행객들은 이제 시카고에서 무료 공항 셔틀 버스를 이용할 수 있을 것이다. 이것이 3년 전에 처음으로 제의되었을 때 이 서비스에 지불할 자금이 불충분했다. 하지만, 몇몇 주요 호텔들이 최근에 모든 운영비를 부담하는 것에 합의했다.

어휘　have access to phr. ~을 이용할 수 있는
insufficient adj. 불충분한　cover v. 부담하다
operating cost phr. 운영비

## 21　가정법 가정법 과거완료　정답 (d)

해설　보기와 빈칸 문장의 If를 통해 가정법 문제임을 알 수 있으므로, 가정법 공식의 동사 부분을 파악한다. if절에 'had p.p.' 형태의 had realized가 있으므로, 주절에는 이와 짝을 이루어 가정법 과거완료를 만드는 'would(조동사 과거형) + have p.p.'가 와야 한다. 따라서 (d) would have renewed가 정답이다.

해석　Luna는 그녀의 여권이 만료되었기 때문에 이번 주 시애틀로의 여행을 취소해야 했다. 불행히도, 그녀는 그것이 만료되었다는 것을 여행 하루 전에야 알아차렸다. 만약 그녀가 더 일찍 깨달았더라면, 그녀는 시애틀에 가기 위해 늦지 않게 그것을 갱신했을 것이다.

어휘　passport n. 여권　expire v. 만료되다　notice v. 알아차리다
realize v. 깨닫다　in time phr. 늦지 않게　renew v. 갱신하다

## 22　조동사 조동사 should 생략　정답 (c)

해설　보기와 빈칸 문장의 that절을 통해 조동사 should 생략 문제임을 알 수 있으므로, 빈칸 주변에서 단서를 파악한다. 주절에 주장을 나타내는 형용사 crucial이 있으므로 that절에는 '(should +) 동사원형'이 와야 한다. 따라서 동사원형 (c) verify가 정답이다.

해석　언론이 연예인들에 대해 부정확한 주장을 했던 여러 사건들이 있어왔다. 이러한 유형의 오해는 배우나 가수의 경력에 부정적으로 영향을 미칠 수 있다. 따라서, 모든 기자들이 정보를 공

개하기 전에 그것을 <u>검증하는</u> 것은 <u>필수적이다</u>.

어휘 **media** n. 언론 **inaccurate** adj. 부정확한 **assertion** n. 주장 **celebrity** n. 연예인 **negatively** adv. 부정적으로 **affect** v. 영향을 미치다 **public** adj. 공개의 **verify** v. 검증하다

---

**23 준동사** 동명사를 목적어로 취하는 동사 정답 (d)

해설 보기를 통해 준동사 문제임을 알 수 있으므로, 빈칸 주변에서 단서를 파악한다. 빈칸 앞 동사 deny는 동명사를 목적어로 취하므로, 동명사 (d) damaging이 정답이다.

해석 Brandon의 이웃은 그가 가구를 건물 안으로 옮기던 중에 그녀의 현관문을 긁었다고 주장했다. 그녀는 그가 수리를 위해 100달러가 넘는 돈을 내기를 원했다. 하지만, Brandon은 그 <u>문을 훼손한 것을</u> 부인했으며 그녀에게 어떠한 돈도 주지 않을 것이라고 말했다.

어휘 **claim** v. 주장하다 **scratch** v. 긁다 **repair** n. 수리 **deny** v. 부인하다 **damage** v. 훼손하다

---

**24 관계사** 관계부사 where 정답 (b)

해설 보기를 통해 관계사 문제임을 알 수 있으므로, 선행사 관련 단서를 파악한다. 장소 선행사 The place를 받으면서 보기의 완전한 절을 이끌 수 있는 관계부사가 필요하므로, (b) where the battle was fought가 정답이다.

해석 1815년의 워털루 전투는 프랑스에 대한 대영제국의 위대한 승리였다. 이것은 영국의 사령관이 얼마나 지형을 효과적으로 활용했는지에 부분적으로 기인한다. <u>그 전투가 벌어졌던</u> 장소는 프랑스 군에게 전투를 더 어렵게 만들었던 몇몇 특징들을 가지고 있었다.

어휘 **battle** n. 전투 **victory** n. 승리 **partly** adv. 부분적으로 **effectively** adv. 효과적으로 **commander** n. 사령관 **feature** n. 특징 **army** n. 군, 부대

---

**25 가정법** 가정법 과거 정답 (d)

해설 보기와 빈칸 문장의 If를 통해 가정법 문제임을 알 수 있으므로, 가정법 공식의 동사 부분을 파악한다. if절에 과거 동사 (accepted)가 있으므로, 주절에는 이와 짝을 이루어 가정법 과거를 만드는 'would(조동사 과거형) + 동사원형'이 와야 한다. 따라서 (d) would enroll이 정답이다.

해석 James는 최근에 바르셀로나에 있는 회사의 일자리를 제안받았다. 하지만, 그는 자신이 다른 나라로 이주하고 싶은지 확신이 없다. <u>만약 그가 스페인에 있는 그 일자리를</u> 수락한다면, 그는 적응하는 데 도움이 될 스페인어 수업에 <u>등록할 것이다</u>.

어휘 **unsure** adj. 확신이 없는 **relocate** v. 이주하다 **accept** v. 수락하다 **adapt** v. 적응하다 **enroll** v. 등록하다

---

**26 시제** 미래완료진행 정답 (a)

해설 보기를 통해 시제 문제임을 알 수 있으므로, 시간 표현 관련 단서를 파악한다. 미래완료진행 시제의 단서로 함께 쓰이는 2가지 시간 표현 'by the time + 현재 동사/미래 시점'(By the time ~ celebrates ~ next year)과 'for + 기간 표현'(for over 35 years)이 사용되었고, 문맥상 회사가 내년에 50주년을 기념할 무렵이면 그녀는 그곳에서 35년이 넘는 시간 동안 일해오고 있을 것이라는 의미가 되어야 자연스럽다. 따라서 미래완료진행 시제 (a) will have been working이 정답이다.

해석 Ms. Polson은 Core 기술사에서 가장 오래 일해온 직원으로서 인정받았다. 그녀는 직장 생활의 거의 대부분을 그곳에서 보냈다. 그 회사가 <u>내년에</u> 50주년을 <u>기념할 무렵이면</u>, 그녀는 그곳에서 <u>35년이 넘는 시간 동안</u> <u>일해오고 있을 것이다</u>!

어휘 **recognize** v. 인정하다 **celebrate** v. 기념하다

| 1 (b) | 2 (d) | 3 (c) | 4 (b) | 5 (d) |
|-------|-------|-------|-------|-------|
| 6 (a) | 7 (c) | 8 (b) | 9 (d) | 10 (a) |
| 11 (d) | 12 (b) | 13 (a) | 14 (b) | 15 (d) |
| 16 (a) | 17 (c) | 18 (c) | 19 (a) | 20 (d) |
| 21 (b) | 22 (c) | 23 (a) | 24 (c) | 25 (d) |
| 26 (a) | | | | |

## 1 가정법 가정법 과거완료  정답 (b)

해설 보기와 빈칸 문장의 If를 통해 가정법 문제임을 알 수 있으므로, 가정법 공식의 동사 부분을 파악한다. if절에 'had p.p.' 형태의 had not been developed가 있으므로, 주절에는 이와 짝을 이루어 가정법 과거완료를 만드는 'would(조동사 과거형) + have p.p.'가 와야 한다. 따라서 (b) would have suffered가 정답이다.

해석 B형 간염이나 홍역과 같은 질병들을 예방하는 백신의 유효성은 사회에 큰 도움이 되었다. 만약 이러한 의약품들이 개발되지 않았었다면, 많은 어린이들이 심각한 질병들로 고통받았을 것이다.

어휘 availability n. 유효성  vaccine n. 백신  prevent v. 예방하다  disease n. 질병  hepatitis B phr. B형 간염  measles n. 홍역  benefit v. 도움이 되다  illness n. 질병  suffer v. 고통받다

## 2 시제 미래완료진행  정답 (d)

해설 보기를 통해 시제 문제임을 알 수 있으므로, 시간 표현 관련 단서를 파악한다. 미래완료진행 시제의 단서로 함께 쓰이는 2가지 시간 표현 'by the time + 현재 동사'(By the time ~ is)와 'for + 기간 표현'(for two straight hours)이 사용되었고, 문맥상 음식이 준비될 무렵이면 하객들은 2시간 동안 내리 기다려오는 중일 것이라는 의미가 되어야 자연스럽다. 따라서 미래완료진행 시제 (d) will have been waiting이 정답이다.

해석 Greg와 Tina의 결혼식장 주방에 있는 오븐에 문제가 있어서, 음식이 매우 늦어질 것이다. 음식이 준비될 무렵이면, 하객들은 2시간 동안 내리 기다려오는 중일 것이다.

어휘 venue n. 식장, 장소  extremely adv. 매우, 지나치게

## 3 연결어 부사절 접속사  정답 (c)

해설 보기를 통해 연결어 문제임을 알 수 있으므로, 첫 문장부터 읽으며 문맥을 파악한다. 문맥상 별은 마침내 빛과 열을 발생시

키는 모든 에너지를 잃을 때까지 수백 년 동안 어두워지며 식을 것이라는 의미가 되어야 자연스럽다. 따라서 '~할 때까지'라는 의미의 시간을 나타내는 부사절 접속사 (c) until이 정답이다.

오답분석

(a) no matter how는 '아무리 ~하더라도', (d) even if는 '~하더라도'라는 의미로, 문맥에 적합하지 않아 오답이다. (b) after all은 '결국'이라는 의미의 접속부사로, 부사절 접속사 자리에 위치할 수 없으므로 오답이다.

해석 생명 주기의 마지막 단계에 있는 별은 백색 왜성이라고 알려져 있다. 이러한 유형의 별은 그것이 마침내 빛과 열을 발생시키는 모든 에너지를 잃을 때까지 수백 년 동안 어두워지며 식을 것이다.

어휘 final adj. 마지막의  stage n. 단계  life cycle phr. 생명 주기  white dwarf phr. 백색 왜성(밀도가 높고 흰빛을 내는 작은 별)  darken v. 어두워지다  cool v. 식다  generate v. 발생시키다

## 4 준동사 동명사를 목적어로 취하는 동사  정답 (b)

해설 보기를 통해 준동사 문제임을 알 수 있으므로, 빈칸 주변에서 단서를 파악한다. 빈칸 앞 동사 suggest는 동명사를 목적어로 취하므로, 동명사 (b) launching이 정답이다.

해석 Folsom Electronics사는 최신 스마트 TV 모델을 홍보하기 위해 여러 가지 방법을 고려하고 있다. 최고 경영자인, Ms. Conner는 신제품을 광고하기 위해 소셜 미디어 캠페인을 시작하는 것을 제안했다.

어휘 consider v. 고려하다  a variety of phr. 여러 가지의  method n. 방법  promote v. 홍보하다  suggest v. 제안하다  advertise v. 광고하다  launch v. 시작하다, 착수하다

## 5 가정법 가정법 과거  정답 (d)

해설 보기와 빈칸 문장의 If를 통해 가정법 문제임을 알 수 있으므로, 가정법 공식의 동사 부분을 파악한다. if절에 과거 동사 (booked)가 있으므로, 주절에는 이와 짝을 이루어 가정법 과거를 만드는 'could(조동사 과거형) + 동사원형'이 와야 한다. 따라서 (d) could save가 정답이다.

해석 많은 웹사이트들을 방문한 후, Lisa는 그것들이 그녀의 여행사가 제공하는 것보다 훨씬 더 낮은 가격에 항공권을 제공한다는 것을 깨달았다. 만약 그녀가 비행기를 온라인으로 예약한다면, 그녀는 300달러 넘게 절약할 수 있을 것이다.

어휘 travel agent phr. 여행사  book v. 예약하다  save v. 절약하다

## 6 시제 현재진행 정답 (a)

**해설** 보기를 통해 시제 문제임을 알 수 있으므로, 시간 표현 관련 단서를 파악한다. 현재 시간 표현 Currently가 사용되었고, 문맥상 현재 많은 강사들이 그들의 수업을 하는 데 그 강의실을 사용하는 중이라는 의미가 되어야 자연스럽다. 따라서 현재진행 시제 (a) are using이 정답이다.

**해석** 대학은 예정된 강의실 수리를 최소 3주 연기하기로 결정했다. 현재, 많은 강사들이 그들의 수업을 하는 데 그 강의실을 사용하는 중이다.

**어휘** postpone v. 연기하다　planned adj. 예정된　renovation n. 수리, 개조　lecture n. 강의　instructor n. 강사

## 7 준동사 to 부정사의 관용적 표현 정답 (c)

**해설** 보기를 통해 준동사 문제임을 알 수 있으므로, 빈칸 주변에서 단서를 파악한다. 빈칸 앞 동사 suppose는 'be supposed to'의 형태로 쓰여 '~해야 하다'라는 관용적 의미를 나타낸다. 따라서 to 부정사 (c) to park가 정답이다.

**해석** Jason은 저녁 식사를 하러 친구네 아파트에 갔을 때 주차 위반 딱지를 받았다. 그는 사람들이 그 건물 앞의 도로에 주차하면 안 된다는 것을 몰랐다.

**어휘** parking ticket phr. 주차 위반 딱지　park v. 주차하다

## 8 조동사 조동사 should 생략 정답 (b)

**해설** 보기와 빈칸 문장의 that절을 통해 조동사 should 생략 문제임을 알 수 있으므로, 빈칸 주변에서 단서를 파악한다. 주절에 주장을 나타내는 형용사 imperative가 있으므로 that절에는 '(should +) 동사원형'이 와야 한다. 따라서 동사원형 (b) work가 정답이다.

**해석** 태평양 거대 쓰레기 지대는 약 8만 톤의 플라스틱 폐기물이 쌓여 있는 북태평양 지역이다. 과학자들과 정치인들이 이 문제에 대한 해결책을 찾기 위해 함께 일하는 것이 필수적이다.

**어휘** pacific adj. 태평양의　garbage n. 쓰레기　patch n. 지대　collect v. 쌓이다, 모으다　imperative adj. 필수적인　solution n. 해결책

## 9 시제 과거진행 정답 (d)

**해설** 보기를 통해 시제 문제임을 알 수 있으므로, 시간 표현 관련 단서를 파악한다. 과거진행 시제의 단서로 쓰이는 시간 표현 'when + 과거 동사/시점'(When ~ was opened last year)이 사용되었고, 문맥상 지난 해에 그 공원이 개방되었을 때 많은 사람들이 잔디에서 바비큐를 하고 있었다는 의미가 되어야 자연스럽다. 따라서 과거진행 시제 (d) were having이 정답이다.

**해석** 새로운 도심 공원은 사람들에게 바비큐를 하지 말라고 요청하

는 표지판을 세웠다. 지난 해에 그 공원이 개방되었을 때, 많은 사람들이 잔디에서 바비큐를 하고 있었고, 이는 화재의 위험을 증가시켰다.

**어휘** put up phr. 세우다　sign n. 표지판　risk n. 위험

## 10 가정법 가정법 과거 정답 (a)

**해설** 보기와 빈칸 문장의 If를 통해 가정법 문제임을 알 수 있으므로, 가정법 공식의 동사 부분을 파악한다. 주절에 'would(조동사 과거형) + 동사원형' 형태의 would apply가 있으므로, if절에는 이와 짝을 이루어 가정법 과거를 만드는 과거 동사가 와야 한다. 따라서 (a) did not require가 정답이다.

**해석** Milton 컨설팅 사는 비어 있는 접수원 자리에 적합한 사람을 찾기 위해 애쓰고 있다. 만약 그 자리가 2년간의 관련 경험을 요구하지 않는다면, 더 많은 지원자들이 그 역할에 지원할 것이다.

**어휘** struggle v. 애쓰다　suitable adj. 적합한　receptionist n. 접수원　post n. 자리, 직책　relevant adj. 관련된　applicant n. 지원자

## 11 관계사 주격 관계대명사 who 정답 (d)

**해설** 보기를 통해 관계사 문제임을 알 수 있으므로, 선행사 관련 단서를 파악한다. 사람 선행사 little sister를 받으면서 보기의 관계절 내에서 동사 has의 주어가 될 수 있는 주격 관계대명사가 필요하므로, (d) who has the room next to his가 정답이다.

[오답분석]
(a) 관계대명사 that도 사람 선행사를 받을 수 있지만, 콤마 뒤에 올 수 없으므로 오답이다.

**해석** Arthur는 충분히 수면을 취하지 못하고 있기 때문에 최근 업무에 집중할 수 없었다. 그의 여동생은, 그의 방 옆에 방을 가지고 있는데, 아주 늦은 밤까지 시끄러운 음악을 튼다.

**어휘** unable adj. 할 수 없는　focus v. 집중하다

## 12 시제 과거완료진행 정답 (b)

**해설** 보기를 통해 시제 문제임을 알 수 있으므로, 시간 표현 관련 단서를 파악한다. 과거완료진행 시제의 단서로 함께 쓰이는 2가지 시간 표현 'before + 과거 동사/시점'(Before ~ moved ~ last month)과 'for + 기간 표현'(for over 30 years)이 사용되었고, 문맥상 지난달에 다른 층으로 이동한 시점(과거)의 이전(대과거)부터 그 시점까지 그는 같은 책상에서 30년이 넘는 기간 동안 일해오던 중이었다는 의미가 되어야 자연스럽다. 따라서 과거완료진행 시제 (b) had been working이 정답이다.

**해석** Jonathan Davis는 학교에서 가장 오래 근무한 직원들 중 한 명이지만, 그는 사무실을 옮긴 적이 거의 없었다. 지난달에 그

가 다른 층으로 이동하기 전에, 그는 같은 책상에서 30년이 넘는 기간 동안 일해오던 중이었다.

어휘   serve v. 근무하다   rarely adv. 거의 ~하지 않는

---

### 13   준동사   동명사를 목적어로 취하는 동사          정답 (a)

해설   보기를 통해 준동사 문제임을 알 수 있으므로, 빈칸 주변에서 단서를 파악한다. 빈칸 앞 동사 favor는 동명사를 목적어로 취하므로, 동명사 (a) accepting이 정답이다.

해석   캘리포니아에 있는 Mira 자동차 회사의 공장에서는 파업이 있을 가능성이 아주 낮다. 그 공장의 조합원들은 회사의 최신 계약 제안을 받아들이는 것에 대단히 찬성한다.

어휘   unlikely adj. 가능성이 낮은   strike n. 파업   union n. 조합
overwhelmingly adv. 대단히   favor v. 찬성하다
contract n. 계약

---

### 14   조동사   조동사 should 생략          정답 (b)

해설   보기와 빈칸 문장의 that절을 통해 조동사 should 생략 문제임을 알 수 있으므로, 빈칸 주변에서 단서를 파악한다. 주절에 명령을 나타내는 동사 command가 있으므로 that절에는 '(should +) 동사원형'이 와야 한다. 따라서 동사원형 (b) identify가 정답이다.

해석   많은 사람들은 당국이 국가 안보에 너무 많은 돈을 쓰고 있다고 생각한다. 그 결과, 대통령은 군부에게 나라를 위험에 빠뜨리지 않고 그것의 필수 예산을 줄이는 방안들을 알아보아야 한다고 명령했다.

어휘   authority n. 당국   defense n. 안보, 방어
command v. 명령하다   military n. 군부   budget n. 예산
requirement n. 필수, 필요조건   put at risk phr. 위험에 빠뜨리다
identify v. 알아보다

---

### 15   시제   현재완료진행          정답 (d)

해설   보기를 통해 시제 문제임을 알 수 있으므로, 시간 표현 관련 단서를 파악한다. 현재 시간 표현 lately가 사용되었고, 문맥상 과거부터 최근까지 계속해서 엄청나게 글을 써오는 중이라는 의미가 되어야 자연스럽다. 따라서 현재완료진행 시제 (d) has been writing이 정답이다.

해석   Charles는 그의 소설을 작업하는 것으로부터 일주일의 휴식을 취하기로 결심했다. 그는 최근에 엄청나게 글을 써오는 중이고, 그래서 그는 휴식을 취할 약간의 시간을 누릴 자격이 있다고 생각한다.

어휘   break n. 휴식   deserve v. 누릴 자격이 있다
relax v. 휴식을 취하다

---

### 16   준동사   to 부정사를 목적어로 취하는 동사          정답 (a)

해설   보기를 통해 준동사 문제임을 알 수 있으므로, 빈칸 주변에서 단서를 파악한다. 빈칸 앞 동사 fail은 to 부정사를 목적어로 취하므로, to 부정사 (a) to sink가 정답이다.

해석   스페인과 미국 간 전쟁의 첫 번째 전투는 1898년 마닐라만에서 두 나라의 해군 함대들 사이에 벌어졌다. 스페인 함대는 단한 척의 미국 함선도 침몰시키는 것에 실패했고 전투 막바지에는 완전히 전멸했다.

어휘   clash n. 전투, 충돌   naval adj. 해군의   fleet n. 함대
wipe out phr. 전멸시키다   sink v. 침몰시키다

---

### 17   조동사   조동사 will          정답 (c)

해설   보기를 통해 조동사 문제임을 알 수 있으므로, 첫 문장부터 읽으며 문맥을 파악한다. 문맥상 Jennifer의 임대 계약이 8월 31일에 만료되므로 그녀는 그 날 아파트에서 나갈 예정이라는 의미가 되어야 자연스러우므로, '~할 예정이다'를 뜻하면서 예정을 나타내는 조동사 (c) will이 정답이다.

오답분석
(a) may와 (d) might는 약한 추측, (b) would는 과거의 불규칙한 습관이나 현재 사실의 반대를 나타내어 문맥에 적합하지 않으므로 오답이다.

해석   Jennifer의 현재 아파트에 대한 임대 계약은 8월 31일에 만료되고, 그녀의 집주인은 그것을 연장하자는 그녀의 제안을 거절했다. 따라서, 그녀는 그 날 아파트에서 나갈 예정이다.

어휘   lease n. 임대 계약   expire v. 만료되다   landlord n. 집주인
refuse v. 거절하다   offer n. 제안   renew v. 연장하다, 갱신하다

---

### 18   가정법   가정법 과거완료          정답 (c)

해설   보기와 빈칸 문장의 If를 통해 가정법 문제임을 알 수 있으므로, 가정법 공식의 동사 부분을 파악한다. if절에 'had p.p.' 형태의 had hit이 있으므로, 주절에는 이와 짝을 이루어 가정법 과거완료를 만드는 'would(조동사 과거형) + have p.p.'가 와야 한다. 따라서 (c) would have experienced가 정답이다.

해석   뉴욕시를 반 미터의 눈으로 덮은 눈보라가 주말에 발생한 것은 다행이었다. 만약 그 폭풍이 도시를 평일에 덮쳤었다면, 많은 사람들이 근무 후에 집으로 돌아가는 데 문제를 겪었을 것이다.

어휘   fortunate adj. 다행인   blizzard n. 눈보라   cover v. 덮다
occur v. 발생하다   hit v. 덮치다, 때리다   weekday n. 평일

---

### 19   관계사   주격 관계대명사 which          정답 (a)

해설   보기를 통해 관계사 문제임을 알 수 있으므로, 선행사 관련

---

단서를 파악한다. 사물 선행사 The tournament를 받으면서 콤마(,) 뒤에 올 수 있는 주격 관계대명사가 필요하므로, (a) which runs from May 28 to June 3가 정답이다.

오답분석

(d) 관계대명사 that도 사물 선행사를 받을 수 있지만, 콤마 뒤에 올 수 없으므로 오답이다.

해석 Portman Cup 본선은 대학 농구에서 가장 중요한 행사 중 하나이다. 대회는, 5월 28일부터 6월 3일까지 열리는데, 14개 팀이 참여한다. 전국의 2천 5백만 명이 넘는 스포츠 팬들이 TV로 그 경기를 관람할 것으로 예상된다.

어휘 involve v. 참여시키다, 포함하다  expect v. 예상하다
run v. 열리다

## 20 시제 미래진행       정답 (d)

해설 보기를 통해 시제 문제임을 알 수 있으므로, 시간 표현 관련 단서를 파악한다. 미래 시간 표현 From now on이 사용되었고, 문맥상 앞으로는 Miles는 한 달에 한 번만 쇠고기를 먹고 있을 것이라는 의미가 되어야 자연스럽다. 따라서 미래진행 시제 (d) will be eating이 정답이다.

해석 지난 주에, Miles는 육우 산업이 어떻게 지구 온난화에 원인이 되는지에 대한 다큐멘터리를 보았다. 그것은 그가 더 적은 쇠고기를 구매해야 한다는 것을 깨닫게 했다. 앞으로는, Miles는 한 달에 한 번만 쇠고기를 먹고 있을 것이다.

어휘 contribute to phr. ~의 원인이 되다
global warming phr. 지구 온난화  realize v. 깨닫다

## 21 조동사 조동사 might       정답 (b)

해설 보기를 통해 조동사 문제임을 알 수 있으므로, 첫 문장부터 읽으며 문맥을 파악한다. 문맥상 교수는 내년에 시험의 주제 범위를 좁혀질지도 모르지만 아직 그것에 대해 최종 결정을 내리지는 않았다는 의미가 되어야 자연스러우므로, '~할지도 모른다'를 뜻하면서 약한 추측을 나타내는 조동사 (b) might가 정답이다.

오답분석

(a) shall은 명령/지시, (c) ought to는 의무/당위성, (d) must는 의무를 나타내어 문맥에 적합하지 않으므로 오답이다.

해석 Taylor 교수의 화학 강의를 듣는 많은 학생들은 기말시험의 주제 범위가 너무 광범위하다고 불평해오고 있다. 그 교수는 내년에 그것을 좁혀줄지도 모르지만 아직 그것에 대해 최종 결정을 내리지는 않았다.

어휘 chemistry n. 화학  complain v. 불평하다  range n. 범위
broad adj. 광범위한  narrow down phr. 좁히다, 줄이다

## 22 준동사 동명사를 목적어로 취하는 동사       정답 (c)

해설 보기를 통해 준동사 문제임을 알 수 있으므로, 빈칸 주변에서 단서를 파악한다. 빈칸 앞 동사 recall은 동명사를 목적어로 취하므로, 동명사 (c) offering이 정답이다.

해석 EXO 사는 최고 경영자인 Jeff Bard가 정치인들에게 뇌물을 주려고 했다는 혐의 때문에 현재 조사를 받고 있다. 심문 중에, Mr. Bard는 그가 국회 의원들에게 정치 계약에 대한 대가로 그 어떠한 돈도 제공한 것을 기억해내지 못한다고 말했다.

어휘 investigation n. 조사  allegation n. 혐의  bribe v. 뇌물을 주다
question v. 심문하다  recall v. 기억해내다
senator n. 국회 의원  in exchange for phr. ~에 대한 대가로
government n. 정치, 정부  contract n. 계약

## 고난도 23 연결어 전치사       정답 (a)

해설 보기를 통해 연결어 문제임을 알 수 있으므로, 첫 문장부터 읽으며 문맥을 파악한다. 빈칸 뒤에 its efforts라는 명사구가 있으므로 빈칸은 전치사 자리이고, 문맥상 후임자를 찾으려는 사무소의 노력에도 불구하고 아무도 구하지 못했다는 의미가 되어야 자연스럽다. 따라서 '~에도 불구하고'라는 의미의 양보를 나타내는 전치사 (a) Despite가 정답이다.

오답분석

(b) Because of는 '~ 때문에', (d) Before는 '~ 전에'라는 의미로, 문맥에 적합하지 않아 오답이다. (c) Although는 '~이긴 하지만'이라는 의미의 접속사로, 명사구 앞에 위치할 수 없으므로 오답이다.

해석 Polson 법률 사무소는 그것의 회계사에게 그의 예정된 퇴직 일자를 지나서도 계속 일할 것을 부탁했다. 회사는 그의 자리를 인계받을 사람을 채용하는 것에 어려움을 겪는 중이다. 40명이 넘는 후보자들의 면접을 본 것을 포함하여, 후임자를 찾으려는 그것의 노력에도 불구하고, 사무소는 아무도 구하지 못했다.

어휘 accountant n. 회계사  past adv. 지나서  retirement n. 퇴직
hire v. 채용하다  take over phr. 인계받다  effort n. 노력
replacement n. 후임자, 대체자  candidate n. 후보자

## 24 가정법 가정법 과거       정답 (c)

해설 보기와 빈칸 문장의 If를 통해 가정법 문제임을 알 수 있으므로, 가정법 공식의 동사 부분을 파악한다. if절에 과거 동사 (signed up)가 있으므로, 주절에는 이와 짝을 이루어 가정법 과거를 만드는 'would(조동사 과거형) + 동사원형'이 와야 한다. 따라서 (c) would need가 정답이다.

해석 Jenna의 친구는 그녀에게 Elmwood 피트니스 센터에 가입할 것을 추천했다. 그러나, 그녀는 이 조언을 따를지 확신할 수 없다. 만약 그녀가 그곳에 회원으로 등록한다면, 그녀는 6개월 치의 요금을 사전에 지불할 필요가 있을 것이다.

어휘 **recommend** v. 추천하다 **join** v. 가입하다 **follow** v. 따르다
**advice** n. 조언 **sign up** phr. 등록하다
**in advance** phr. 사전에, 미리

## 25 조동사 조동사 should 생략 정답 (d)

해설 보기와 빈칸 문장의 that절을 통해 조동사 should 생략 문제임을 알 수 있으므로, 빈칸 주변에서 단서를 파악한다. 주절에 명령을 나타내는 동사 order가 있으므로 that절에는 '(should +) 동사원형'이 와야 한다. 따라서 동사원형 (d) evacuate가 정답이다.

해석 아주 강력한 허리케인이 토요일 아침 텍사스의 갤버스턴 인근에 산사태를 일으킬 것이다. 그것은 그 지역에 광범위한 홍수를 야기할 것으로 예상된다. 그 결과, 정부는 모든 거주자들이 그 지역에서 즉시 대피해야 한다고 지시했다.

어휘 **landslide** n. 산사태 **widespread** adj. 광범위한
**flooding** n. 홍수 **order** v. 지시하다 **evacuate** v. 대피하다

## 26 가정법 가정법 과거완료 정답 (a)

해설 보기와 빈칸 문장의 도치 구문을 통해 가정법 문제임을 알 수 있으므로, 가정법 공식의 동사 부분을 파악한다. if가 생략되어 도치된 절에 'had p.p.' 형태의 Had ~ been closed가 있으므로, 주절에는 이와 짝을 이루어 가정법 과거완료를 만드는 'would(조동사 과거형) + have p.p.'가 와야 한다. 따라서 (a) would have lost가 정답이다. 참고로 'Had the Harrisburg branch been closed'는 'If the Harrisburg branch had been closed'로 바꿔 쓸 수 있다.

해석 Leman's 슈퍼마켓은 해리스버그에 있는 그것의 상점을 폐업하지 않을 것이라고 어제 공지했다. 이것은 그 소재지에서 일하고 있는 사람들에게 좋은 소식이었다. 해리스버그 지점이 문을 닫았었다면, 40명이 넘는 직원들이 그들의 직장을 잃었을 것이다.

어휘 **shut down** phr. 폐업하다 **location** n. 소재지, 위치
**branch** n. 지점

| **1** (c) | **2** (b) | **3** (a) | **4** (c) | **5** (d) |
|---|---|---|---|---|
| **6** (b) | **7** (a) | **8** (d) | **9** (a) | **10** (a) |
| **11** (c) | **12** (b) | **13** (d) | **14** (b) | **15** (c) |
| **16** (c) | **17** (a) | **18** (b) | **19** (c) | **20** (a) |
| **21** (d) | **22** (b) | **23** (a) | **24** (d) | **25** (d) |
| **26** (c) | | | | |

## 1   시제   과거완료진행      정답 (c)

해설   보기를 통해서 시제 문제임을 알 수 있으므로, 시간 표현 관련 단서를 파악한다. 과거완료진행 시제의 단서로 함께 쓰이는 2가지 시간 표현 'since + 과거 시점'(since 1973)과 'when + 과거 동사'(when ~ decided)가 사용되었고, 문맥상 1973년(대과거) 이래로 마침내 은퇴하기로 결정했을 때(과거)까지 그가 그 회사에서 일해오고 있었다는 의미가 되어야 자연스럽다. 따라서 과거완료진행 시제 (c) had been working이 정답이다.

해석   Mr. Wilkins는 지난달 First National Bank의 회장직을 그만두겠다고 발표했다. 그가 마침내 은퇴하기로 결정했을 때 그는 1973년 이래로 그 회사에서 일해오던 중이었다.

어휘   announce v. 발표하다, 알리다   leave v. 그만두다, 떠나다   position n. 직위   decide v. 결정하다   retire v. 은퇴하다, 퇴직하다

## 2   관계사   주격 관계대명사 that      정답 (b)

해설   보기를 통해 관계사 문제임을 알 수 있으므로, 선행사 관련 단서를 파악한다. 사람 선행사 The individual을 받으면서 보기의 관계절 내에서 동사 delivers의 주어가 될 수 있는 주격 관계대명사가 필요하므로, (b) that delivers the best presentation이 정답이다.

해석   일리노이 주립 대학 토론 팀의 오디션이 오늘 열리고 있으며, 학생들은 공적인 말하기에 대한 그들의 기량을 뽐내기 위해 연설을 하도록 초청받았다. 최고의 발표를 하는 사람은 그 팀에 가입하도록 요청될 것이다.

어휘   debate n. 토론   invite v. 초청하다   speech n. 연설   show off phr. ~을 뽐내다   public adj. 공적인   individual n. 사람, 개인   deliver v. (연설 등을) 하다

## 3   가정법   가정법 과거      정답 (a)

해설   보기와 빈칸 문장의 If를 통해 가정법 문제임을 알 수 있으므로, 가정법 공식의 동사 부분을 파악한다. if절에 과거 동사

(were lowered)가 있으므로, 주절에는 이와 짝을 이루어 가정법 과거를 만드는 'could(조동사 과거형) + 동사원형'이 와야 한다. 따라서 (a) could commute가 정답이다.

해석   휴스턴의 많은 사람들은 시외에서 운전하여 출근하는 것을 택하는데 이는 그것이 기차 연간 정기권을 사는 것보다 저렴하기 때문이다. 만약 표의 가격이 낮아진다면, 더 많은 사람들이 기차로 통근할 수 있을 것이다.

어휘   annual adj. 연간의   lower v. 낮추다   commute v. 통근하다

## 4   준동사   동명사를 목적어로 취하는 동사      정답 (c)

해설   보기를 통해 준동사 문제임을 알 수 있으므로, 빈칸 주변에서 단서를 파악한다. 빈칸 앞 동사 give up은 동명사를 목적어로 취하므로, 동명사 (c) smoking이 정답이다.

해석   연구자들은 중독이 보통 사회적 상황과 일과에 의해 영향을 받는다는 것을 밝혀냈다. 예를 들어, 사람들이 흡연하는 것을 그만두는 것은 그들이 새로운 직장, 집, 또는 도시로라도 옮겼을 때 더 쉽다.

어휘   addiction n. 중독   influence v. 영향을 주다   social adj. 사회적인   context n. 상황, 맥락   routine n. 일과   give up phr. 그만두다, 포기하다

## 5   조동사   조동사 should 생략      정답 (d)

해설   보기와 빈칸 문장의 that절을 통해 조동사 should 생략 문제임을 알 수 있으므로, 빈칸 주변에서 단서를 파악한다. 주절에 요구를 나타내는 동사 require가 있으므로 that절에는 '(should +) 동사원형'이 와야 한다. 따라서 동사원형 (d) complete가 정답이다.

해석   병원이 사람들을 채용하는 데 어려움을 겪고 있기 때문에 고용 조건이 덜 엄격해지고 있다. 이전에는, 많은 병원들은 간호사가 3년의 학위 과정을 완료해야 한다고 요구했지만, 많은 곳들은 이제 직업 훈련 자격증도 수용할 것이다.

어휘   requirement n. 조건   strict adj. 엄격한   recruit v. 채용하다   previously adv. 이전에   require v. 요구하다   degree n. 학위   vocational adj. 직업의   qualification n. 자격증, 자격

## 6   조동사   조동사 must      정답 (b)

해설   보기를 통해 조동사 문제임을 알 수 있으므로, 첫 문장부터 읽으며 문맥을 파악한다. 문맥상 직원들이 최근에 야근을 많이 해오고 있었기 때문에 이 결정(의무적인 워크숍 참가)에 불만스러워 했음에 틀림없다는 의미가 되어야 자연스러우므로, have + p.p.와 함께 쓰이면 '~했음에 틀림없다'를 뜻하

면서 강한 확신을 나타내는 (b) must가 정답이다.

(a) should는 have + p.p.와 함께 쓰이면 '~했어야 했다'를 뜻하면서 후회나 유감을 나타내어 문맥에 적절하지 않으므로 오답이다.

해석 Wilberforce Brothers사의 인사부는 지난주 토요일에 모든 직원들에게 의무적이었던 고객 서비스 워크숍을 개최했다. 직원들은 최근에 야근을 많이 해오고 있었기 때문에 이 결정에 불만스러워 했음에 틀림없다.

어휘 HR(human resource) phr. 인사, 인력  department n. 부, 부서
customer service phr. 고객 서비스  mandatory adj. 의무적인
overtime n. 야근, 초과 근무
frustrated adj. 불만스러워 하는, 좌절감을 느끼는

## 7  가정법 가정법 과거완료          정답 (a)

해설 보기와 빈칸 문장의 If를 통해 가정법 문제임을 알 수 있으므로, 가정법 공식의 동사 부분을 파악한다. 주절에 'could(조동사 과거형) + have p.p.' 형태의 could have baked가 있으므로, if절에는 이와 짝을 이루어 가정법 과거완료를 만드는 'had p.p.'가 와야 한다. 따라서 (a) had known이 정답이다.

해석 Penny는 Sally의 생일이 전날이었다는 것을 듣고 깜짝 놀랐다. 만약 Penny가 Sally의 생일이었다는 것을 알았더라면, 그녀는 케이크를 구워줄 수 있었을 것이다.

어휘 shocked adj. 깜짝 놀란  bake v. 굽다

## 8  시제 미래진행          정답 (d)

해설 보기를 통해 시제 문제임을 알 수 있으므로, 시간 표현 관련 단서를 파악한다. 미래 시간 표현 next month가 사용되었고, 문맥상 Helen의 아버지는 다음 달에 런던을 방문하는 중일 것이라는 의미가 되어야 자연스럽다. 따라서 미래진행 시제 (d) will be visiting이 정답이다.

해석 Helen은 요즘 그녀의 아버지를 거의 만나지 못하는데, 이는 그의 사업이 그로 하여금 끊임없이 옮겨 다니게 만들기 때문이다. 그는 다음 달에 런던을 방문하는 중일 것이기 때문에, 그들은 그곳에서 만날 예정이다.

어휘 rarely adv. 거의 ~하지 않는  force v. ~하게 만들다
on the move phr. 옮겨 다니는, 이동 중인

## 9  준동사 동명사와 to 부정사 모두를 목적어로
취하는 동사          정답 (a)

해설 보기를 통해 준동사 문제임을 알 수 있으므로, 빈칸 주변에서 단서를 파악한다. 빈칸 앞 동사 remember는 동명사와 to 부정사 모두를 목적어로 취하므로, 문맥을 파악하여 정답을

선택해야 한다. 문맥상 만약 밖에 머무를 것이라면 마스크를 착용하는 것을 기억해야 한다는 의미가 되어야 자연스러우므로, 동사 remember와 함께 쓰일 때 '(아직 하지 않은 어떤 일) 할 것을 기억하다'라는 의미를 나타내는 to 부정사 (a) to wear가 정답이다.

(b) 동명사 wearing은 동사 remember와 함께 쓰일 때 '(전에 어떤 일을) 했던 것을 기억하다'라는 의미를 나타내어, 문맥상 만약 밖에 머무를 것이라면 마스크를 착용했던 것을 기억해야 한다는 어색한 의미가 되므로 오답이다.

해석 베이징의 대기 질은 이번 주에 위험한 수준의 미세 먼지로 인해 특히 나쁠 것이다. 모든 사람들은 만약 어느 정도의 시간 동안 밖에 머무를 것이라면 마스크를 착용하는 것을 기억해야 한다.

어휘 particularly adv. 특히  level n. 수준, 정도
particulate matter phr. 미세 먼지, 미립자 물질

## 10  연결어 접속부사          정답 (a)

해설 보기와 빈칸 뒤의 콤마를 통해 접속부사 문제임을 알 수 있으므로, 첫 문장부터 읽으며 문맥을 파악한다. 문맥상 Debra는 올해 너무 많은 과업을 맡게 된 것이 걱정스럽고, 비슷하게 Geoff는 두 개의 전공을 하기로 결정한 이래로 과중한 압박에 시달리고 있다는 의미가 되어야 자연스럽다. 따라서 '비슷하게'라는 의미의 비교를 나타내는 접속부사 (a) Similarly가 정답이다.

(b) Moreover는 '게다가', (c) In fact는 '사실', (d) Eventually는 '결국'이라는 의미로, 문맥에 적합하지 않아 오답이다.

해석 Debra는 올해 그녀가 매우 많은 수업들에 등록한 이후 너무 많은 과업을 맡게 된 것이 걱정스럽다. 비슷하게, Geoff는 두 개의 전공을 하기로 결정한 이래로 과중한 압박에 시달리고 있다.

어휘 take on phr. ~을 맡다  sign up phr. 등록하다
under pressure phr. 압박에 시달리다  major n. 전공

## 11  가정법 가정법 과거완료          정답 (c)

해설 보기와 빈칸 문장의 If를 통해 가정법 문제임을 알 수 있으므로, 가정법 공식의 동사 부분을 파악한다. if절에 'had p.p.' 형태의 had sold가 있으므로, 주절에는 이와 짝을 이루어 가정법 과거완료를 만드는 'would(조동사 과거형) + have p.p.'가 와야 한다. 따라서 (c) would have made가 정답이다.

해석 Aaron은 자신의 집을 팔기 전에 집값이 오르는지 보기 위해 기다리고 있었지만, 그것들은 그가 집을 팔아야 하기 직전에

현저히 떨어졌다. 만약 그가 그 부동산을 더 일찍 팔았더라면, 그는 훨씬 더 많은 돈을 벌었을 것이다.

어휘　drop v. 떨어지다　significantly adv. 현저히
right before phr. 직전에　property n. 부동산

## 12　조동사　조동사 should 생략　　　　　정답 (b)

해설　보기와 빈칸 문장의 that절을 통해 조동사 should 생략 문제임을 알 수 있으므로, 빈칸 주변에서 단서를 파악한다. 주절에 주장을 나타내는 형용사 vital이 있으므로 that절에는 '(should +) 동사원형'이 와야 한다. 따라서 동사원형 (b) avoid가 정답이다.

해석　북극의 한 연구팀은 그 지역에 플라스틱 입자들이 하늘에서 눈과 함께 내린다는 것을 발견했다. 회사들이 미세 플라스틱의 사용을 피하고 또한 일회용 플라스틱에 대한 의존도를 함께 줄이는 것이 중요하다.

어휘　Arctic n. 북극　discover v. 발견하다　particle n. 입자
region n. 지역　vital adj. 중요한　micro adj. 미세한
reliance n. 의존도　single-use adj. 일회용의　avoid v. 피하다

## 13　시제　현재진행　　　　　정답 (d)

해설　보기를 통해 시제 문제임을 알 수 있으므로, 시간 표현 관련 단서를 파악한다. 현재 시간 표현 As of this moment가 사용되었고, 문맥상 지금 이 순간 Martin은 살 집을 시골에 짓는 중이라는 의미가 되어야 자연스럽다. 따라서 현재진행 시제 (d) is building이 정답이다.

해석　회사를 매각한 이후, Martin은 그의 아이들이 자연에 둘러싸여 자랄 수 있도록 도시 밖으로 그의 가족들을 데려가고 싶어 했다. 지금 이 순간, 그는 살 집을 시골에 짓는 중이다.

어휘　surround v. 둘러싸다　countryside n. 시골

## 14　관계사　목적격 관계대명사 that　　　　　정답 (b)

해설　보기를 통해 관계사 문제임을 알 수 있으므로, 선행사 관련 단서를 파악한다. 사물 선행사 Many of the books를 받으면서 보기의 관계절 내에서 동사 wrote의 목적어가 될 수 있는 목적격 관계대명사가 필요하므로, (b) that he wrote during his long career가 정답이다.

해석　닥터 수스로 더 잘 알려진, 테오도르 수스 가이젤은, 유명한 미국 아동 작가이다. 그가 오랜 경력 동안 쓴 많은 책들은 여전히 전 세계 어린이들에게 인기가 있다.

어휘　celebrated adj. 유명한　author n. 작가, 저자
still adv. 여전히, 아직　career n. 경력

## 15　준동사　동명사를 목적어로 취하는 동사　　　　　정답 (c)

해설　보기를 통해 준동사 문제임을 알 수 있으므로, 빈칸 주변에서 단서를 파악한다. 빈칸 앞 동사 delay는 동명사를 목적어로 취하므로, 동명사 (c) approving이 정답이다.

해석　Leanne Johnson 의원은 통근자들의 대기 시간을 줄이기 위해 75대의 새로운 버스를 구매할 것을 제의했다. 하지만, 교통부는 그들이 이 차량들을 사용하기에 충분한 운전 기사들이 없다고 말한다. 시의회는 더 많은 운전 기사들이 고용될 때까지 구매를 승인하는 것을 연기할 것이다.

어휘　councilor n. 의원　purchase v. 구매하다　commuter n. 통근자
transportation department phr. 교통부　state v. 말하다
vehicle n. 차량　approve v. 승인하다

## 16　가정법　가정법 과거　　　　　정답 (c)

해설　보기와 빈칸 문장의 If를 통해 가정법 문제임을 알 수 있으므로, 가정법 공식의 동사 부분을 파악한다. if절에 과거 동사 (transferred)가 있으므로, 주절에는 이와 짝을 이루어 가정법 과거를 만드는 'would(조동사 과거형) + 동사원형'이 와야 한다. 따라서 (c) would hate가 정답이다.

해석　바르셀로나의 선수였음에도 불구하고, Julio가 마드리드에 있는 그들의 주요 경쟁 팀으로 갈 수도 있다는 소문들이 있다. 만약 그가 레알 마드리드로 이적한다면, 그의 이전 팬들은 그를 싫어할 것이다.

어휘　rumor n. 소문　chief adj. 주요한　transfer v. 이적하다, 옮기다
previous adj. 이전의

## 17　시제　현재완료진행　　　　　정답 (a)

해설　보기를 통해 시제 문제임을 알 수 있으므로, 시간 표현 관련 단서를 파악한다. 현재완료진행 시제의 단서로 쓰이는 시간 표현 'since + 과거 동사/시점'(since ~ was documented last year)이 사용되었고, 문맥상 동물 복지 운동가들이 지난 해에 동물 학대의 한 심각한 사건이 기록된 이래로 계속해서 운동을 벌여오고 있다는 의미가 되어야 자연스럽다. 따라서 현재완료진행 시제 (a) have been campaigning이 정답이다.

오답분석
(b) 현재진행 시제는 특정 현재 시점에 진행 중인 일을 나타내므로, 과거 시점부터 현재 시점까지 지속되는 기간을 나타내는 'since + 과거 동사/시점'과 함께 쓰이지 않으므로 오답이다.

해석　동물을 학대하다 잡힌 사람들은 새로운 법의 통과 이후 오늘부터 더 엄한 처벌을 마주할 것이다. 많은 동물 복지 운동가들은 지난 해에 동물 학대의 한 심각한 사건이 기록된 이래로 이것을 위해 운동을 벌여오고 있다.

어휘　abuse v. 학대하다　face v. 마주하다　harsh adj. 엄한, 가혹한

sentence n. 처벌  passage n. 통과  welfare n. 복지
extreme adj. 심각한  case n. 사건  cruelty n. 학대
document v. 기록하다  campaign v. 운동을 벌이다

### 18 조동사  조동사 could  정답 (b)

해설  보기를 통해 조동사 문제임을 알 수 있으므로, 첫 문장부터 읽으며 문맥을 파악한다. 문맥상 Max의 발표는 훨씬 더 좋을 수도 있었지만 그는 USB를 가져오는 것을 잊었다는 의미가 되어야 자연스럽다. 따라서 'have + p.p.'와 결합해 '~할 수도 있었다'라는 의미의 후회/유감을 나타내는 조동사 (b) could가 정답이다.

[오답분석]
(a) must는 'have + p.p.'와 결합해 '~했음에 틀림없다'라는 의미의 과거에 대한 강한 추측을 나타내어 문맥에 적합하지 않으므로 오답이다.

해석  Max는 비록 그것이 전혀 완벽하지 않았어도, 학회에서 그의 첫 번째 학술 발표를 해서 기뻤다. 그것은 훨씬 더 좋을 수도 있었지만, 그는 추가 자료가 들어 있는 USB를 가져오는 것을 잊었다.

어휘  academic adj. 학술의  conference n. 학회
far from phr. 전혀 ~이 아닌  contain v. ~이 들어 있다

### 19 연결어  부사절 접속사  정답 (c)

해설  보기를 통해 연결어 문제임을 알 수 있으므로, 첫 문장부터 읽으며 문맥을 파악한다. 문맥상 개미들은 공격받을 때 언제든지 화학 신호를 방출한다는 의미가 되어야 자연스럽다. 따라서 '~할 때 언제든지'라는 의미의 시간을 나타내는 부사절 접속사 (c) whenever가 정답이다.

[오답분석]
(a) whoever는 '누구든지', (b) whichever는 '어느 쪽이든지', (d) even though는 '~하더라도'라는 의미로, 문맥에 적합하지 않아 오답이다.

해석  개미들 사이에서의 의사소통은 주로 페로몬이라고 불리는 화학 신호를 이용하여 수행된다. 개미들은 그것들이 공격받을 때 언제든지 이러한 신호를 방출하고, 이는 다른 개미들이 방어하러 오거나 그것들을 그 위험으로부터 벗어날 수 있게 돕는다.

어휘  conduct v. 수행하다  chemical adj. 화학의
release v. 방출하다  attack v. 공격하다  defense n. 방어
escape v. 벗어나다

### 20 준동사  to 부정사의 부사 역할  정답 (a)

해설  보기를 통해 준동사 문제임을 알 수 있으므로, 빈칸 주변에서 단서를 파악한다. 빈칸 앞에 주어(students), 동사(will

---

be), 보어(absent)가 갖춰진 완전한 절이 있으므로, 빈칸 이하는 문장의 필수 성분이 아닌 수식어구이다. 따라서 목적을 나타내며 수식어구를 이끌 수 있는 to 부정사 (a) to attend가 정답이다.

해석  Denver 교육 협회는 월요일에 전국 도처의 학생들 사이의 학업 성취를 기념하는 행사를 개최할 것이다. 우리 학교의 몇몇 상위권 학생들은 학교를 대표하여 그 행사에 참가하기 위해 그 날 결석할 것이다.

어휘  educational adj. 교육의  association n. 협회  hold v. 개최하다
absent adj. 결석한  on behalf of phr. ~을 대표하여

### 21 시제  미래완료진행  정답 (d)

해설  보기를 통해 시제 문제임을 알 수 있으므로, 시간 표현 관련 단서를 파악한다. 미래완료진행 시제의 단서로 함께 쓰이는 2가지 시간 표현 'by + 미래 시점'(By then)과 'for + 기간 표현'(for over 10 years)이 사용되었고, 문맥상 그녀의 언니가 졸업식에서 생물학 박사 학위를 받을 5월 15일 즈음에는 그녀가 워싱턴 대학에서 10년이 넘는 기간 동안 공부해오는 중일 것이라는 의미가 되어야 자연스럽다. 따라서 미래완료진행 시제 (d) will have been studying이 정답이다.

[오답분석]
(b) 미래 시제는 미래에 대한 단순한 약속, 제안, 예측을 나타내므로, 특정 미래 시점에 한창 진행 중일 일을 표현할 수 없으므로 오답이다.

해석  언니가 그녀의 졸업식에 내가 참석하도록 초대했다. 그녀는 마침내 5월 15일에 생물학 박사 학위를 받게 될 것이다. 그 즈음에는, 그녀가 워싱턴 대학에서 10년이 넘는 기간 동안 공부해오는 중일 것이다.

어휘  invite v. 초대하다  attend v. 참석하다
graduation ceremony phr. 졸업식  receive v. 받다
doctoral degree phr. 박사 학위  biology n. 생물학

### 22 가정법  가정법 과거완료  정답 (b)

해설  보기와 빈칸 문장의 If를 통해 가정법 문제임을 알 수 있으므로, 가정법 공식의 동사 부분을 파악한다. if절에 'had p.p.' 형태의 had allowed가 있으므로, 주절에는 이와 짝을 이루어 가정법 과거완료를 만드는 'would(조동사 과거형) + have p.p.'가 와야 한다. 따라서 (b) would have objected가 정답이다.

해석  한때 작가 버지니아 울프의 집이었던 18세기 주택은 지역 캠페인 이후 철거를 면했다. 만약 의회가 그 건물이 철거되도록 허용했었다면, 많은 사람들이 항의했을 것이다.

어휘  destruction n. 철거, 파괴  local adj. 지역의
demolish v. 철거하다  object v. 항의하다, 반대하다

## 23 조동사 조동사 should 생략     정답 (a)

**해설** 보기와 빈칸 문장의 that절을 통해 조동사 should 생략 문제임을 알 수 있으므로, 빈칸 주변에서 단서를 파악한다. 주절에 주장을 나타내는 동사 agree가 있으므로 that절에는 '(should +) 동사원형'이 와야 한다. 따라서 동사원형 (a) raise가 정답이다.

**해석** Life 제품 회사의 이사회는 지난 6개월 동안의 우세한 매출 성과를 활용할 방안들을 논의하기 위해 모였다. 이사회의 구성원들은 그 회사가 다음 분기에 가격을 올려야 한다고 합의했다.

**어휘** board n. 이사회   capitalize on phr. ~을 활용하다
performance n. 성과   agree v. 합의하다, 동의하다
quarter n. 분기   raise v. 올리다

## 24 시제 과거진행     정답 (d)

**해설** 보기를 통해 시제 문제임을 알 수 있으므로, 시간 표현 관련 단서를 파악한다. 과거진행 시제의 단서로 쓰이는 시간 표현 '과거 동사 + while절'(drove ~ while)이 사용되었고, 문맥상 Terry가 건물 밖에 주차하고 있던 도중에 트럭이 갑자기 그녀를 들이받았다는 의미가 되어야 자연스럽다. 따라서 과거진행 시제 (d) was parking이 정답이다.

**해석** Terry는 마침내 그녀의 새 자동차를 받았을 때 정말 행복했다. 그녀는 자신의 가족에게 몹시 보여주고 싶어 하며 집으로 운전했다. 불행히도, 그 자동차는 그녀가 건물 밖에 주차하고 있던 도중에 트럭이 갑자기 그녀를 들이받았을 때 심하게 찌그러졌다.

**어휘** eager v. 몹시 하고 싶어 하다   badly adv. 심하게
dent v. 찌그러뜨리다   suddenly adv. 갑자기
drive into phr. (차로) 들이받다

## 25 준동사 to 부정사를 목적격 보어로 취하는 동사     정답 (d)

**해설** 보기를 통해 준동사 문제임을 알 수 있으므로, 빈칸 주변에서 단서를 파악한다. 빈칸 앞 동사 enable은 'enable + 목적어 + 목적격 보어'의 형태로 쓰이며, to 부정사를 목적격 보어로 취하여 '그가 인적 네트워크를 형성하는 것을 가능하게 한다'라는 의미를 나타낸다. 따라서 to 부정사 (d) to network가 정답이다.

**해석** William은 그의 부서 책임자가 다음 달에 있을 Desmond 그래픽 디자인 학회에 참석하도록 그를 초대해서 매우 신난다. 이 행사에 참가하는 것은 그가 그의 분야에 있는 다른 사람들과 인적 네트워크를 형성하는 것을 가능하게 할 것이다.

**어휘** excited adj. 신이 난, 들뜬   invite v. 초대하다
attend v. 참석하다   conference n. 학회, 회의
participate v. 참가하다   enable v. 가능하게 하다   field n. 분야
network v. 인적 네트워크를 형성하다

## 26 가정법 가정법 과거     정답 (c)

**해설** 보기와 빈칸 문장의 If를 통해 가정법 문제임을 알 수 있으므로, 가정법 공식의 동사 부분을 파악한다. if절에 과거 동사 (studied)가 있으므로, 주절에는 이와 짝을 이루어 가정법 과거를 만드는 'would(조동사 과거형) + 동사원형'이 와야 한다. 따라서 (c) would find가 정답이다.

**해석** Elena는 그녀의 스페인어 수업에서 어려움을 겪고 있는데, 주된 이유는 그녀가 한 번도 연습을 하지 않기 때문이다. 만약 그녀가 더 공부한다면, 그녀는 수업을 따라가는 것이 훨씬 쉽다고 생각할 것이다.

**어휘** keep up with phr. ~을 따라가다   find v. 생각하다, 찾다